高等学校土木工程本科指导性专业规范配套系列教材

总主编 何若全

轨道工程

GUIDAO
GONGCHENG

主　编　高　亮

副主编　肖　宏

主　审　李成辉

重庆大学出版社

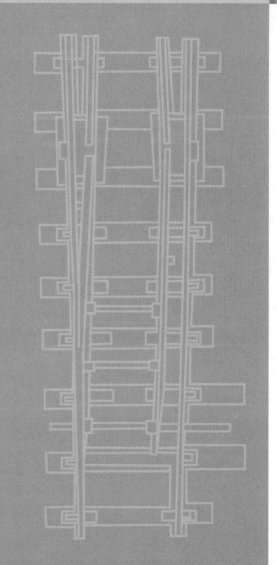

内 容 提 要

本书是《高等学校土木工程本科指导性专业规范配套系列教材》之一。全书共分 8 章,主要包括轨道结构及组成、轨道几何形位、轨道结构力学分析、道岔、无缝线路、线路养护与维修、城市轨道交通轨道结构等内容。

本书主要针对应用型人才的培养,可作为从事铁路和城市轨道结构设计、施工及轨道公务管理的重要基础性教材,以及道路与铁路工程领域技术人员、大、中专院校及高等院校教师的参考用书。

图书在版编目(CIP)数据

轨道工程/高亮主编. 一重庆:重庆大学出版社,
2014.8(2019.12 重印)

高等学校土木工程本科指导性专业规范配套系列教材

ISBN 978-7-5624-8211-6

Ⅰ.①轨…　Ⅱ.①高…　Ⅲ.①轨道(铁路)—高等学校—教材　Ⅳ.①U213.2

中国版本图书馆 CIP 数据核字(2014)第 098253 号

高等学校土木工程本科指导性专业规范配套系列教材

轨道工程

主　编　高　亮

副主编　肖　宏

主　审　李成辉

责任编辑:王　伟　　版式设计:莫　西

责任校对:刘雯娜　　责任印制:张　策

*

重庆大学出版社出版发行

出版人:饶帮华

社址:重庆市沙坪坝区大学城西路 21 号

邮编:401331

电话:(023)88617190　88617185(中小学)

传真:(023)88617186　88617166

网址:http://www.cqup.com.cn

邮箱:fxk@cqup.com.cn(营销中心)

全国新华书店经销

重庆俊蒲印务有限公司印刷

*

开本:787mm×1092mm　1/16　印张:15.25　字数:381 千

2014 年 8 月第 1 版　　2019 年 12 月第 2 次印刷

印数:3 001—5 000

ISBN 978-7-5624-8211-6　定价:39.00 元

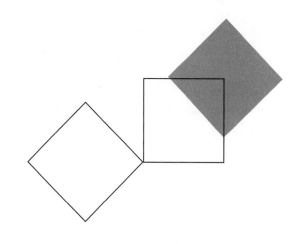

编委会名单

总　序

　　进入21世纪的第二个十年，土木工程专业教育的背景发生了很大的变化。"国家中长期教育改革和发展规划纲要"正式启动，中国工程院和国家教育部倡导的"卓越工程师教育培养计划"开始实施，这些都为高等工程教育的改革指明了方向。截至2010年底，我国已有300多所大学开设土木工程专业，在校生达30多万人，这无疑是世界上该专业在校大学生最多的国家。如何培养面向产业、面向世界、面向未来的合格工程师，是土木工程界一直在思考的问题。

　　由住房和城乡建设部土建学科教学指导委员会下达的重点课题"高等学校土木工程本科指导性专业规范"的研制，是落实国家工程教育改革战略的一次尝试。"专业规范"为土木工程本科教育提供了一个重要的指导性文件。

　　由"高等学校土木工程本科指导性专业规范"研制项目负责人何若全教授担任总主编，重庆大学出版社出版的《高等学校土木工程本科指导性专业规范配套系列教材》力求体现"专业规范"的原则和主要精神，按照土木工程专业本科期间有关知识、能力、素质的要求设计了各教材的内容，同时对大学生增强工程意识、提高实践能力和培养创新精神做了许多有意义的尝试。这套教材的主要特色体现在以下方面：

　　(1)系列教材的内容覆盖了"专业规范"要求的所有核心知识点，并且教材之间尽量避免了知识的重复；

　　(2)系列教材更加贴近工程实际，满足培养应用型人才对知识和动手能力的要求，符合工程教育改革的方向；

　　(3)教材主编们大多具有较为丰富的工程实践能力，他们力图通过教材这个重要手段实现"基于问题、基于项目、基于案例"的研究型学习方式。

　　据悉，本系列教材编委会的部分成员参加了"专业规范"的研究工作，而大部分成员曾为"专业规范"的研制提供了丰富的背景资料。我相信，这套教材的出版将为"专业规范"的推广实施，为土木工程教育事业的健康发展起到积极的作用！

中国工程院院士　哈尔滨工业大学教授

沈世钊

前　言

本书是在"国家中长期教育改革和发展规划纲要"正式启动,中国工程院和国家教育部倡导的"卓越工程师培养计划"开始实施的背景下编写的。它按照《高等学校土木工程本科指导性专业规范》的要求进行编写,是《高等学校土木工程本科指导性专业规范配套系列教材》之一。

本书由北京交通大学高亮教授担任主编,肖宏副教授担任副主编,西南交通大学李成辉担任主审。参加编写工作的有北京交通大学高亮、肖宏、蔡小培、白雁、谷爱军、彭华,西南交通大学尹紫红、杨俊斌,包头铁道职业技术学院李文盛。具体分工为:第 1 章由高亮编写;第 2 章由肖宏编写;第 3 章由尹紫红编写;第 4 章由杨俊斌编写;第 5 章由谷爱军编写;第 6 章由蔡小培编写;第 7 章由李文盛、高亮编写;第 8 章由彭华、白雁编写。北京交通大学研究生刘玮玮、王安华、方树薇、罗奇、韩宇刚、蒋函珂等协助进行了部分章节的校对工作。在此,对以上编写人员及校对人员表示感谢。此外,本书参考了最近颁布的相关规范,国内外相关文献、统计数据及教材,在此,对其编者或作者一并表示衷心的感谢。

本书主要针对应用型人才的培养,书中内容重点在于轨道基本知识理论,对于轨道工程的最新研究结果、关键技术未作过多涉及。限于编者的水平,书中难免出现不妥之处,恳请各位专家、读者批评指正,有待再版时进一步修正。

编　者
2014 年 3 月

目　录

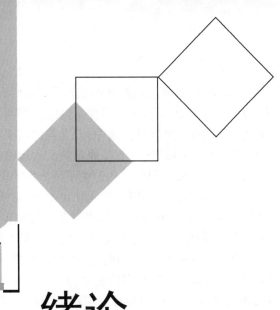

1 绪论

本章导读：

●**基本要求** 熟悉国内外铁路发展概况；掌握我国铁路发展的基本进程，包括客运专线建设、重载铁路发展以及城市轨道交通的发展建设，并对铁路发展及城市轨道交通发展的背景有一定了解；掌握轨道的作用及特点，了解轨道的类型，并对高速铁路、重载铁路以及城市轨道交通对轨道结构的不同要求有所了解。

●**重点** 国内外铁路的发展概况，我国铁路及城市轨道交通的发展状况。

●**难点** 理解高速、重载及城市轨道交通对轨道结构的要求。

1.1 世界铁路的发展概况

铁路是一种有轨运输工具。简单来说，车厢由机车驱动，靠车轮在轨道上转动前进。它的诞生，便利了人类的迁徙和政治、经济、军事活动，改变了人类的生活面貌，在人类发展史上产生了深刻的影响。

世界上第一条铁路产生在 19 世纪初，它的出现可以说是工业革命的产物。1825 年，英国在达林顿(Darlington)至斯托克顿(Stockton)间修建了第一条铁路，这条耗时 3 年多修建成功的线路，标志着商业铁路的正式运营，也拉开了近代世界铁路轰轰烈烈的发展序幕。从那时起，铁路经历了初期发展、建设高潮和建设鼎盛时期 3 个阶段。到 19 世纪末，世界铁路里程已经发展到 79 万 km；到 1913 年，世界铁路营业里程达到 110.4 万 km，其中 80% 集中在美、英、法、德、俄 5 国。从 19 世纪后半期起，铁路的兴建才由欧洲、美国扩展到殖民地和半殖民地国家。1870 年，亚洲、南美洲、大洋洲及非洲的铁路只占世界铁路总长的 9.4%。到 1913 年，上述四大洲的铁路里程占到了世界铁路网总长的 31.8%。从 19 世纪末到 20 世纪 20 年代 30 年代是世界修建铁路高潮时期，也是铁路发展的黄金时代。此时铁路运营总里程达到 127 万 km，工业发达的国家都基本形成了铁路网。

1913 年到 20 世纪 50 年代,由于经历了两次世界大战,世界各国经济都受到了严重的破坏,主要资本主义国家的铁路基本停止修建,而殖民地、半殖民地、独立国、半独立国的铁路则发展较快。1940 年世界铁路营业里程达到了 135.6 万 km。第二次世界大战中,西欧各国的铁路在战争中受到破坏,直到 1955 年前后才恢复旧貌。在 20 世纪后期,由于其他新兴交通运输方式的出现,特别是高速公路和民用航空的快速发展,使得铁路在这段时间内遭受了历史性的重创,客货运量锐减,铁路营业亏损严重。不少国家不得不将铁路收归国有,并继续封闭、拆除铁路。从 1917 年开始,美国不断封闭和拆除铁路,路网逐年减缩,在 60 年的时间里营业里程减少约 9 万 km。不仅美国如此,其他一些国家也有这种情况。英国则是世界上拆除铁路比重最大的国家,从原有的 33 000 km 拆剩到 21 世纪初的 18 100 km,拆掉了约整个路网的 45%。因而,铁路一度被称为"夕阳产业"。与此同时,苏联和第三世界国家的铁路却有所发展,到 1970 年,铁路仍然是世界上的主要运输工具,它的总长度为 120 余万 km,可以绕地球赤道约 30 圈。1970 年以后,世界铁路发展逐步由低谷走向复兴。

1)铁路既有线提速技术的发展

铁路的行车速度是随着经济发展和科技进步逐步提高的,特别是第二次世界大战以来,世界发达国家经济复苏,对交通运输提出了新的更高的要求。便捷的公路运输、高速的航空运输,打破了铁路的垄断地位,使运输业进入了竞争时代。在各种运输方式的激烈竞争中,迫使铁路改变技术停滞、速度落后和在竞争中处于衰落的状态,重新认识提高速度的意义。提高铁路客运速度便成为铁路求生存、图发展的重要举措。

在不同经济发展水平地区,铁路采用不同层次的技术和装备,使世界各国铁路旅客列车速度都有了不同程度的提高。1948—1962 年,世界各国旅客列车平均技术速度增加了 12 km/h,增长最快的是法国,平均增长了 25 km/h。特别引人瞩目的是,一些国家在经济发达地区各大城市间的运输中,首先改造客货运繁忙的既有干线,使旅客列车最高速度提高 140~160 km/h。1963 年世界铁路列车达到这种速度的营业里程线路总长度达 13 000 km。

既有线路的提速主要涉及以下几个方面:

①列车速度目标值的选择。普遍认为,铁路既有线列车提速的目的是:缩短旅行时间,提高与其他交通工具的竞争力,增加铁路运营收入。世界铁路在 180 多年的发展过程中,许多国家积累了既有线列车提速的丰富实践经验。目前,世界上对于繁忙铁路干线的提速,速度目标值大多在 140~160 km/h,若要将速度目标值提高到 200 km/h,则需要相当大的投资。采用摆式列车可以在不改造或少改造线路条件下,使列车最高速度达 160~200 km/h,这是 30 多年来开辟的既有线提速的一条新途径,意大利、西班牙、瑞典、瑞士等国都已相继采用。我国广深线也已采用摆式列车。

②既有线客车提速同时也要提高货车速度。由于列车速度不同,而会让快速列车要占用很多的能力,因此客车提速后扣除系数急剧增大,要减少这种扣除,最有效的办法是提高货车速度,以便更合理地铺画列车运行图。

③既有线提速宜分步实施。各国铁路实践证明,既有线上客车最高速度为 140 km/h 时,运营机车车辆、线路和通信信号设备等改造工程量较小,投资少,见效快。最高时速为 160 km/h 时,可利用现有的技术装备,稍许改造线路断面,改进机车车辆的走行部分,提高牵引力和制动力,并应采用自动闭塞等。最高时速提高到 200 km/h 时,对既有客货混跑的线路,需要改善线路断面,采用多显示机车信号,更好地提高制动力(如采用电阻制动、磁轨制动)以及将平交道

口改为立交等。

④既有线提速不是单一追求提高最高速度。从国内外铁路既有线列车提速实践来看,提速涉及铁路交通系统的各个组成部分,因此列车速度是一项系统工程。提高客车速度需要考虑以下主要因素:一是要提高机车车辆、地面设备(线路、桥梁、供电和信号设备)的性能、养护维修水平等硬技术能力,包括最高速度,通过曲线、道岔、坡道和桥梁、隧道等的速度,以及加减速度;二是要考虑营业政策、运输设备等条件而编制的列车运行图,即软技术能力,包括车站的设置、接续、列车间的速度差、待避和列车交会等。

各国既有线提速证明,列车最高速度相同,但旅行速度相差很大。而旅行速度的提高才是提高列车速度的真正目的,只有旅行速度提高了才对旅客有吸引力,经济效益才显著。20世纪80年代初,原联邦德国研究指出,旅行速度由100 km/h提高到130 km/h,每年可以增加约10亿马克的经济效益。

2)世界高速铁路的发展

20世纪60年代,高速铁路技术横空出世,成为铁路现代化的一个主要标志。根据《高速铁路设计规范》定义,高速铁路是指新建铁路旅客列车设计最高行车速度达到250 km/h及以上的铁路。依据此标准,我国新建的客运专线基本上都是高速铁路。

高速铁路是发达国家在20世纪60—70年代逐步发展起来的一种城市与城市之间的交通运输工具。日本在1964年修建了世界上的第一条高速铁路——东海道新干线,时速达210~230 km,突破了保持多年的铁路运行最高速度的世界纪录。英国铁路公司于1977年开行的运营于伦敦、布里斯托尔和南威尔士之间的旅客列车,采用两台1 654 kW(约2 250马力)的柴油机作动力,时速高达200 km。法国也在1984年修建了高速铁路,随后德国、西班牙、意大利等国家先后跟上,现在修建高速铁路已成为铁路发展的主要方向。随着科学技术的发展和进步,高速铁路的速度也由开始的200 km/h提高到了250,280,300,350,400 km/h及以上,并且高速铁路的乘坐舒适度和服务质量也有了很大的进步,使铁路与其他交通方式相比有了更强的竞争力。2007年4月3日,法国高速列车TGV在巴黎—斯特拉斯堡东线铁路上以574.8 km/h的运行速度创造了有轨列车最高时速新的世界纪录。

目前,法国的高速铁路后来居上,在一些技术和经济指标上超过日本而居世界领先地位。由于TGV列车可以延伸到既有线上运行,因此TGV的总通车里程超过2 500 km,承担着法国铁路旅客周转量的50%以上。经过40多年的发展,世界上已有高速铁路营业里程25 000 km,分布在中国、日本、法国、德国、意大利、西班牙、比利时、荷兰、瑞典、英国、韩国及中国台湾等17个国家和地区,一些国家还有在建和规划的一批高速铁路项目。可以说,发展高速铁路已经成为一种浪潮。

3)重载铁路技术的发展

伴随着高速铁路技术的迅猛发展,重载铁路技术也在快速发展。世界铁路重载运输起步于20世纪50年代。伴随着牵引动力的现代化改造,新型大功率电力机车和内燃机车逐步取代了蒸汽机车,开启了铁路重载运输的新纪元。世界各国重载铁路借助于高新技术,促使重载列车牵引质量不断增加,重载列车最高牵引质量的世界纪录已达10万 t,最高平均牵引力达3.9万 t。随着重载运输的发展,国际重载协会(IHHA)在2005年国际重载运输协会巴西年会上对重载铁路的标准做了最新的修订,重载铁路必须满足下列3条标准中的至少2条:重载列车牵引质量至少达到 8 000 t;轴重(或计划轴重)为 27 t 及以上;在至少 150 km 的线路区段上年运量达到 4 000 万 t 及以上。

50 多年来,重载运输技术在美国、加拿大、俄罗斯、澳大利亚、中国、巴西等一些幅员辽阔、矿产资源丰富的国家得到快速发展,并逐渐成为世界铁路发展的一个重要趋势。这些国家充分地发挥了重载运输的优势,取得了良好的社会效益、经济效益,使之成为盈利的运输产业,并在交通运输业中占据重要的地位。

4)城市轨道交通的发展

城市轨道交通具有运量大、速度快、安全、准点、保护环境、节约能源和用地等特点。发展城市轨道交通已经成为解决大城市交通拥堵问题的重要手段,当前被广泛使用的城市轨道交通方式主要有地下铁道、市郊铁路和轻轨铁路,它们组成的轨道交通已成为世界许多大都市客运交通的骨干。经历了 150 多年的发展,目前世界上已有 30 多个国家和地区近 70 个大中城市修建了总长约 5 000 km 的地铁,有 20 多个国家与地区的 70 多座城市修建了总长约 3 000 km 的城市轻轨交通线路。

目前,高速铁路、重载铁路和城市轨道交通有效地提高了客货运输能力,极大地改变了人们的时空观,大大提高了人们的出行能力,使铁路及城市轨道交通运输发生了革命性的变化,提高了铁路在客货运市场中的竞争力,可以说是当今铁路最主要的发展方向。

1.2　我国铁路及城市轨道交通的发展

1.2.1　铁路的发展状况

近年来,铁路建设得到了长足的发展,尤其是在路网建设、线路状况、技术装备和运输效率上,都取得了辉煌的成就。其中,1992—2002 年,我国对铁路的投资高达 850 亿美元,我国铁路营运里程急剧增加。截至 2009 年底,我国铁路运营里程达 8.6 万 km,跃居世界第二位;旅客发送量 18.62 亿人次,货物发送量 39.3 亿 t,总换算周转量 35 769.24 亿 t·km,以占世界铁路 8%的营业里程完成了世界铁路 1/4 的运输量,运输效率世界第一。既有线提速技术、重载运输技术跻身世界先进行列;机车车辆装备现代化取得重大突破;青藏铁路建设技术和运营管理水平达到了世界先进水平;以时速达 350 km 的京津城际铁路、武广高速铁路、郑西高速铁路、沪宁城际高速、沪杭城际高速以及时速达 300 km 的京沪高速铁路、广深港高速铁路等为代表的高速铁路建设、运营管理技术达到世界最高水平。目前,我国铁路已成为世界上最繁忙的铁路,在推动社会经济发展进程中占有举足轻重的地位,截至 2012 年底,全国铁路营业里程达到 9.8 万 km,居世界第二位;高铁运营里程达 9 356 km,居世界第一位。

"十二五"铁路发展的总体目标是:路网布局更加完善,技术装备先进适用,运输安全持续稳定,创新能力不断增强,信息化水平全面提高,运输能力和服务水平大幅提升,经营效益和职工收入同步增长。到 2015 年,全国铁路营业里程达 12 万 km 左右,其中西部地区铁路 5 万 km 左右,复线率和电化率分别达到 50% 和 60% 左右。初步形成便捷、安全、经济、高效、绿色的铁路运输网络,基本适应经济社会发展的需要。"十二五"期间基本建成快速铁路网,发展高速铁路,推进区际干线、煤运通道、西部铁路等建设,完善路网布局。

1)既有繁忙干线的提速

1997 年以前我国铁路运输的需求,主要集中在五大繁忙干线上,而这五大干线的客货运量已接近饱和,提高客车速度就会压缩货车的开行数量,影响货运任务的完成,但是不提高客车的速度,客流量就会损失。我国从长远的角度考虑,把提高旅客列车的速度作为一项别无选择的战略性措施。同时,通过提速也实现了铁路技术创新,为今后的铁路建设提供了良好的技术储备。既有繁忙干线提速,是选择既有线条件比较好的区段,通过改造,加强线路的养护,更换基础设备,把列车的运行速度提高。这种做法既能快速收到效果,又可节省投资。

我国铁路从 1997 年开始,先后进行了 6 次较大规模的既有线提速,铁路运输事业取得很大发展。其中,第 6 次大提速使时速 200 km 及以上的网络一次达到此规模,不仅标志着中国铁路既有线提速跻身世界铁路先进行列,而且在许多方面实现了世界铁路首创,图 1.1 是我国第 6 次大提速中的"和谐号"动车组。首先,在繁忙干线实施时速 200 km 的提速,时速 200 km 提速线路延展里程一次达到 6 003 km,无论是提速线路里程总量,还是最高速度值,都走在了世界铁路前列。其次,京沪、沪昆(浙赣段)、胶济等主要干线部分提速区段,既要开行时速 200 km 及以上动车组,又要开行 5 500 t 重载货物列车和双层集装箱列车,这在世界铁路是首创。另外,在繁忙干线客货混跑、行车密度很大的情况下,密集开行时速 200 km 及以上动车组列车,这种运输组织方式在世界铁路上是独有的。

图 1.1 第 6 次大提速中的"和谐号"动车组

2)重载铁路发展

20 世纪中期,重载铁路得到长足的发展,现已成为铁路运输技术的重要发展方向。重载铁路的主要技术特征是加大列车轴重,加大列车的编组,实现全程的直达运输,利用一条线路,按照具体的技术条件,尽可能多地输送车流,充分发挥铁路集中、大宗、长距离、全天候的运输优势,提高运输能力,取得良好的经济、社会效益。我国幅员辽阔、资源丰富,为满足国家建设对资源物资的需求,20 世纪 90 年代初,我国建成第一条重载铁路——大同—秦皇岛运煤专线,开行 6 000 t 及 10 000 t 的重载列车。2004 年 12 月成功开行了 20 000 t 的重载列车,2008 年的年运量达到 3.4 亿 t,成为世界上年运量最大的铁路线,这标志着我国的重载运输进入国际先进水平。2010 年 12 月 26 日,大秦铁路提前完成年运量 4 亿 t 的目标,为原设计能力的 4 倍,2011 年大秦铁路的年运量达到 4.4 亿 t,相比 2010 年增长了 10%。此外,在京沪、京广、京哈等重要干线普遍开行了 5 000 t 的重载列车、轴重 25 t 的双层集装箱列车等。重载铁路占据了我国货运市场 54.6% 的份额,取得了显著的经济效益,为国民经济建设做出了巨大的贡献。

3)新建客运专线

我国铁路客、货列车在很长时间里都是在同一条线上混跑,这种情况很难提高客运列车的速度,由于速度相差较大,快速列车开得越多,扣除系数就越大;此外,客运提速与货运重载对线路的要求存在一定的矛盾。因此,要想提高客车速度就必须新建客运专线。

为满足快速增长的旅客运输需求,建立省会城市及大中城市间的快速客运通道,我国《中长期铁路网规划(2008 年调整)》确立了客运专线铁路网"四纵四横"以及经济发达和人口稠密地区城际客运系统的建设蓝图。具体建设内容:

(1)"四纵"客运专线

①北京—上海客运专线(京沪高速铁路,全长 1 318 km),贯通京津至长江三角洲东部沿海经济发达地区;②北京—武汉—广州—深圳客运专线(京广客运专线,全长 2 230 km),连接华北和华南地区;③北京—沈阳—哈尔滨(大连)客运专线(京哈客运专线,全长 1 860 km,含北京至哈尔滨 1 230 km,天津至秦皇岛 260 km,沈阳至大连 370 km);连接东北和关内地区;④上海—杭州—宁波—福州—深圳客运专线(沪甬深客运专线,全长 1 600 km),连接长江、珠江三角洲和东南沿海地区。

(2)"四横"客运专线

①徐州—郑州—兰州客运专线(徐兰客运专线,全长 1 400 km),连接西北和华东地区;②杭州—南昌—长沙—贵阳—昆明客运专线(杭长客运专线,全长 680 km),连接西南、华中和华东地区;③青岛—石家庄—太原客运专线(青太客运专线,全长 770 km),连接华北和华东地区;④南京—武汉—重庆—成都客运专线(宁汉蓉客运专线,全长 1 900 km),连接西南和华东地区。

同时,建设南昌—九江、柳州—南宁、绵阳—成都—乐山、哈尔滨—牡丹江、长春—吉林、沈阳—丹东等客运专线,扩大客运专线的覆盖面。

(3)3 个城际客运系统

环渤海地区、长江三角洲地区、珠江三角洲地区城际客运系统,覆盖区域内主要城镇。

到 2020 年,将形成完善的"四纵四横"高速铁路网,总里程将会超过 1.6 万 km。届时,我国将会形成以北京为中心的 1~8 h 高速铁路网络圈,除乌鲁木齐、拉萨、海口以外,绝大部分省会城市及区域中心城市都将被高速铁路网络圈所覆盖,城市间的时空距离将会被进一步拉近,经济和社会运行效率将会大大提高,将会有更多的城市和地区享受到高速铁路带来的便捷生活和全方位的"拉动效应"。

根据客运专线所处地理位置、环境、地域人口、经济发展各不相同,在设计各条客运专线时技术标准有一定的差异,大致分为 3 类,如下:

第一类为城际客运专线,如京津、广深港、广珠等城际客运专线;

第二类为仅运行动车组的长大客运专线,如武广、郑西等客运专线;

第三类为近期兼营货运业务的客运专线,如石太、合武、合宁、甬台温、温福、福厦等客运专线。

截至 2012 年 9 月,中国大陆高铁营业里程达 6 894 km,在建高铁 1 万多 km,已成为"世界上高铁系统技术最全、集成能力最强、设计速度最高、运营里程最长、在建规模最大的国家"。

2008 年 4 月 18 日,历经十几年讨论,总投资 2 209.4 亿元的京沪高速铁路全线开工(见图 1.2),并于 2011 年 6 月 30 日正式开通,运营速度能达到 350 km/h,它的建成使北京和上海之间的往来时间缩短到 5 h 以内。京沪高速铁路是《中长期铁路网规划》中投资规模最大、技术含量最高的一项工程,是目前世界上里程最长的高速铁路,正线全长约 1 318 km,与既有京沪铁路的走向大体并行,全线为新建双线,可与既有线实行客货分线运输,可使新线和既有线的能力得到充分的发挥,使我国铁路运输的运行速度有很大的提高。

图 1.2　2011 年 6 月 30 日开通运行的京沪高铁

4)具有战略意义的青藏铁路

青藏铁路是当今世界海拔最高、最长的高原铁路。青藏铁路北起青海省西宁市,南至西藏自治区拉萨市,全长约 1 956 km,线路经过地区海拔 4 000 m 以上的地段有 960 km,翻越唐古拉山线路最高处达 5 072 m;经过多年连续冻土地段 550 km,经过九度地震烈度区 216 km。沿线高寒缺氧,生态环境脆弱,地壳运动活跃。在这样的区域修建铁路,具有很强的探索性和科研性,建设任务艰巨。青藏铁路从设计规划到施工着重于青藏高原的生态环境的保护,建设过程中应用了许多新技术,通过科研工作者大量的技术攻关,促进了铁路创新技术的发展,成为我国铁路建设史上的一座里程碑(见图 1.3 和图 1.4)。

2006 年 7 月 1 日,青藏铁路全线开通,结束了西藏自治区不通铁路的历史,进一步改善了青藏高原的交通条件和投资环境,对加强内地与西藏的联系,促进藏族与各民族的文化交流,增进民族团结,造福沿线人民,发挥了重要作用。

《西藏自治区"十二五"时期国民经济和社会发展规划纲要》明确提出,"十二五"期间,西藏将加快铁路建设,建成青藏铁路首条延伸线——拉萨至日喀则铁路。拉萨至日喀则段于 2010 年 9 月正式开工建设。这条连接西藏两个最大城市的铁路东起青藏铁路终点站拉萨站,蜿蜒 253 km 抵达藏西南重镇、历代班禅的驻锡地日喀则市。它最大限度地挖掘青藏铁路的巨大发展潜力,最大限度地发挥青藏铁路的强大辐射作用,扩大铁路在西藏的覆盖区域,进一步提高铁路运输保障能力;对于改善藏西南交通条件和投资环境、优化能源消费结构、保护生态环境以及增强西藏对外交流和自我发展能力,维护民族团结和边疆稳定,促进西藏经济社会繁荣发展,都具有十分重要的意义。

图1.3　青藏铁路的最高点

图1.4　青藏铁路的高架桥

1.2.2　城市轨道交通的发展概况

近年来,经济及城镇化的快速发展使城市客运量大幅增长,在一些特大城市,单纯采用常规公共交通系统已经不能适应我国城镇化交通的实际需求。随着我国城市交通的迅速发展,轨道交通越来越受到重视。建设以大容量轨道交通为骨干,形成一个包括地面、地下、高架多平面、多交通模式的现代化交通网络,是解决城市交通问题,特别是像北京、上海这样大城市交通问题的必然选择。同时,城市轨道交通项目的建设,是一个城市建设史上最大的公益性基础设施,是一个涉及面广、综合性强的系统工程。它的建设是城市发展中的百年大计,对城市的全局和发展模式都将产生深远的影响。

1995年到2011年间,中国大陆地区建设并运营有轨道交通的城市,从最初2个增加到14个,运营里程从43 km增加到约1 500 km,年客运总量达68亿人次。其中,北京地铁的满载率和单车运行均居世界第一。根据初步统计,截至2011年年底,全国已有28个城市的轨道交通近期建设规划获得国务院批复,北京、上海、广州、武汉等27个城市共有79条,2 149.811 km地铁线路同时在建。到2015年前后,全国将建设87条地铁线路,总里程2 495 km,总投资9 886亿元。

北京地铁1号线是中国第一条地下铁道,建于1965年7月,第一期工程线路全长22.17 km,于1971年开始投入运营。随后,2号线、地铁13号线、8号线相继开通运营。2008年奥运会前完成建设的地铁5号线、10号线一期(含奥运支线)和机场线,新增运营里程84 km,累计达到200 km,客运量日平均400万次。2009年9月28日,北京地铁4号线正式开通运营,4号线是国内一次建成地下线长度最长的城市轨道交通项目,它使北京轨道交通运营里程达到230 km,在设备与安全标准上也有所提升。截至2013年3月底,北京地铁系统拥有16条线路、261座车站,运行总里程达442 km,如图1.5所示。根据规划,到2020年北京轨道交通线路将达到19条,运行里程将达700 km。

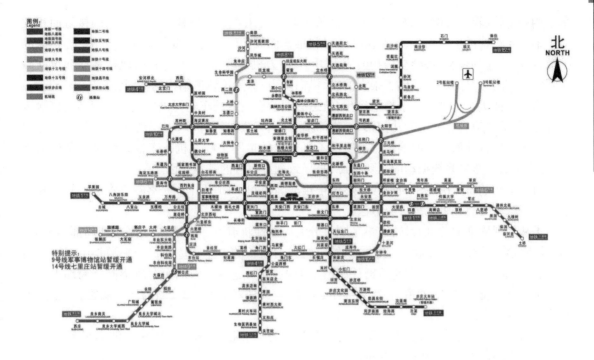

图 1.5　北京市城市轨道交通运营线路图(2013 年版)

1.3　轨道的作用与特点

　　轨道的作用是引导机车车辆的运行,直接承受来自列车的荷载,并将荷载传至路基或者桥隧结构物。轨道结构应具有足够的强度、稳定性和耐久性,并具有固定的几何形位,保证列车安全、平稳、不间断地运行。因此,可以说轨道结构的性质和状况决定了列车的运行品质,也决定了旅客乘坐的舒适性。

　　轨道最初是由两根木轨条组成,后改用铸铁轨,最后发展为现在的工字形钢轨。目前,世界上多数铁路采用 1 435 mm 的标准轨距。轨距较此窄的称窄轨铁路,较此宽的称宽轨铁路。轨道自上而下由钢轨、扣件、轨枕、碎石道床组成。钢轨、轨枕、道床是一些力学性质各不相同的材料,以不同的方式组合起来。轨枕一般用木或钢筋混凝土、钢制成;道床采用碎石、卵石、矿渣等材料。传统的轨道结构多是钢轨与钢轨用联结部件相互连接、轨枕横向铺设于碎石道床内,钢轨与轨枕用扣件连接成轨排,此种轨道称为有砟轨道,已有上百年的历史,目前仍然在广泛使用。

　　轨道结构是长大的工程结构物,易受到外界地理、环境因素影响。处于轨道最上层的钢轨由特殊的高碳钢组成,承受车辆施加的巨大压力,通过本身的挠曲,将荷载向下传递到轨枕。轨枕是钢轨的支撑结构,主要由钢筋和混凝土制成。当轮载由钢轨传递到轨枕时,相邻的轨枕会共同承担,传到轨枕的压力约减小 1/2,且因为钢轨与轨枕之间接触面积较大,轨枕的应力一般不会超过其强度极限。道床通常指的是轨枕下面、路基面上铺设的石砟(道砟)垫层,其主要作用是支承轨枕,把来自轨枕上部的巨大荷载均匀地分布到路基面上,避免了路基的过大变形。另外,道床的弹性还能吸收机车车辆的冲击和振动,保证列车运行的平稳性,而且大大改善了机车车辆和钢轨、轨枕等部件的工作条件,延长了轨道使用寿命。轨枕与道床之间的接触面积数倍于钢轨与轨枕的接触面积,因此由散体材料堆积而成的碎石道床应力又减小数倍。经道床的扩散,最后传递到路基、桥隧结构物的应力更小,传力机理非常合理。另外,轨枕地面和道砟颗粒间的摩擦阻力又为轨道提供了很大的纵、横向阻力,保障了轨道结构的坚固和稳定。

为了保证机车车辆安全平稳地运行,轨道必须给有轮缘的车轮提供连续平顺滚动的接触表面,因此要求轨道具有一定的几何形位(如轨距、水平、轨向等)。两根钢轨在高低和左右方向与钢轨理想位置几何尺寸的偏差称为轨道不平顺。轨道不平顺对机车车辆系统是一种外部激扰,是产生机车车辆系统振动的主要根源,是导致列车事故的基本原因之一。

轨道结构的特点决定了轨道几何形位很难准确控制,轨道不平顺是客观存在的。轨道几何形位不平顺主要有如下几种分类方法:

①从出现周期的角度看,轨道不平顺可分为周期性轨道不平顺、随机不平顺和局部不平顺。周期性轨道不平顺是由于轨道接缝形成的以轨长为波长的不平顺。随机不平顺是由于轨道的铺设、维护保养产生的误差和轮轨磨耗所产生的不平顺,它因时因地而有所不同。局部不平顺是由于线路的特定结构(如道岔、缓和曲线、桥梁等)或偶然地点(如线路的局部病害)产生的不平顺。

②从波长的角度区分,轨道不平顺可以分为长波不平顺、中波不平顺和短波不平顺,3 种不平顺的分界限制波长为 30 m 和 3 m。

③从方向的角度区分,轨道不平顺可分为垂向不平顺、横向不平顺、复合不平顺及曲线头尾几何偏差等。

④从动、静态的角度区分,轨道不平顺分为动态不平顺和静态不平顺。动态不平顺是指由于轨下基础弹性不均匀,如扣件失效、轨枕支承失效、路基不均匀及桥梁与路基、桥与桥台、路基与隧道等过渡段的弹性不均匀。动态不平顺是用轨检车测得的在列车车轮荷载作用下才能显现出来的完整的轨道不平顺,能真实反映轨道状态。静态不平顺是指由于轮轨接触面不平顺、不连续(接头、道岔)及轨道和基础的永久变形而造成的不平顺,无轮载作用时,可用人工或轻型测量小车测得。

列车在轨道上运行时,由于客观存在的轨道不平顺、车轮不圆顺、车辆的蛇行运动等原因,轮轨系统之间会产生冲击和振动。轮轨不平顺是轮轨系统的激振源,不平顺的波长、波深、出现位置都有很大的不确定性,因此振动及振动产生的荷载是随机的。轨道不平顺随机变化规律的函数描述,是机车车辆与轨道系统动力分析的重要基础资料,这种动力分析是现代机车车辆和轨道设计、养护和质量评估的重要手段。

1.4　轨道的类型

由于轨道是一种多部件的组合结构,各个部件要有足够的强度和稳定性并合理配套。钢轨是轨道结构中最重要的部件,确定轨道结构类型时,应先确定钢轨类型,然后从技术经济观点出发,确定与之配套的轨枕类型与铺设数量,以及道床的材料与断面尺寸,使之组成一个等强度的整体结构,充分发挥各部件的作用。

表1.1 与表1.2 为根据我国目前运营条件确定轨道类型的标准。

表 1.1　正线轨道类型

项　目			单位	特重型	重　型		次重型	中型	轻型
运营条件	年通过总质量		Mt	>50	25～50		15～25	8～15	<8
	路段旅客列车设计行车速度		km/h	120～160	120～160		≤120	≤100	≤80
轨道结构	钢轨		kg/m	75	60		60	50	50	50
	轨枕	混凝土枕	型号	—	Ⅲ	Ⅲ	Ⅲ	Ⅱ	Ⅱ	Ⅱ	Ⅱ
			铺枕根数	根/km	1 667	1 667	1 667	1 760	1 667 或 1 760	1 660 或 1 680	1 520 或 1 640
	碎石道床厚度	土质路基 双层	表层道砟	cm	30	30	30	25	20	20
			底层道砟	cm	20	20	20	20	20	15
		土质路基 单层	道砟	cm	35	35	35	30	30	25
		硬质岩石路基 单层	道砟	cm	30	30	—	—	—	—
	无砟道床	板式轨道	混凝土底座厚度	cm	≥15					
		轨枕埋入式								
		弹性支撑块式			≥17					

注:年通过总质量包括净载、机车和车辆的质量,单线按往复总质量计算,双线按每一条线的通行总质量计算。

表 1.2　站线轨道类型

项　目			单位	到发线	驼峰溜放部分线路	其他站线及次要站线
轨枕	钢　轨		kg/m	60、50 或 43	50 或 43	50 或 43
	混凝土枕	型号	—	Ⅰ	Ⅰ	Ⅰ
		铺枕根数	根/km	1 520～1 667	1 520	1 440
	防腐木枕	型号	—	Ⅱ	Ⅱ	Ⅱ
		铺枕根数	根/km	1 600	1 600	1 440

续表

项目					单位	到发线	驼峰溜放部分线路	其他站线及次要站线
道砟道床厚度	土质路基	双层道砟	相应正线轨道类型	特重型	cm	表层道砟 20 底层道砟 20	表层道砟 20 底层道砟 20	—
				重型				
				次重型				
				中型		表层道砟 15 底层道砟 15		
				轻型				
		单层道砟		特重型		35	35	其他站线 25 次要站线 20
				重型				
				次重型				
				中型		25		
				轻型				
	硬质岩石路基、级配碎石或级配沙砾石基床	单层道砟		特重型		25	30	20
				重型				
				次重型				
				中型		20		
				轻型				

1.5 高速、重载及城市轨道交通对轨道结构的要求

轨道结构与其他工程结构物不同,具有荷载的随机性和重复性、结构的组合性和散体性(有砟轨道)、修理工作的经常性和周期性。和普速铁路轨道结构一样,高速、重载及城市轨道交通轨道结构也是由钢轨、轨枕、扣件、道床、道岔等部分组成,但由于高速、重载及城市轨道交通在速度、轴重及使用环境方面的特殊要求,轨道结构在部件性能、技术水平和养护维修等方面具有各自的特点和要求。

1.5.1 高速铁路轨道结构

高速铁路作为一种安全、快捷、舒适、全天候的运输方式,如今已经成为现代交通运输体系的重要组成部分。由于行车速度的提高,机车车辆和轨道的振动强度加大,作用在轨道上的动荷载越大,轨道的几何形位越难保持,轨道结构和部件破坏越快。为适应高速行车的要求,保证高速列车运行的平稳性、舒适性与安全性,高速铁路轨道各部件的力学性能、使用性能和组合结构的性能都比普通轨道部件高得多,其必须具有高平顺性和高稳定性。基于以上要求,高速铁路有砟轨道应具有以下特点:

①钢轨具有平顺的运行表面。为减少列车冲击、振动荷载及行车噪声的污染,轨道必须为列车提供一个平滑的运行表面。为达到这一目的,要从钢轨和轨下基础两方面提出要求。a. 钢轨要有足够的抵抗变形的能力,且钢轨材质要具有足够的强韧性,对无缝线路钢轨焊缝应打磨平顺;b. 为保持轨面的平顺性,轨道也必须有一个坚实的轨下基础。因此,混凝土轨枕、强劲的钢轨扣件及硬质石砟组成的道床,就成为高速铁路轨道必不可少的轨下基础。

②采用稳固的重型轨道。由 60 kg/m 钢轨、混凝土枕、强劲钢轨扣件和硬质道床组成的重型轨道,不但可以使轨道变形小,保持轨面平顺,而且可以起到稳固线路与减少振动对道床的破坏作用。高速铁路采用重型轨道结构,其主要目的不是为了增加轨道强度,而是为了减少轨道变形,保持平顺的列车运行轨面。采用重型轨道的另一个目的是:由于高速列车施加的高频振动会使道砟"流坍",道床下沉增加,而铺设重型钢轨和轨枕则可起到隔离与补偿的作用,以减少高频振动对道床的影响。

③轨道结构应该具有良好的弹性性能。良好的弹性不但可以使轨道具有较强的抗振动与抗冲击的能力,而且有利于减少噪声干扰。因此,针对高速铁路应努力改善轨道的弹性性能,以适应高速列车的运行。

④铺设无缝线路,消除或减少钢轨接头,增加列车运行的平稳性,减少轨道振动损伤。

⑤铺设高速与快速道岔。道岔是轨道结构的重要组成部分,应该与高速铁路相适应。在高速铁路道岔设计中应该采用强韧的道岔部件,选择合理的道岔几何线型和部件尺寸,采用可动心轨辙叉或焊连成无缝道岔等方法提高列车过岔速度。

高速铁路无砟轨道相比有砟轨道具有一系列的优点:使用寿命长;维修费用低;二期恒载小、建筑高度低;线路状况良好,宜于高速行车等。此外,在无砟轨道线路上铺设无缝线路不易产生胀轨跑道,高速行车时不会产生道砟飞溅的问题。

1.5.2　重载铁路轨道结构

重载铁路的特点是提高了运量,加大了车体的轴重。在铁路轨道上,轴重使轨道承受静荷载强度,轴重越大,轨道承受的荷载也就越大。随着列车荷载的反复循环作用,极易使轨道部件发生各种疲劳损坏,严重影响轨道结构的正常工作,如钢轨的轨头伤损、钢轨的折损以及轨道几何形位的破坏等都与重载铁路的荷载有关。为发挥重载的运输优势,必须采用强韧化的轨道,以抵御重载列车对轨道结构的破坏,强化轨道结构和延长使用寿命,确保列车的运行安全并减少养护维修的工作量。

为此,世界上很多国家在重载线路上均采用无缝线路,提高重载列车运行平稳性,减少对线路的动力作用。一系列新型轨道结构,包括板式无砟轨道、梯形轨道等也都在进行大运量试验,测试其安全性及可靠性,以利于在重载线路上推广采用。与此同时,美国、加拿大、南非、澳大利亚、巴西等国家在重载线路上正在普及采用可动心轨道岔及新型菱形辙叉,这有利于减少线路道岔区间的动力作用,提高可靠性。

此外,针对重载铁路最经常出现的钢轨表面裂纹、轨内裂纹的损伤,还要求研究开发耐磨性好、防表面裂纹和防轨内裂纹的新型钢轨。同时,针对采用无缝钢轨的线路,还要研发新的铝热焊技术,保证接头部分的材质强度。

1.5.3 城市轨道交通轨道结构

城市轨道交通虽然在运营等方面与大铁路有所区别,但是轨道仍是城市轨道交通运营设备的基础,仍由钢轨、连接零件、轨枕和道床、道岔及其他附属设备组成,轨道结构同样直接承受列车荷载,引导列车运行。其特性和要求与大铁路相比并无太大的区别。但是,由于城市轨道交通接近人口密集的市区,需要运营安全平稳、舒适性好,同时,对振动与噪声控制的要求大大高于大铁路。另外,由于城市轨道交通的行车密度大,它的维修"天窗"时间短,因而,需要轨道结构具有较好的耐磨性,养护维修工作量小。城市轨道交通对轨道结构的基本要求如下:

①结构简单、整体性强、具有坚固性、稳定性、均衡性等特点。确保行车安全、平稳、舒适。

②具有足够的强度、刚度,便于施工,易于管理,可靠性高,使用寿命长,可以减少维修或者避免维修,并利于日常的清洁养护,降低运营成本。

③对于扣件要求强度高、韧性好。

④采用成熟的新工艺、新技术、新材料,满足绝缘、减振降噪和减轻轨道结构的自重等需求,尽可能符合城市环境、景观等要求。

同时,城市轨道交通中的钢轨兼做轨道电路,为轨道电路提供导体。

课后习题

1.1 简述我国及世界铁路的发展历程。

1.2 阐述铁路在国民经济中的重要性。

1.3 根据所学知识,谈一谈铁路为什么一度被称为"夕阳产业"。

1.4 结合我国国情,分析高速铁路、重载铁路及城市轨道交通等在我国的发展趋势。

1.5 简述我国发展高速、重载铁路以及既有线提速的必要性。

1.6 简述轨道结构的作用及特点。

1.7 简述在进行铁路建设时,选择轨道类型时应考虑的因素。

1.8 对比高速铁路、重载铁路及城市轨道交通的轨道结构的异同点。

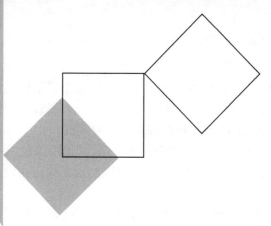

2 轨道结构及组成

本章导读：

- **基本要求** 掌握有砟轨道的结构组成以及各部分的作用；掌握钢轨的类型、轨缝的设置，以及钢轨的使用规定；掌握轨枕的分类以及木枕与混凝土枕的优缺点；区分接头联结部件和中间联结部件(扣件)；掌握有砟轨道道砟材料与技术标准，以及道床的断面特征；了解无砟轨道的结构形式。

- **重点** 有砟轨道的结构组成以及各部分的作用；木枕与混凝土枕的优缺点；有砟轨道与无砟轨道的区别。

- **难点** 有砟轨道与无砟轨道的区别。

2.1 概述

轨道是铁路的主要技术装备之一，是行车的基础。轨道的作用是引导机车车辆平稳安全运行，直接承受列车荷载作用，并把荷载传给路基或桥隧建筑物。轨道结构包括传统的有砟轨道结构和新型无砟轨道结构，有砟轨道是指轨下基础为石质散粒道床的轨道，通常也称为碎石道床轨道，其由钢轨、轨枕、道床、道岔、联结部件及轨道加强设备组成；无砟轨道用整体性较好的沥青或混凝土道床代替散粒道砟道床。

钢轨是轨道结构最重要的组成部件。它直接承受列车荷载，依靠钢轨头部内侧面和机车车辆轮缘的相互作用，为车轮提供连续且阻力最小的滚动接触面，引导列车运行，直接承受车轮的巨大压力，并分布传递到轨枕。钢轨在电气化铁道或自动闭塞区段，还兼作轨道电路之用。

轨枕的作用是承受来自钢轨的压力，并弹性地传于道床；同时利用扣件保持轨道的几何形位，特别是轨距和方向。

联结部件分接头联结部件与中间联结部件。接头联结部件有钢轨夹板和螺栓等，用于钢轨与钢轨的可靠联结,保持钢轨的连续性与整体性;中间联结部件,又称扣件,是联结钢轨和轨枕的部件,其作用是固定钢轨位置,阻止钢轨的纵、横向移动,防止钢轨翻转,确保轨距正常,并在机车车辆的动力作用下,发挥一定的缓冲减振性能,延缓线路残余变形的累积。

轨道加强设备主要有防爬设备、轨距杆、轨撑等,主要用于木枕线路。防爬设备能有效地防止钢轨与轨枕间发生相对的纵向位移,增加线路抵抗钢轨纵向爬行的能力;在线路曲线上安装轨撑和轨距杆,可提高钢轨横向稳定性,防止轨距扩大。

碎石道床是轨枕的基础,用于固定轨枕位置,增加轨道弹性,防止轨枕纵、横向位移并把所承受的压力分布传递给路基或桥隧建筑物,同时还方便排水和调整线路的平、纵断面。

道岔是机车车辆从一股轨道转入或越过另一股轨道时必不可少的线路设备,在铁路站场布置中应用极为广泛。关于道岔的结构、功能、布设形式等将在第 5 章进行详细说明,本章不予介绍。

2.2 钢轨

2.2.1 钢轨的功能

钢轨是轨道最重要的组成部件。它的功用在于引导机车车辆的车轮前进,直接承受来自车轮和其他方面的各种力,且传递给轨下基础,并为车轮提供连续、平顺和阻力最小的滚动表面,引导机车车辆前进;在电气化铁道或自动闭塞区段,还兼做轨道电路之用。在高速铁路中,钢轨需要提供比普通铁路更高的平顺性要求。

2.2.2 钢轨类型及断面尺寸

1)钢轨类型及长度

钢轨类型以每米大致质量 kg/m 划分。我国现有钢轨类型按 2003 年国家现行标准《43 ~ 75 kg/m 热轧钢轨订货技术条件》(TB 2344)分为 43,50,60,75 kg/m 4 种类型。

钢轨的标准与钢轨类型有关。43 kg/m 钢轨有 12.5 m 及 25 m 两种标准长度;50 kg/m 有 12.5,25,50,100 m 4 种;60 kg/m 钢轨标准长度有 25,50,100 m 3 种。

2)钢轨断面尺寸

钢轨采用具有最佳抗弯性能的工字形断面,由轨头、轨腰和轨底 3 部分组成。钢轨断面设计应满足下列要求。

(1)钢轨头部设计

钢轨头部是直接和车轮接触的部分,应有抵抗压溃和耐磨的能力,故轨头宜大而厚,并应具有和车轮踏面相适应的外形。钢轨头部顶面应有足够的宽度,使在其上面滚动的车轮踏面和钢轨顶面磨耗均匀。钢轨头部顶面应轧制成隆起的圆弧形,使由车轮传来的压力能集中于钢轨中轴。

（2）钢轨腰部设计

轨腰的两侧为曲线,其必须有足够的厚度和高度,以使钢轨有足够的承载能力和抗弯能力。轨腰与钢轨头部及底部的连接,必须保证夹板有足够的支承面。

（3）钢轨底部设计

钢轨底部应保持钢轨的稳定,轨底应有足够的宽度和厚度,并具有必要的刚度和抵抗锈蚀的能力。

钢轨的头部顶面宽度（b）、轨腰厚度（t）、钢轨高度（H）及轨底宽度（B）是钢轨断面的 4 个主要参数。钢轨高度与轨底宽度间应有一个适当的比例。一般要求钢轨高度与轨底宽度之比为 1.15 ~ 1.20。为使钢轨轧制冷却均匀,要求轨头、轨腰及轨底的面积分配,有一个较合适的比例。

我国 60、75 kg/m 钢轨断面尺寸如图 2.1 所示。主要钢轨类型的断面尺寸及特征见表 2.1。

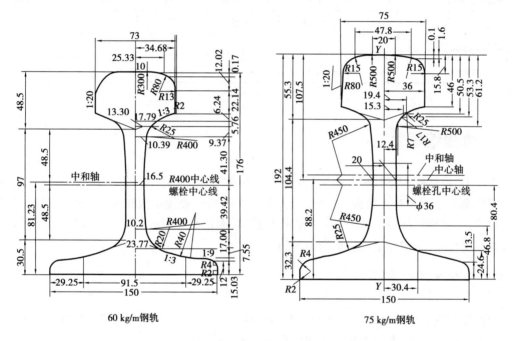

60 kg/m钢轨　　　　　　75 kg/m钢轨

图 2.1　我国钢轨断面图

表 2.1　钢轨断面尺寸及特性

项　目	类型（kg/m）				
	75	60	50	43	UIC60
每米质量 M（kg）	74.414	60.64	51.514	44.653	60.34
断面积 F（cm^2）	95.04	77.45	65.80	57	76.86
重心距轨底面距离 y_1（mm）	88	81	71	69	80.95
对水平轴的惯性矩 J_x（cm^4）	4 489	3 217	2 037	1 489	3 055
对竖直轴的惯性矩 J_y（cm^4）	665	524	377	260	512.90
下部断面系数 W_1（cm^3）	509	396	287	217	377

续表

项 目	类型（kg/m）				
	75	60	50	43	UIC60
上部断面系数 W_2（cm^3）	432	339	251	208	336
轨底横向挠曲断面系数 W_y（cm^3）	89	70	57	46	68.4
轨头所占面积 A_h（%）	37.42	37.47	38.68	42.83	
轨腰所占面积 A_w（%）	26.54	25.29	23.77	21.31	
轨底所占面积 A_b（%）	36.04	37.24	37.55	35.86	
钢轨高度 H（mm）	192	176	152	140	172
钢轨底宽 B（mm）	150	150	132	114	150
轨头高度 h（mm）	55.3	48.5	42	42	51
轨头宽度 b（mm）	75	73	70	70	74.3
轨腰厚度 t（mm）	20	16.5	15.5	14.5	16.5

2.2.3　曲线缩短轨

在铁路上,钢轨接头按其相互位置,可分为相对式接头(对接)和相互式接头(错结)两种。我国铁路原则上采用相对式接头。在曲线上,由于外股轨线要比里股轨线长,如果要铺设同样长度的钢轨,上股钢轨接头必然与下股钢轨接头错前,而达不到相对的要求。因此,为了满足钢轨接头对接的要求,在曲线上股应适当铺设缩短轨。

1）缩短轨的标准及要求

（1）标准

我国铁路使用的标准缩短轨,对于 12.5 的标准轨,配有缩短量为 40,80,120 mm 3 种缩短轨;对于 25 m 的标准轨,配有缩短量为 40,80,160 mm 3 种缩短轨。

（2）要求

①同一曲线一般使用同一种标准缩短轨;

②在复杂地段采用不同缩短轨,以缩短量较大的作为计算标准;

③在正线及到发线上,相错量不大于 40 mm 与缩短轨缩短量的一半之和;其他站线,次要线路容许再增加 20 mm。

2）曲线缩短量计算

根据理论推算,曲线缩短量计算公式为:

①圆曲线缩短量:

$$\varepsilon_1 = \frac{S_1 L}{R}$$

式中　S_1——为两股钢轨中心线间距的近似值,$S_1 = 1\,500$;

L——圆曲线长；

R——圆曲线半径。

②一端缓和曲线缩短量：

$$\varepsilon_2 = \frac{S_1 L_1}{2R}$$

式中　S_1——为两股钢轨中心线间距的近似值，$S_1 = 1\,500$；

L_1——一端缓和曲线长；

R——圆曲线半径。

③总缩短量：

$$\varepsilon = \frac{S_1(L + L_1)}{R} \text{ 或 } \varepsilon = \varepsilon_1 + 2\varepsilon_2$$

④圆曲线任一点缩短量 $=$ 前一点缩短量 $+ \dfrac{1\,500 \times 圆曲线钢轨长}{R}$

⑤缓和曲线任一点缩短量 $= \dfrac{1\,500 \times 缓和曲线起点至接头距离的平方}{2R \times 一端缓和曲线长}$

⑥整个曲线标准轨根数 $= \dfrac{原曲线长 + 2 \times 一端缓和曲线长}{标准轨长 + 1 个轨缝}$

⑦缩短轨数量 $= \dfrac{总缩短量}{缩短轨缩短量}$

【例题2.1】　某曲线半径为600 m，圆曲线长50 m，缓和曲线长60 m，直线上最末一节钢轨进入曲线的长度为4.8 m，标准轨长为25 m，轨缝为10 mm。求：缩短轨类型，缩短量，数量以及在第几号钢轨上安装缩短轨？

解：根据公式，可知：

(1) 圆曲线缩短量：$\varepsilon_1 = \dfrac{S_1 L}{R} = \dfrac{1\,500 \times 50}{600} = 125$ mm

(2) 一端缓和曲线缩短量：$\varepsilon_2 = \dfrac{S_1 L_1}{2R} = \dfrac{1\,500 \times 60}{2 \times 600} = 75$ mm

(3) 总缩短量：$\varepsilon = \varepsilon_1 + 2\varepsilon_2 = 125 + 2 \times 75 = 275$ mm

(4) 圆曲线任一点缩短量 $=$ 前一点缩短量 $+ \dfrac{1\,500 \times 圆曲线钢轨长}{600}$

(5) 缓和曲线任一点缩短量 $= \dfrac{1\,500 \times 缓和曲线起点至接头距离的平方}{2 \times 600 \times 60}$

(6) 整个曲线标准轨根数 $= \dfrac{50 + 2 \times 60}{25 + 0.01} = 6.7$ 根，取 7 根

(7) 缩短轨数量 $= \dfrac{275}{40} = 6.8$ 根（不合理）

$$= \dfrac{275}{80} = 3.4 \text{ 根（合理，取 3 根）}$$

按上述计算后再求出在第几号钢轨上安装缩短轨，见表2.2。

表2.2　缩短轨计算表

位置	轨号	缓和曲线起点至接头距离(m)	轨长含1个轨缝	应有缩短量计算(mm)	标准轨O缩短轨X	实际缩短量累计(mm)
第一缓和曲线	0	4.8		$\varepsilon=\dfrac{1\,500\times4.8^2}{2\times600\times60}=0$		
	1	29.81	25.01	$\varepsilon_1=\dfrac{1\,500\times29.81^2}{2\times600\times60}=19$	O	0
	2	54.82	25.01	$\varepsilon_2=\dfrac{1\,500\times54.82^2}{2\times600\times60}=63$	O	0
	3_1	60	5.18	$\varepsilon_{31}=\dfrac{1\,500\times60^2}{2\times600\times60}=75$	X	80
圆曲线	3_2	79.83	19.83	$\varepsilon_{32}=75+\dfrac{1\,500\times19.83}{600}=125$	X	160
	4	104.84	25.01	$\varepsilon_4=125+\dfrac{1\,500\times25.01}{600}=188$	X	160
	5_1	110	5.16	$\varepsilon_{51}=75+125=200$	X	240
第二缓和曲线	5_2	129.85(40.15)	19.85	$\varepsilon_{52}=275-\dfrac{1\,500\times40.15^2}{2\times600\times60}=241$	X	240
	6	154.86(15.14)	25.01	$\varepsilon_6=275-\dfrac{1\,500\times15.14^2}{2\times600\times60}=270$	O	240
	7	170(0)	15.14	$\varepsilon_6=275-\dfrac{1\,500\times0^2}{2\times600\times60}=275$	O	240

注:①接头错开量"+"表示按里程前进方向里股接头在前,"-"表示表示里股接头在后;

②通过计算:应在第2#、3#、5#轨上安装比25 m缩短80 mm的缩短轨。

2.2.4　成段更换钢轨的空搭头计算

在运营线上,随着运量的增加,行车速度与轴重也不断提高,使原有的钢轨类型不能满足要求,或曲线钢轨严重磨损等原因,须用较重型或新型钢轨更换原有旧轨。为缩短封锁施工时间,应先把新轨连结成一定长度的轨组,并在轨组的轨缝中夹入轨缝片。

更换普通木枕线路时,新轨组可置于道心内或枕木头上,置于枕木头上时,与旧轨净距应为150 mm,置于道心内时与旧轨净距为300 mm(如新轨轨面比旧轨轨面高,其高初值不应大于25 mm,而且两端至少各打两个道钉,中间适当用道钉卡住)。混凝土枕线路,新轨组一般应放在道床肩上。

为避免大量串动钢轨,新轨组在配置时两轨组间应留有空、搭头。各轨组间空头或搭头的大小可根据公式计算。

(1)更换前钢轨的布置

①将新钢轨联组;

②新轨组布置。

当新轨组布置在道心内,外股轨组间有一个搭头,里股轨间有一个空头,如图2.2所示。同理,当新轨组布置在道心外,外股轨组间有一个空头,里股轨间有一个搭头,如图2.3所示。

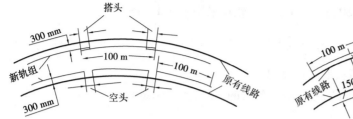

图 2.2　置于道心内的新轨组　　　　　图 2.3　置于枕木头上的新轨组

(2)计算空搭头

根据曲线半径不同,弧长不同原理,空头和搭头的计算方法如下:

$$新旧轨组钢轨中心线弧线差 = \frac{轨组长 \times (新旧轨组距离 + 新旧轨头平均宽)}{曲线半径}$$

$$空头 = 新旧轨组弧线差 + 1 个轨缝量$$

$$搭头 = 新旧轨组弧线差 - 1 个轨缝量$$

【例题2.2】　在半径为600 m的轨道内侧散布和连接新钢轨,每段轨组长100 m。新旧轨之间距离为300 mm,旧轨头宽68 mm,新轨组轨头宽70 mm,预留轨缝为8 mm。求空、搭头数值。

解:根据公式,弧线差 $= \dfrac{轨组长 \times (新旧轨组距离 + 新旧轨头平均宽)}{曲线半径}$

$$= \frac{100}{600} \times \left(300 + \frac{68+70}{2}\right)$$

$$= 61.5 \text{ mm} \approx 62 \text{ mm}$$

$$空头 = 62 + 8 = 70 \text{ mm}$$

$$搭头 = 62 - 8 = 54 \text{ mm}$$

2.2.5　钢轨轨缝及设置

由于钢轨的热胀冷缩,所以在钢轨接头处要预留轨缝。预留轨缝应满足下列条件:

①当轨温达到当地最高轨温时,轨缝应大于或等于零,使轨端不受挤压力,以防温度压力太大而胀轨跑道;

②当轨温达到当地最低轨温时,轨缝应小于或等于构造轨缝,使接头螺栓不受剪力,以防止接头螺栓拉弯或拉断。

构造轨缝是指受钢轨、接头夹板及螺栓尺寸限制,在构造上能实现的轨端最大缝隙值。

《铁路线路修理规则》规定普通线路预留轨缝计算公式为:

$$\alpha_0 = \alpha L(t_z - t_0) + \frac{1}{2}\alpha_g \tag{2.1}$$

式中　α_0——换轨或调整轨缝时的预留轨缝,mm;

　　　α——钢轨钢线膨胀系数,$\alpha = 0.011\ 8$ mm/(m · ℃);

　　　L——钢轨长度,m;

　　　t_z——更换钢轨或调整轨缝地区的中间轨温,℃;

t_0——换轨或调整轨缝时的轨温,℃;

α_g——构造轨缝,mm;43,50,60,75 kg/m 钢轨均采用 $\alpha_g = 18$ mm。

$$t_z = \frac{1}{2}(T_{\max} + T_{\min})$$

式中　$T_{\max}$,$T_{\min}$——当地历史最高、最低轨温,℃;

对于年轨温差小于 85 ℃的地区,为了减小冬天的轨缝,预留轨缝可以按式(2.1)计算得到的结果再减小 1~2 mm。

【例题2.3】　当地历史最高轨温为 60 ℃,最低轨温为 -28 ℃,在轨温 21 ℃时更换 25 m 的长钢轨,计算预留轨缝值。

解:根据公式 $\alpha_0 = \alpha L(t_z - t_0) + \frac{1}{2}a_g$

$$= 0.001\,8 \times 25 \left[\frac{1}{2}(60-28) - 21\right] + \frac{1}{2} \times 18$$

$$= 0.295 \times (16-21) + 9 = 7.525 \approx 8(\text{mm})$$

由于构造轨缝以及接头和基础阻力的限制,不是所有地区都能铺设 25 m 长的钢轨。根据轨温-轨缝变化规律,在确定的 α_g 和 C 值情况下,以 $T_{\max}$ 时轨缝 $\alpha_{\min} = 0$,$T_{\min}$ 时轨缝 $\alpha_{\max} = \alpha_g$ 为条件,可以得到允许铺轨的年轨温差为 $[\Delta T]$ 的地区:

$$[\Delta T] = \frac{\alpha_g + 2C}{\alpha L} \tag{2.2}$$

式中　$[\Delta T]$——允许铺轨年轨温差,℃;

C——接头阻力和道床阻力限制钢轨伸缩量(见表2.3),mm。

表2.3　接头螺栓扭矩表

项　目	单　位	25 m 长钢轨						12.5 m 长钢轨	
		最高、最低轨温差 >85 ℃			最高、最低轨温差 ≤85 ℃				
轨型	kg/m	60 及以上	50	43	60 及以上	50	43	50	43
螺栓等级	—	10.9	10.9	8.8	10.9	8.8	8.8	8.8	8.8
扭矩	N·m	700	600	600	500	400	400	400	400
C 值	mm	6			4			2	

由式(2.2)计算可知,对于 12.5 m 长钢轨,铺设地区不受年轨温差的限制;对于 25 m 长钢轨,$[\Delta T] = 101.7$ ℃,近似地只能在年轨温差 100 ℃以下地区铺设。对于年轨温差大于 100 ℃的地区应个别设计。

在允许铺轨的最大年温差范围 $[\Delta T]$ 内,并不是在所有的轨温下都能铺设,在年轨温差 ΔT 大的地区,当接近 $T_{\max}$(或 $T_{\min}$)的轨温下铺轨后,轨温达到 $T_{\min}$(或 $T_{\max}$)时,轨缝就不能满足 $\alpha_{\max} \leq \alpha_g$(或 $\alpha_{\min} \geq 0$)的要求,因此必须限制其铺轨温度。为此,可用式(2.1)中 α_0 作为预留轨缝,并考虑铺轨后检查轨缝计算方便,将铺轨轨温上、下限定为:

$$允许铺轨轨温上限 [t_{0s}] = t_z + \frac{\alpha_g}{2\alpha L}$$
$$允许铺轨轨温下限 [t_{0x}] = t_z - \frac{\alpha_g}{2\alpha L}$$

(2.3)

对于 25 m 长的普通线路，$\alpha_g = 18$ mm，可以求得 $\alpha_g/2\alpha L = 30.5$ ℃。因此，《铁路线路修理规则》规定，应当在 $(t_z - 30) \sim (t_z + 30)$ ℃ 范围内铺轨或调整轨缝。

2.2.6 钢轨的使用规定和伤损标准

1) 钢轨的使用规定

①新建和改建铁路正线的站线使用的钢轨，应分别按轨道类型选定。

②正线上铺设无缝线路采用的钢轨，尚应满足能承受温度应力强度的要求，保证轨道的稳定性，一般使用 50 kg/m 及以上的钢轨，准备焊接的钢轨轨端不钻孔，不淬火。

③长度为 1 000 m 以上的隧道内应尽量采用同级的耐腐蚀钢轨，或比洞外钢轨重一级的钢轨。

④铺设整体道床的隧道内或作业繁忙的加冰线，应尽量采用同级的耐磨腐蚀钢轨。

⑤正线半径为 450 m 及以下的曲线时，宜采用同级的耐磨钢轨。

⑥长度为 1 000 m 以上的隧道或改建铁路采用次重型、重型的轨道，并应尽量铺设焊接长钢轨轨道。

⑦特重型、重型轨道应采用 25 m 标准长度的钢轨，其他各类型轨道可采用 25 m 或 12.5 m 标准长度的钢轨。接头应采用对接，曲线地段外股应使用标准长度钢轨，内股应使用厂制缩短轨，以调整钢轨接头位置。

⑧铺设再用轨或非标准长度钢轨，无厂制缩短轨时，钢轨接头可采用错接，相错量不得短于 3 m。两曲线间直线长度短于 300 m 时，亦可采用错接。

⑨采用 25 m 和 12.5 m 标准长度的正线和到发线上的钢轨其长度不得小于 9 m，其他线上的钢轨应不小于 7 m。

⑩容许速度大于 120 km/h 的线路应采用 60 kg/m 及以上的钢轨，曲线地段及重载线路应铺设耐磨轨或全长淬火轨。

2) 钢轨伤损标准

(1) 钢轨伤损分类

钢轨伤损是指钢轨在使用过程中发生钢轨折断、裂纹及其他影响和限制钢轨使用性能的伤损。为便于统计和分析钢轨伤损，需对钢轨伤损进行分类。根据伤损在钢轨断面上的位置、伤损外貌及伤损原因等分为 9 类 32 种伤损，采用两位数字编号分类，个位数表示造成伤损的原因，十位数表示伤损的部位和状态。钢轨伤损分类具体内容可见《铁道工务技术手册(轨道)》。

(2) 钢轨伤损标准

钢轨伤损分为轻伤、重伤和折断 3 类，具体标准如下：

①钢轨轻伤标准。

a. 钢轨头部磨耗超过表 2.4 所列限度之一者。

表 2.4　钢轨头部磨耗轻伤标准

钢轨 (kg/m)	总磨耗(mm)				垂直磨耗(mm)				侧面磨耗(mm)			
	$v_{max}>160$ 正线	$160≥v_{max}>120$ 正线	$v_{max}≤120$ 正线及到发线	其他站线	$v_{max}>160$ 正线	$160≥v_{max}>120$ 正线	$v_{max}≤120$ 正线及到发线	其他站线	$v_{max}>160$ 正线	$160≥v_{max}>120$ 正线	$v_{max}≤120$ 正线及到发线	其他站线
75	9	12	16	18	8	9	10	11	10	17	16	18
75 以下 ~60	9	12	14	16	8	9	9	10	10	12	14	16
60 以下 ~50			12	14			8	9			12	14
50 以下 ~43			10	12			7	8			10	12
43 以下			9	10			7	7			9	11

注:①总磨耗 = 垂直磨耗 + 1/2 侧面磨耗;
　②垂直磨耗在钢轨顶面宽 1/3(距标准工作边)测量;
　③侧面磨耗在钢轨踏面(按标准断面)下 16 mm 处测量;
　④行车速度 v 的单位是 km/h。

b. 轨头下颏透锈长度不超过 30 mm,如图 2.4 所示。

c. 钢轨低头(包括轨端踏面压伤和磨耗在内),容许速度大于 120 km/h 的线路超过 1.5 mm,其他线路超过 3 mm(用 1 m 直尺测量最低处矢度),如图 2.5 所示。

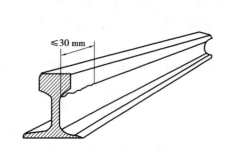

图 2.4　轨头下颏透锈

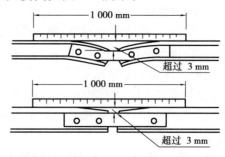

图 2.5　钢轨低头

d. 轨端或轨顶面剥落掉块,其长度超过 15 mm,容许速度大于 120 km/h 的线路,深度超过 3 mm,其他线路超过 4 mm,如图 2.6 所示。

e. 钢轨顶面擦伤,容许速度大于 120 km/h 的线路,深度达到 0.5 ~ 1.0 mm,其他线路达到 1 ~ 2 mm;容许速度大于 120 km/h 的线路,波浪形磨耗谷深超过 0.3 mm,其他线路超过 0.5 mm。

f. 钢轨探伤人员或养路工长认为有伤损的钢轨。
②钢轨重伤标准。

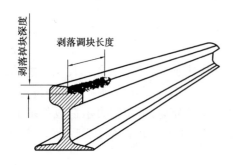

图 2.6　钢轨剥落掉块

a. 钢轨头部磨耗超过表 2.5 所列限度之一者。

表 2.5　钢轨头部磨耗重伤标准

钢轨（kg/m）	垂直磨耗（mm）			侧面磨耗（mm）		
	$v_{max}>160$ 正线	$160 \geqslant v_{max}>120$ 正线	$v_{max} \leqslant 120$ 正线及到发线及其他站线	$v_{max}>160$ 正线	$160 \geqslant v_{max}>120$ 正线	$v_{max} \leqslant 120$ 正线及到发线及其他站线
75	10	11	12	12	16	21
75 以下 ~60	10	11	11	12	16	19
60 以下 ~50			10			17
50 以下 ~43			9			15
43 以下			8			13

b. 钢轨在任何部位有裂纹。

c. 轨头下颏透锈长度超过 30 mm。

d. 轨端或轨顶面剥落掉块，容许速度大于 120 km/h 的线路，其长度超过 25 mm，深度超过 3 mm；其他线路超过 30 mm，深度超过 8 mm。

e. 钢轨任何部位变形（轨头扩大、轨腰扭曲或鼓包等），经判断确认内部有暗裂。

f. 钢轨锈蚀，经除锈后，容许速度大于 120 km/h 的线路，轨底边缘厚度不足 8 mm，其他线路不足 5 mm 或容许速度大于 120 km/h 的线路，轨腰厚度不足 14 mm，其他线路不足 8 mm。

g. 钢轨顶面擦伤，容许速度大于 120 km/h 的线路，深度超过 1 mm，其他线路超过 2 mm。

h. 钢轨探伤人员或养路工长认为有影响行车安全的其他缺陷。

③钢轨折断标准。

钢轨折断是指有下列情况之一者：

a. 钢轨全截面断裂；

b. 裂纹贯通整个轨头截面；

c. 裂纹贯通整个轨底截面；

d. 允许速度不大于 160 km/h 区段钢轨顶面上有长度大于 50 mm 且深度大于 10 mm 的掉块；

e. 允许速度大于 160 km/h 区段钢轨顶面上有长度大于 30 mm 且深度大于 5 mm 的掉块。

2.3　轨枕

轨枕承受来自钢轨的各向压力，并弹性地传布于道床，同时能有效地保持钢轨方向、轨距和位置等。轨枕应具有必要的坚固性、弹性和耐久性，并能便于固定钢轨，有抵抗纵向和横向位移的能力。

轨枕依其构造及铺设方法可分为横向轨枕、纵向轨枕及短枕等。横向轨枕与钢轨垂直间隔铺设，是一种最常用的轨枕。纵向轨枕一般仅用于特殊需要的地段。短枕是在左右两股钢轨下分开铺设的轨枕，常用于混凝土整体道床。

轨枕按其使用目的分为用于一般区间的普通轨枕，用于道岔上的岔枕，用于无砟桥梁上的桥枕。

轨枕按其材质分主要有木枕、混凝土枕和钢枕等。

2.3.1　木枕

木枕是指由木材制成的轨枕,又称枕木。木枕是铁路最早采用而且到目前为止依然被采用的一种轨枕。

木枕主要优点是弹性好,可缓和列车的动力冲击作用;易加工,运输、铺设、养护维修方便;与钢轨联结比较简单;木枕与碎石道砟之间有较大的摩擦系数,能保证轨道的稳定;有较好的绝缘性能等。但木枕要消耗大量优质木材,由于资源有限,无论是数量还是质量都不能满足使用要求。木枕的主要缺点是易腐朽、磨损,使用寿命短,这有来自生产工艺水平的原因;其次是由于木材种类和部位的不同,其强度、弹性不完全一致,在机车车辆作用下会形成轨道不平顺,增大轮轨动力作用。

普通木枕标准长度为2.5 m,其断面形状分为Ⅰ、Ⅱ两类,用于不同等级的线路上,尺寸公差与断面形状如表2.6所示。用于道岔上的岔枕,其断面较木枕宽,长度从2 600~4 800 mm,共分12种,每种长度相差20 mm,使用时根据道岔的实际宽度分组选用。用于桥梁上的桥枕,其截面尺寸因主梁(或纵梁)中心间距的大小而异。

表2.6　尺寸公差与断面形状　　　　　　　　单位:cm

公　　差		断面形状及尺寸
种类	限度	
长度	±6	
枕面宽	−0.5	
宽度	±1	
厚度	±0.5	

延长木枕使用寿命的最有效措施是对木枕进行防腐处理。木枕常用的防腐剂有水溶性防腐剂和油类防腐剂两类,其中以油类防腐剂为主要类型。木枕防腐处理按规定的工艺流程,在一个密封蒸制罐中进行。

木枕除进行防腐处理外,还应采取措施,防止机械磨损及开裂的出现。为防止木枕开裂,必须严格控制木枕的含水量,并改善其干燥工艺。一旦出现裂缝,应根据裂缝大小,分别采取补救措施,或用防腐浆膏掺以麻筋填塞,或加钉C形钉、S形钉、组钉板及用铁丝捆扎,使裂缝愈合。为了减少机械磨损,木枕上必须铺设垫板,并预钻道钉孔。

2.3.2　混凝土枕

1)混凝土枕特点及类型

混凝土枕的主要优点是纵、横向阻力较大,线路稳定性好,适合铁路的高速大运量要求;铺设高弹性垫层可以保证轨道弹性均匀;使用寿命长,可以降低轨道的养修费用;特别是铺设混凝土枕可以节约大量优质木材,对铁路运输事业的发展具有重要意义,用混凝土枕代替木枕已成为轨枕发展的主要方向。

混凝土枕的特点是自重大、刚度大,与木枕线路相比其轨底挠度较平顺,故轨道动力坡度小。与木枕相比,混凝土枕的弹性差,在同样荷载作用下所受到的冲击力大。同时也存在列车通过不平顺的混凝土枕线路时,轨道附加动力增大。故对轨下部件的弹性提出了更高的要求,以提高线路抗震能力。

混凝土轨枕按配筋方式分有普通钢筋混凝土枕和预应力钢筋混凝土枕两大类。按照施工方法不同分为先张法和后张法预应力钢筋混凝土枕两类,配筋材料为钢丝或钢筋。

为了统一混凝土枕型号及名称,铁路总公司于1984年颁发了文件,对轨枕的名称做了统一,将混凝土枕分为Ⅰ型、Ⅱ型及Ⅲ型3类。Ⅰ型混凝土枕包括1979年以前研制的弦15B、弦61A、弦65B、69型、79型及1979年以后设计的S-1型、J-1型等;Ⅱ型混凝土枕包括S-2型、J-2型及后来设计的YⅡ-F型、TKG-Ⅱ型等;新研制的与75 kg/m钢轨配套的混凝土枕称为Ⅲ型混凝土轨枕。图2.7为J-2型混凝土枕外形尺寸。

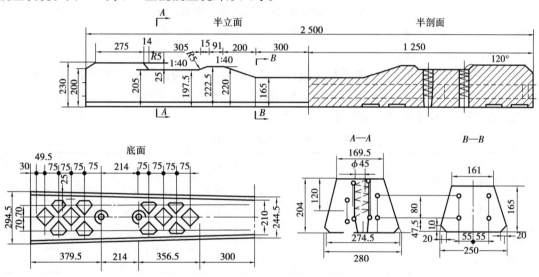

图 2.7 J-2 型混凝土枕

2) 普通混凝土枕外形及尺寸

(1)轨枕形状

混凝土枕截面为梯形,上窄下宽。梯形截面可以节省混凝土用量,减少自重,也便于脱模,如图2.7所示。

轨枕顶面宽度应结合轨枕抗弯强度、钢轨支承面积、轨下衬垫宽度、中间扣件尺寸等因素进行综合考虑加以确定。轨枕顶面支承钢轨的部分称为承轨槽,做成1:40的斜面,以适应轨底坡的要求。轨枕底面在纵向采用两侧为梯形、中间为矩形的形状,两端有较大的道床支承面积,以提高轨枕在道床上的横向阻力。

(2)轨枕长度

混凝土枕长度一般在2.3~2.7 m,我国Ⅱ型轨枕长度为2.5 m,Ⅲ型轨枕长度为2.6 m。

为适应铁路高速、重载发展的需要,国外向增加轨枕长度的方向发展,在主要干线上普遍采用长度 2.6 m 的轨枕。有关试验结果表明,轨枕长度增加有以下优点:提高纵横向稳定性和整体刚度,改善道床和路基的工作状况,对无缝线路的铺设极为有利;可减少枕中截面外荷载弯矩,以提高轨枕结构强度;提高了道床的纵横向阻力,可适当减少轨枕配置根数。

（3）轨枕高度

混凝土枕的高度在其全长是不一致的,轨下部分高些,中间部分矮些。这是因为轨下截面通常在荷载作用下产生正弯矩,而中间截面则在荷载作用下产生负弯矩。而混凝土枕采用直线配筋,且各截面上的配筋均相同,所以配筋的重心线在轨下部分应在截面形心之下,而在中间部分则应在截面形心之上,如图 2.8 所示。这样对混凝土施加的预压应力形成有利的偏心距,使混凝土的拉应力不超过允许限度,防止裂缝的形成和扩展。

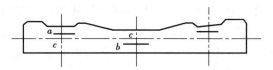

图 2.8　混凝土枕配筋重心线示意图
a—轨下截面形心;b—中间截面形心;c—应力筋重心线

（4）我国混凝土枕现状

我国铁路使用的混凝土枕,随着轨道设计荷载（轴重、速度、通过总重）的增加,轨枕截面的设计承载弯矩也有所加强。在设计中,主要采用提高混凝土等级,增加预应力和截面高度等措施。我国混凝土轨枕主要尺寸见表 2.7。具体介绍如下:

表 2.7　我国混凝土枕主要尺寸

轨枕类型	配筋	混凝土等级	截面高度（mm）		顶面宽度（mm）		底面宽度（mm）		底面积（cm²）	质量（kg）	长度（cm）
			轨下	中间	轨下	轨中	轨下	轨中			
Ⅱ（TKG-Ⅱ）	8φ7	C58	202	165	165.5	161	275	250	6 575	251	250
新Ⅱ	8φ7	C60	205	175	169	190	280	250	6 700	273	250
Ⅲ	10φ7	C60	230	185	170	220	304	280	7 720	360	260

①Ⅱ型轨枕。

Ⅱ型轨枕的设计标准是按年运量 60 Mt,轴重机车 25 t,货车 23 t,最高行车速度 120 km/h,铺设 60 kg/m 钢轨。与Ⅰ型轨枕相比,轨下截面正弯矩的计算承载能力提高 13% ~ 25%,中间截面正弯矩提高约 8.8%,中间截面负弯矩提高 14% ~ 41%。

Ⅱ型轨枕是目前我国轨枕中强度较高的类型,基本上能适用于次重型、重型轨道。Ⅱ型轨枕的不足是安全储备还不够大,对提高轨道的整体稳定性能力还不足。Ⅱ型轨枕难以适应重型和特重型轨道的承载条件。为适应强轨道结构的要求,又研制了新Ⅱ型轨枕,Ⅲ型轨枕。

②新Ⅱ型轨枕。

新Ⅱ型轨枕的混凝土设计的强度等级为 C60。与老Ⅱ型轨枕相比,新Ⅱ型轨枕的设计承载能力轨下截面下降很小,为 4.1%,而中间截面则提高较多,为 15.2%,达到了加强中间截面的目的。

新Ⅱ型轨枕单根轨枕的计算底面积增加 125 cm^2,在同样列车荷载作用下其道床顶面计算压力可比老Ⅱ型轨枕降低2%左右。新Ⅱ型轨枕单根轨枕质量较老Ⅱ型轨枕增加约为22 kg,也是稳定轨道结构的有利因素。

③Ⅲ型轨枕。

Ⅲ型轨枕分有挡肩和无挡肩两种形式,有a,b,c 3种类型,为适应不同线路的需要,长度有2.6 m和2.5 m两种,其结构强度相同。设计参数采用机车(三轴)最大轴重23 t、最高速度160 km/h、轨枕配置1 760 根/km设计。有挡肩2.6 m长Ⅲ型轨枕如图2.9所示。

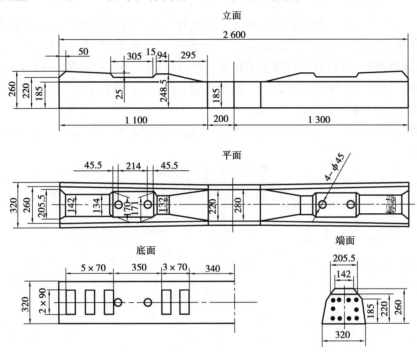

图2.9 有挡肩2.6 m长Ⅲ型混凝土轨枕

Ⅲ型轨枕的主要特点:

a.结构合理,强化了轨道结构。

b.轨下和中间截面的设计承载力,较Ⅱ型轨枕分别提高了约43%和65%,提高了轨枕的强度。

c.采用无螺栓扣件的扣压力能保持线路稳定。无纵、横向移动,有利于保持轨道的几何形位,减少养护维修工作量。

此外,为适应山区铁路运营条件,在Ⅲ型混凝土轨枕设计荷载条件下,主要对轨枕挡肩结构及相应的挡板座进行了重新设计优化,可提高挡肩极限承载能力一倍以上,有效地解决混凝土枕挡肩易破损的问题。

3)混凝土岔枕

20世纪70—80年代研制混凝土岔枕。混凝土岔枕能较好地保持道岔纵横向位置、各部轨距、水平,减少道岔部件应力,保证道岔与区间线路轨下基础刚度基本一致,延长使用寿命。我国9号、12号单开道岔、部分特殊道岔、提速道岔、大号码道岔均配有混凝土岔枕。

4) 混凝土桥枕

混凝土桥枕分为一般和宽枕两种,分别有护轮轨平直段部分用桥枕和护轮轨梭头部分用桥枕。桥枕预留安装护轮轨扣件的锚固孔,适用于需要铺设护轮轨的有砟桥面上及路肩挡土墙地段。

2.3.3 混凝土枕的铺设数量及布置

轨枕间距与每千米配置的轨枕根数有关。轨枕每千米的铺设标准应根据运量、行车速度及线路设备条件等综合考虑,合理配套,以求在最经济的条件下,轨道具有足够的强度和稳定性。对于运量大、速度高的线路,轨枕应该布置得密一些,以减小道床、路基面、钢轨以及轨枕的应力和振动,同时使线路轨距、轨向易于保持。但也不能太密,太密则不经济,而且净距过小,也会在一定程度上影响捣固质量。

轨枕铺设数量按表 2.8 ~ 表 2.10 所列标准确定。符合下列条件之一的地段,正线轨道应增加轨枕数量。

表 2.8　正线轨道类型

条件	项目		单位	特重型	重型	次重型	中型	轻型
轨道结构	钢轨		kg/m	≥70	60	50	43	43 ~ 38
	轨枕根数	预应力混凝土枕(混凝土枕,下同)	根/km	1 760 ~ 1 840	1 760	1 680 ~ 1 760	1 600 ~ 1 680	1 520 ~ 1 600
		木枕	根/km	1 840	1 840	1 840 ~ 1 760	1 760 ~ 1 600	1 600
	道床厚度	非渗水土路基 面层	cm	30	30	25	20	20
		非渗水土路基 垫层		20	20	20	20	15
		岩石、渗水土路基	cm	35	35	30	30	25

表 2.9　站线轨道类型

项目	单位	到发线(包括编组线)	驼峰溜放线	其他站线及次要站线
钢轨	kg/m	比正线轻一级新轨或于正线同一级旧轨	≥43	≥38
混凝土枕	根/km	≥1 520	≥1 520	≥1 440
木枕	根/km	≥1 600	≥1 600	≥1 440

①木枕轨道或电力牵引铁路,半径为 800 m 及以下的曲线(包括两端缓和曲线全长)地段;混凝土轨道半径为 600 m 及以下的曲线地段。

②大于 12‰ 的下坡制动地段。

③长度为 300 m 及以上的隧道内。

增加的数量应按表 2.11 所列每千米轨枕根数:混凝土枕增加 80 根,木枕增加 160 根。条件重合时只增加一次。但每千米最多铺设根数:混凝土枕为 1 840 根,木枕为 1 920 根。

表2.10　线路大修轨道标准

	木　枕	1 840	1 840	1 760 ~ 1 840	1 680 ~ 1 760
轨枕配置数量（根）	Ⅱ型混凝土枕	1 840	1 840	1 760	1 680 ~ 1 760
	Ⅲ型混凝土枕	1 667	1 667	—	—
	混凝土宽枕	1 760	1 760	1 760	1 760

表2.11　各类钢轨的轨枕间距

钢轨类型（kg/m）	钢轨长度（m）	每千米配置根数	每节钢轨配置根数	木枕（mm）			混凝土枕（mm）		
				c	b	a	c	b	a
75,60,50	12.5	1 600	20	440	594	640	540	587	635
		1 680	21	440	17	610	540	584	600
		1 760	22	440	524	580	540	569	570
		1 840	23	440	534	550	540	544	544
		1 920	24	440	469	530	—	—	—
	25	1 600	40	440	537	635	540	579	630
		1 680	42	440	487	605	540	573	598
		1 760	44	440	497	575	540	549	570
		1 840	46	440	459	550	540	538	544
		1 920	48	440	472	525	—	—	—
43,38	12.5	1 440	18	500	604	720	500	604	720
		1 520	19	500	604	675	500	604	675
		1 600	20	500	564	640	500	564	640
		1 680	21	500	559	605	500	559	605
		1 760	22	500	541	575	500	541	575
		1 840	23	500	504	550	500	504	550
		1 920	24	500	513	523	—	—	—
	25	1 440	36	500	622	705	500	622	705
		1 520	38	500	617	665	500	617	665
		1 600	40	500	599	630	500	599	630
		1 680	42	500	554	600	500	554	600
		1 760	44	500	569	570	500	569	570
		1 840	46	500	537	545	—	537	545
		1 920	48	500	509	522	—	—	—

1）轨枕间距的计算

在普通轨道上,轨枕间距根据钢轨类型长度、每千米铺设轨枕的根数,钢轨接头方式等因素确定。钢轨接头处轨道强度应加强,接头轨枕的间距 c 要较中间轨枕的间距 a 略小,弥补接头处抗弯强度不足,并且在 a 与 c 之间有一个过渡间距 b,如图2.10所示。

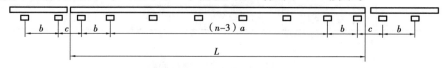

图2.10

每节钢轨轨枕配置根数,按下列公式计算:

$$n = \frac{NL}{1\ 000}$$

式中　n——每节钢轨轨枕配置根数;

　　　N——每千米轨枕标准配置根数;

　　　L——每节钢轨长度,m,不含轨缝。

上式计算所得的 n 值,采用整数(四舍五入)。

每节钢轨轨枕间距 a,b,c 值,按下列公式计算:

$$a = \frac{L' - c - 2b}{n - 3}$$

式中　L'——每节钢轨长度,mm,含一个轨缝(一般采用9 mm),钢轨接头采用相错式为两股相错接头之间的长度;

　　　b——a 与 c 之间的过渡间距,mm;

　　　c——钢轨接头两根轨枕间距,mm,其值系根据钢轨接头构造而定。

我国规定:木枕,75 kg/m,60 kg/m 或 50 kg/m 轨,$c = 440$ mm;43 kg/m 或 38 kg/m 轨,$c = 500$ mm。混凝土枕,75 kg/m,60 kg/m 或 50 kg/m 轨,$c = 540$ mm;43 kg/m 或 38 kg/m 轨,$c = 500$ mm;

　　　a——除接头轨枕间距(c)和过渡间距(b)外,其余轨枕间距,mm。

一般 $a > b > c$,如采用 $b = \dfrac{a+c}{2}$,则

$$a = \frac{L' - 2c}{n - 2}$$

将计算所得的 a 值,采用整数。如 a 值大于标准值20 mm时,则每节钢轨(或两股相错接头之间)轨枕配置根数应增加1根。由于 n 值的改变,重新计算 a 值(仍采用整数),再根据 a 及 c 按下式求出 b 值。

$$b = \frac{L' - c - (n-3)a}{2}$$

【例题2.4】　某线路铺设50 kg/m 钢轨,长度为21 m 合龙短轨一根,每千米铺设轨枕标准为1 760根混凝土轨枕,试求算轨枕间距 a 及 b。

解:(1)$n = \dfrac{1\ 760 \times 21}{1\ 000} \approx 37($根$)$

$$(2)a = \frac{L'-2c}{n-2} = \frac{21\,009 - 2 \times 540}{37 - 2} \approx 569(\text{mm})$$

$$(3)b = \frac{L'-c-(n-3)a}{2} = \frac{21\,009 - 540 - (37-3) \times 569}{2} \approx 562(\text{mm})$$

计算结果:$a > b > c$,且 a 值与 570 mm 相比小 1 mm,符合规定要求。

2.4　联结部件

联结部件是联结两根钢轨末端,以及钢轨与轨枕的部件,其中联结钢轨与轨枕的联结部件也称扣件。本节主要讲有砟轨道的扣件。

2.4.1　接头联结部件

轨道上钢轨与钢轨之间用夹板和螺栓联结,称为钢轨接头。

接头处轮轨动力作用大,振动频率比其他部位大,轨道破坏比其他部位要大,其相应的养护维修工作量大。因此,钢轨接头是轨道结构的薄弱环节之一。钢轨接头的联结形式按其相对于轨枕位置,可分为悬空式和承垫式两种。按两股钢轨接头相互位置来分,可分为相对式和相错式两种。我国一般采用相对悬空式,即两股钢轨接头左右对齐,同时位于两接头轨枕间。

钢轨接头按其性能可分为普通接头及异型联结、绝缘接头、导电接头、伸缩接头、冻结接头,以及安全保护装置等特种接头。

1)普通接头

普通接头联结部件是由夹板、螺栓、弹簧垫圈等组成。

(1)接头夹板

夹板是承受弯矩、传递纵向力、阻止钢轨伸缩的重要部件,要求有一定的垂直和水平刚度及足够的强度。夹板的形式很多,在我国线路上曾经使用的有平板式、角式、吊板式及双头式等,分别如图 2.11(a)、(b)、(c)、(d)所示。

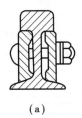  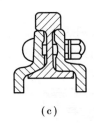 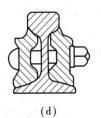

(a)　　　　　(b)　　　　　(c)　　　　　(d)

图 2.11　接头夹板

目前我国主要采用斜坡支承双头对称型夹板,简称双头式夹板。图 2.12 即为我国 60 kg/m 钢轨用夹板图。

双头式夹板的优点是在竖直荷载作用下,具有较大的抵抗挠曲和横向位移的能力。夹板的上下两面均有斜坡,使能楔入轨腰空间,但不贴住轨腰。每块夹板上有螺栓孔 6 个,圆形孔与长圆形孔相间。圆形螺栓孔的直径,较螺栓直径略大,长圆形螺栓孔的长径较螺栓头下突出部分的长径略大。依靠钢轨圆形螺栓孔直径与螺栓直径之差,以及夹板圆形螺栓孔直径与螺栓直径之差,使接头处钢轨端部能做一定程度的移动,得到所需要的预留轨缝值。

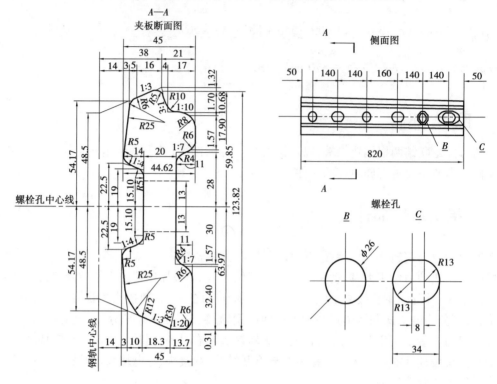

图 2.12　60 kg/m 钢轨用夹板图

(2)接头螺栓、螺母及弹簧垫圈

接头螺栓、螺母是用来夹紧夹板和钢轨的配件,垫圈是为了防止螺栓松动。螺栓根据其机械性能分级,我国螺栓划分为 8.8 级和 10.9 级两个等级,其抗拉强度相应为 830 MPa 和 1 040 MPa。接头螺栓的扭矩不得低于规定值 100 N·m 以上。

2)特种钢轨接头

(1)不同类型钢轨的联结

铁路等级不同,以及同一级别线路的正线、到发线和站线从技术经济方面考虑,通常采用不同类型的钢轨,由此出现了不同类型钢轨的联结问题。常规采用的联结方式有异型夹板联结和异型钢轨联结,如图 2.13 所示。

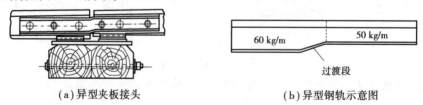

（a）异型夹板接头　　　　　　　　　　（b）异型钢轨示意图

图 2.13　不同类型钢轨的联结

①异型夹板联结。

采用异型夹板联结两种不同类型的钢轨时,异型夹板的一半应与一端同型钢轨断面相吻合,另一半则与另一端钢轨断面相吻合。联结时应使两轨工作面轨距线与轨顶最高点水平线相吻合。我国铁路规定,异型钢轨的联结,均采用双枕承垫式接头,并在双枕接头木枕上铺设异型垫板。

②异型钢轨联结。

异型钢轨两端使用各自标准的接头夹板,联结不同型号的钢轨。一般要求其过渡段不短于150 mm。异型钢轨按制造方法可分为焊接式异型钢轨与整体锻造式异型钢轨。焊接式异型钢轨由于焊缝的存在,其综合性能常低于母材,容易产生过烧、灰斑、焊不透等缺陷。整体锻造式异型钢轨是采用千吨以上的压力机,在800～1 200 ℃高温状态下直接将重型钢轨一端全部加热锻压为较轻型钢轨的尺寸,比焊接式异型钢轨综合性能高。但由于锻压需要高温,钢轨金相组织有较大改变;同时还需要千吨以上的压力机,一次性投资较大。

(2)绝缘接头

在自动闭塞区段上,绝缘接头是轨道电路的重要组成部分,它设于闭塞分区两端的钢轨接头处。它的作用是保证轨道电路在闭塞分区之间的互相隔断。目前采用的绝缘接头主要有普通高强绝缘接头及胶接绝缘接头,如图2.14 所示。

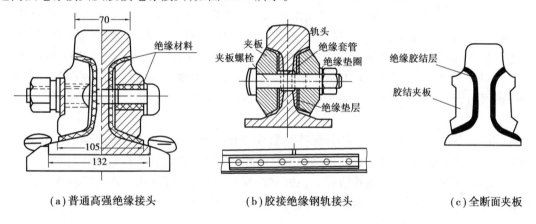

(a)普通高强绝缘接头　　　(b)胶接绝缘钢轨接头　　　(c)全断面夹板

图2.14　钢轨绝缘接头

①普通高强绝缘接头。

由高强零件组成的夹板式绝缘接头。它由高强绝缘螺栓、高强性能垫圈、高强钢平垫、槽型绝缘板及绝缘套管等组成。

②胶接绝缘接头。

适应超长无缝线路取消缓冲区的要求而采用的一种钢轨绝缘接头,主要由绝缘垫层、夹板与胶接层组成。

在接头钢轨的端部与侧面要加垫具有足够强度的绝缘垫层和套管,以保证轨道电路绝缘。在结构上,钢轨端面有对接和斜接两种。斜接接头轨端接触面大,可发挥胶粘剂剪切强度大的优势,增大接头承载能力。但斜接接头需把轨端加工成尖轨形式,轨端一旦开裂钢轨易被轧伤,因而普遍采用对接形式。

胶接绝缘接头的夹板是联结钢轨的重要部件。它既保留了联结螺栓,又用胶粘剂把钢轨与夹板胶接在一起。为增大胶接面积,提高接头的承载能力,要求胶接绝缘接头的夹板采用特制的大接触面积的夹板或采用扩大与钢轨接触面的改造型夹板。钢轨接头螺栓采用高强度螺栓,使粘胶加压固化,增强绝缘接头夹板抗剥离性能。

胶接层是由胶粘剂和多层玻璃纤维布层积而成,可由工厂预制,也可在现场就地层积成胶接层。它要求胶粘剂具有较高的抗剪强度和抗剥离强度,而且要能承受冲击、振动和疲劳荷载的作用,并具有绝缘性。胶粘剂的主要成分有基料、固化剂、增韧剂等。

(3)导电接头

在自动闭塞及电力牵引区段,信号电流和牵引电流都要依靠钢轨传导,所以在钢轨接头处,必须设置两轨间的导电装置。导电连接装置目前有两种,即塞钉式和焊接式,如图2.15所示。

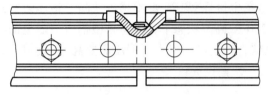 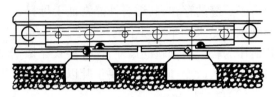

(a)焊接式轨端接续线示意图　　　　　(b)塞钉式导电连接装置

图2.15　导电接头

塞钉式连接装置,一般称为塞钉式轨端接续线。它是由两条直径5 mm左右的镀锌铁线组成,铁线两端插入截头锥形的插销中,插销则插入于钻在轨腰上孔径为10~11 mm的圆孔中。

焊接式轨端接续线这种导电连接装置由一条断面100 mm² 左右的钢丝索组成,其两端焊接于轨道外侧头部的钢套中(两钢套之间的距离为150 mm,钢丝索的拉直长度为200 mm),以免钢轨在严寒季节冷缩时将其拉断,并防止个别钢丝因车轮通过时所发生的振动而折断。为保证牵引电流可由钢轨通过,并使其电阻为最小,焊接式轨端接续线,最好设于电力牵引区段上。

(4)伸缩接头

伸缩接头是指在铁路钢轨伸缩时,保持其轨缝变化不致过大,以维持线路通顺的装置。因钢轨的伸缩主要由温度变化引起,故又称钢轨温度调节器。伸缩接头由基本轨与尖轨相贴组成,基本轨及尖轨安装在共同的长垫板上,并用特制的轨撑及扣板将基本轨与尖轨保持在正确的位置上,如图2.16所示。当钢轨伸缩时,尖轨沿基本轨移动。

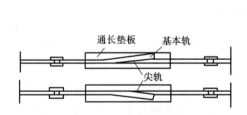 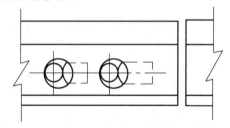

图2.16　钢轨伸缩接头　　　　　　　图2.17　普通冻结接头

(5)冻结接头

冻结接头系指采用夹板与高强螺栓联结钢轨,使轨端密贴或预留小轨缝,将钢轨锁定阻止其伸缩的一种接头形式。目前国内外采用的钢轨接头冻结方式主要有:

①普通冻结接头。

普通冻结接头系指采用特制垫片,塞入钢轨螺栓孔空隙中,使钢轨接缝密贴而阻止钢轨自由伸缩的一种钢轨联结方式,如图2.17所示。

②新型冻结接头。

近年来,出现了采用施必牢防松机构、哈克紧固件等联结形式的钢轨接头联结及MG接头等新型钢轨冻结接头。与普通冻结接头不同的是,新型冻结接头主要依靠高强螺栓联结提供钢轨与夹板间足够的摩擦阻力,阻止钢轨与夹板间的伸缩,要求钢轨接头螺栓强度高,并具有一定的防松功能。在钢轨接头联结中运用新型冻结接头技术,可以有效地冻结钢轨接头,减少接头病害,冻结后的线路可以比照普通无缝线路进行管理。

（6）减振接头

减振接头又称承越式接头,是指在钢轨接头处线路外侧夹板中间部分加高至与钢轨头部持平,当车轮通过轨缝时,减振夹板的顶面与钢轨顶面同时接触车轮,减振夹板的刚度大,可减小车轮通过轨缝的折角和台阶,减缓车轮的冲击振动,使车轮能平顺过渡,达到减振的效果,如图2.18所示。

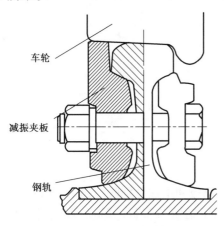

图2.18　钢轨减振接头

图2.19　预防钢轨及焊缝断裂安全装置结构

（7）预防断裂安全装置

针对无缝线路钢轨及焊缝处易断裂这一现象,目前又研究开发了预防钢轨及焊缝断裂安全装置,如图2.19所示。该装置的特点是未在钢轨及夹板上打眼、未采用鼓包夹板,而是通过胶粘剂来提高伤损钢轨及焊缝处的强度。该装置不仅在胶粘剂上有所创新,而且在结构上设计合理,不减弱轨道结构的框架刚度和扣件的扣压力。

此外,还有用于线路钢轨出现重伤时,临时加固所采用的钢轨急救保护器和鼓包夹板等。

2.4.2　扣件

1）扣件功用及基本要求

（1）扣件的功用

扣件,是联结钢轨与轨枕的重要部件,也称中间联结部件,它具有保持钢轨在轨枕等轨下基础上的正确位置及钢轨与轨枕的可靠联结,阻止钢轨的纵横向移动,为轨道结构提供一定的弹性,减轻振动,延缓轨道残余变形累积等作用。因此,扣件不仅要具备足够的强度和扣压力,还应具有良好的弹性和一定的调整能力,此外扣件还应构造简单,便于安装及拆卸,并有足够的耐久性和绝缘性能。扣件类型不同,使用范围也不同。只有根据不同轨道类型合理选用不同类型的扣件,才能充分发挥扣件的性能,达到经济合理地目的。

（2）扣件的分类

扣件根据其结构可有以下分类方法：

①按扣压件区分:刚性和弹性两种;

②按承轨槽区分:有挡肩和无挡肩两种;

③按轨枕区分:有木枕扣件和混凝土枕扣件两种;

④按轨枕、垫板及扣压件的联结方式区分:不分开式和分开式两种;

以上各类型扣件我国铁路均有铺设。

（3）轨道结构对扣件的一般要求

①在各类运营条件下固定钢轨,保持轨距能力强;

②具有足够的防爬阻力,适用较大的运营温度范围和较大的轴重范围,维持轨道稳定性;

③较高的弹性,减少振动;

④零部件精度高、可靠性好;

⑤较大的调高能力和调距能力;

⑥结构简单,少维修,长寿命;

⑦良好的电绝缘性能和适应气候性能。

2）木枕扣件

木枕扣件主要有分开式和混合式两种。

（1）分开式

分开式扣件如图 2.20 所示。它是将钢轨和垫板、垫板和木枕分别联结起来。由图可知,它是用 4 个螺纹道钉联结垫板与木枕,两个底脚螺栓扣压钢轨与垫板,其道钉和底脚螺栓构成"K"型,故又称"K"式扣件。分开式扣件扣压力大,可有效防止钢轨爬行。其缺点是零件多,用钢量大,更换钢轨麻烦。分开式扣件主要用在桥上线路。

（2）混合式

混合式扣件如图 2.21 所示,零件有道钉和五孔双肩铁垫板。混合式扣件是我国铁路木枕轨道上使用最广泛的一种扣紧方式。它除用道钉将钢轨、垫板和木枕一起扣紧外,还另用道钉将垫板与木枕单独扣紧。这种扣紧方式可减轻垫板的振动,且零件少,安装方便,其缺点是铺轨受荷载后向上挠曲时,易将道钉拔起,降低扣着力。

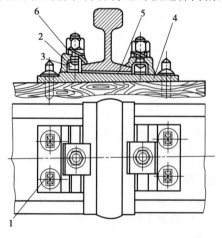

图 2.20　木枕分开式扣件

1—螺纹道钉;2—扣轨夹板;3—底脚螺栓;
4—垫板;5—木垫板;6—弹簧垫圈

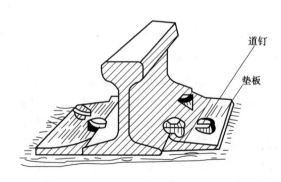

图 2.21　木枕混合式扣件

3）混凝土枕扣件

我国混凝土枕扣件,在初期主要使用扣板式和拱形弹片式两种。拱形弹片式扣件由于拱形弹片强度低,扣压力小,易引起变形甚至折断,在主要干线上已被淘汰。因此,我国混凝土枕主要采用不分开式弹性扣件。现场的多年使用实践也证明,采用弹性扣件可提高轨道强度,并显著减少现场的养护维修工作量。

下面介绍我国常用的几种混凝土枕扣件类型。

（1）弹条Ⅰ型扣件

弹条Ⅰ型扣件主要由 ω 形弹条、螺纹道钉、轨距挡板、挡板座及弹性橡胶垫板等组成。图 2.22 为 60 kg/m 钢轨弹条Ⅰ型扣件。

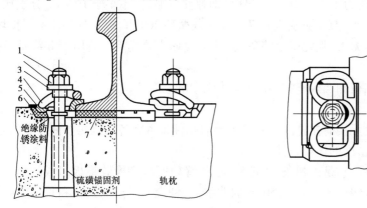

图 2.22　弹条Ⅰ型扣件

1—螺纹道钉;2—螺母;3—平垫圈;4—弹条;5—轨距挡板;6—挡板座;7—橡胶垫板

图 2.22 中弹条用于弹性扣压钢轨,要求保持一定的扣压力及足够的强度。弹条由直径为 13 mm 的 60 Si$_2$Mn 或 55 Si$_2$Mn 热轧弹簧圆钢制成。弹条有 A,B 两种型号,其中 A 型弹条较长。对于 50 kg/m 钢轨除 14 号接头轨距挡板安装 B 型弹条外,其余均安装 A 型弹条。60 kg/m 钢轨则一律安装 B 型弹条。

不同号码的挡板与挡板座配合使用,就可用来调整轨距。表 2.12 是以 60 kg/m 钢轨为例,说明轨距挡板与挡板座号码的配置与调整轨距的关系。

表 2.12　弹条Ⅰ型扣件轨距挡板及挡板座号码配置

轨型 (kg/m)	钢轨侧磨 (mm)	轨距 (mm)	左股钢轨				右股钢轨			
			外　侧		内　侧		内　侧		外　侧	
			挡板座号	挡板号	挡板座号	挡板号	挡板座号	挡板号	挡板座号	挡板号
60	4	(1 435)	4	10	2	2	2	6	4	10
	2	(1 435)	2	10	4	4	2	6	4	10
	0	1 435	2	10	4	4	4	6	2	10
		1 437	4	6	2	2	4	6	2	10
		1 439	4	6	2	2	2	10	4	6
		1 441	2	6	4	4	2	10	4	6
		1 443	2	6	4	4	4	10	2	6

弹条Ⅰ型扣件弹性好、扣压力损失较小,能较好地保持轨道几何形位,使用效果好,主要技术性能均优于扣板式扣件。目前已成为我国混凝土枕线路主型扣件。适用于标准轨距铁路直线及半径 $R \geqslant 300$ m 的曲线地段,与 50 kg/m、60 kg/m 钢轨相联结。

随着高速、重载铁路运输的发展,对于重型和特重型轨道,弹条Ⅰ型扣件已显能力不足,因此,规定在最高行车速度 $\leqslant 120$ km/h 的重型及以下轨道使用弹条Ⅰ型扣件。

(2)弹条Ⅱ型扣件

弹条Ⅱ型扣件是在弹条Ⅰ型扣件的基础上开发的,除弹条外,其余部件与弹条Ⅰ型扣件相同,仍为带挡肩、有螺栓扣件。在原来使用弹条Ⅰ型扣件地段,可用弹条Ⅱ型扣件弹条更换原Ⅰ型扣件弹条。

设计参数:单个弹条扣压力不小于 10 kN,弹程(即弹性变形量)不小于 10 mm,分别比Ⅰ型扣件提高约 30%;组装扣件承受横向疲劳荷载 7 t,在荷载循环 200 万次后,各部件不得损坏。

弹条Ⅱ型扣件具有扣压力大、强度安全储备大、残余变形小等优点。适用于Ⅱ或Ⅲ型混凝土枕的 60 kg/m 钢轨线路。

轨距的调整仍用轨距挡板和挡板座的不同号码相互调配。

(3)弹条Ⅲ型扣件

弹条Ⅲ型扣件是无螺栓无挡肩扣件。无螺栓无挡肩扣件是世界各国轨枕扣件发展的趋势,特别适用于重载大运量、高密度的运输条件。

图 2.23 为弹条Ⅲ型扣件,它是由弹条、预埋铁座、绝缘轨距块和橡胶垫板组成。弹条Ⅲ型扣件适用于标准轨距铁路直线或半径 $R > 350$ m 的曲线上,铺设 60 kg/m 钢轨和Ⅲ型无挡肩混凝土枕的无缝线路轨道。

弹条Ⅲ型扣件具有扣压力大、弹性好等优点,特别是取消了混凝土枕挡肩,从而消除了轨底在横向力作用下发生横移导致轨距扩大的可能性,因此保持轨距的能力很强,又由于取消了螺栓联结的方式,大大减小了扣件养护工作量。

(4)弹条Ⅳ型扣件

弹条Ⅳ型扣件的连接组装如图 2.24 所示,扣件由弹条(C4 型)、绝缘轨距块、橡胶垫板和定位于预应力混凝土无挡肩枕的预埋铁座组成。钢轨接头处采用 JA 和 JB 型弹条及接头绝缘轨距块。

(5)弹条Ⅴ型扣件

弹条Ⅴ型扣件的连接组装如图 2.25 所示,扣件由螺旋道钉、平垫圈、弹条(分 W2型、X3 型和 A 型)、轨距挡板、轨下垫板(分橡胶垫板和复合垫板)和定位于预应力混凝土有挡肩枕的预埋套管组成。钢轨高低调整时采用调高垫板。

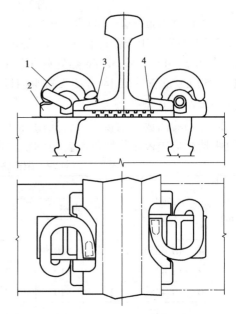

图 2.23 弹条Ⅲ型扣件

1—弹条;2—预埋铁座;

3—绝缘轨距块;4—橡胶垫板

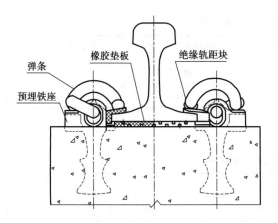
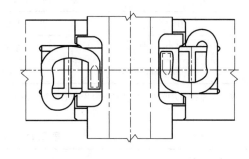

图 2.24　弹条Ⅳ型扣件连接与组装

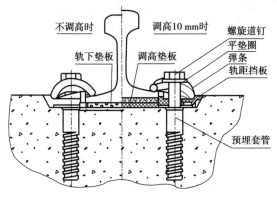
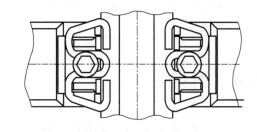

图 2.25　弹条Ⅴ型扣件连接与组装

4)扣件的使用条件

①正线轨道使用的扣件应符合表 2.13 的规定。

表 2.13　扣件类型

轨道类型	特重型、重型	重型、次重型及中型	轻　型
轨枕类型	Ⅲ型混凝土枕	Ⅱ型混凝土枕	Ⅱ型混凝土枕
扣件类型	有挡肩轨枕用弹条Ⅱ型 无挡肩轨枕用弹条Ⅲ型	弹条Ⅱ型或Ⅰ型	弹条Ⅰ型

注:①明桥面上宜采用分开式扣件;

②宽枕可采用弹条Ⅱ型或弹条Ⅰ型扣件。

②站线混凝土枕轨道宜采用弹性扣件;木枕轨道宜采用分开式扣件;次要站线(木枕)可采用普通道钉。

③扣件的初始扣压力及弹程应符合表 2.14 的规定。

④铺设混凝土宽枕或无砟道床的轨道,可采用调高量较大的弹性扣件;铺设无缝线路的特大大桥可采用小阻力扣件。

⑤混凝土枕轨道的轨下橡胶垫板应与扣件配套使用,其型号宜按表 2.15 的规定选用。

表 2.14　扣件的初始扣压力及弹程

扣件类型	弹条Ⅰ型扣件	弹条Ⅱ型扣件	弹条Ⅲ型扣件
单个弹条扣压力(kN)	≥8	≥10	≥11
弹程(mm)	8~9	10	13

注:弹条Ⅰ型扣件的弹程,A型弹条为8 mm,B型弹条为9 mm。

表 2.15　轨下橡胶垫板型号

钢 轨 (kg/m)	60 或 75			50		43	
橡胶垫板型号	60-10-11	60-10-17	60-12-17	50-7-9	43-10-7	43-10-7	43-7-7
静刚度(kN/mm)	90~120	55~80	40~60	90~130	110~150	80~110	100~130

注:弹条Ⅲ型扣件的橡胶垫板,静刚度为60~80 kN/mm。

2.5　有砟道床

2.5.1　有砟轨道道床的功能

有砟轨道道床是轨道的重要组成部分,是轨道框架的基础,具有以下功能:

①承受来自轨枕的压力并均匀地传递到路基面上,使之不超过路基面的容许应力;

②为轨道提供纵横向阻力,阻止轨枕发生横向和纵向移动,保持轨道的稳定;

③由于道砟具有缓冲和减振的弹性特性,为轨道提供必要的弹性,减缓和吸收轮轨的冲击和振动;

④提供良好的排水性能,以提高路基的承载能力及减少基床病害;

⑤便于轨道养护维修作业,校正线路的平纵断面。

2.5.2　道砟材料及技术标准

用作道砟的材料主要有:碎石、天然级配卵石、筛选卵石、粗砂、中砂及熔炉矿渣等。选用何种道砟材料,应根据铁路运量、机车车辆轴重、行车速度,结合成本和就地取材等条件来决定。我国铁路干线上基本使用碎石道砟,在次要线路上才使用卵石道砟、炉渣道砟。下面仅介绍碎石道砟的技术要求。

现行的碎石道砟技术条件包含3个方面的内容:

(1)道砟的分级

碎石道砟由开山块石破碎、筛选而成,根据材料性能及参数指标将道砟分为一级和二级,后在《京沪高速铁路设计暂行规定》中制订了特级碎石道砟材质标准。现在,客运专线的特级道砟相关技术要求执行《350 km/h 客运专线特级碎石道砟暂行技术条件》(铁科技〔2004〕120 号)。

碎石道砟的技术参数有:反映道砟材质的材质参数,如抗磨耗、抗冲击、抗压碎、渗水、抗风化、抗大气腐蚀等材料指标参数,为道砟材质的分级提供了依据;反映道砟加工质量的质量参数,如道砟粒径、级配、颗粒形状、表面状态、清洁度等加工指标。表 2.16 列出道砟材质的分级指标。对于Ⅰ,Ⅱ级铁路轨道的碎石道床材料应采用一级道砟。站线轨道可采用二级碎石道砟。

表 2.16　道砟材质分级指标

序号	性能	参数＼等级	特级道砟	一级道砟	二级道砟
1	抗磨耗抗冲击性能	①洛杉矶磨耗率 LAA(%) ②标准集料冲击韧度 IP ③石料耐磨硬度系数 $K_{干磨}$	$LAA \leq 20$ $IP > 100$ $K_{干磨} > 18$	$LAA < 27$ $IP > 95$ $K_{干磨} > 18$	$27 \leq LAA < 32$ $80 < IP \leq 95$ $17 < K_{干磨} \leq 18$
2	抗压碎性能	①标准集料压碎率 CA(%) ②道砟集料压碎率 CB(%)	$CA < 8$ $CB < 18$	$CA < 9$ $CB < 18$	$9 \leq CA < 14$ $18 \leq CB < 22$
3	渗水性能	①渗透系数 P_m(10^{-6}cm/s) ②石粉试模件抗压强度 σ(MPa) ③石粉液限 LL(%) ④石粉塑限 PL(%)	$P_m > 4.5$ $\sigma < 0.4$ $LL > 20$ $PL > 11$	$P_m > 4.5$ $\sigma < 0.4$ $LL > 20$ $PL > 11$	$3 < P_m \leq 4.5$ $0.4 \leq \sigma < 0.55$ $20 \geq LL > 16$ $11 \geq PL > 9$
4	抗大气腐蚀破坏性能	硫酸钠溶液浸泡损失率(%)	< 10		
5	稳定性能	①密度(g/cm³) ②体积密度(g/cm³)	> 2.55 > 2.50		
6	软弱颗粒	饱水单轴抗压强度(MPa)	≤20	软弱颗粒含量小于10%(质量比)	

(2)道砟级配

碎石道砟属于散粒体,其级配是指道砟中颗粒的分布。道砟粒径的级配对道床的物理力学性能、养护维修工作量有重要影响。现行标准考虑了道砟的级配要求,可保证道砟产品有最佳的颗粒组成。宽级配道砟由于道砟平均粒径的减小,大、小颗粒的相互配合以及道砟颗粒之间的填满,使得道砟有更好的强度和稳定性,也有利于道床作业。现行特级道砟级配标准见表 2.17,一级道砟级配标准见表 2.18。

表 2.17　特级道砟粒径级配

粒径	[筛分机底筛和面筛筛孔边长(mm)]　31.5~50				
级配	方孔筛孔边长(mm)	22.4	31.5	40	50	63
	过筛质量百分率(%)	0~3	1~25	30~65	70~99	100
颗粒分布	方孔筛孔边长(mm)	31.5~50				
	颗粒质量百分率(%)	≥50				

表 2.18 一级道砟级配

方孔筛孔边长(mm)	16	25	35.5	45	56	63
过筛百分率(%)	0~5	5~15	25~40	55~75	92~97	97~100

(3)道砟颗粒形状及清洁度

道砟的形状及表面状态对道床的性能有重要影响。一般而言,棱角分明,表面粗糙的颗粒,集料具有较高的强度和稳定性。近于立方体的颗粒比扁平、长条形颗粒有较高的抗破碎、抗变形、抗粉化能力。一般用针状指数和片状指数来控制长条形和扁平颗粒的含量。凡长度大于该颗粒平均粒径1.8倍的称为针状颗粒;厚度小于平均粒径0.6倍的称为片状颗粒。我国道砟标准规定针状指数和片状指数均不大于50%。

道砟中的土团、粉末或其他杂质对道床的承载能力是有害的,须控制其数量。土团是指那些泡水后出现软化,丧失其强度的颗粒。粉末会污染道床,加速道床的板结,影响道床的排水。标准规定黏土团及其他杂质含量的质量百分率不大于0.5%;粒径0.1 mm以下的粉末含量质量百分率不大于1%。

2.5.3 碎石道床

1)道床的压力分布及道床最小厚度的计算

根据实践和实验证明,在列车荷载作用下,从轨枕传到道床上的压力是不均匀的。沿轨枕方向,两股钢轨中心线下轨枕受力较大,轨枕中间和两端部受力较小,轨枕4条边缘上的压力几乎为零,其受力如图2.26所示。

道床中的压力随深度增加逐渐扩散,道床厚度越大,路基面上的压力越均匀,单位面积上压力越小。当达到某一深度时,相邻轨枕的两条压力线相交,此时的道床厚度为允许的最小厚度。道床厚度继续增加,道床中的压力成为均匀分布荷载,如图2.27所示。

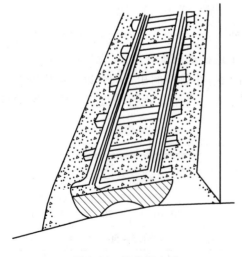

图 2.26 轨枕受力图

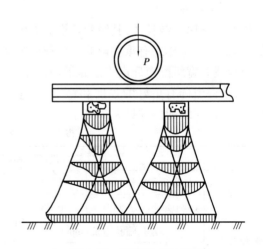

图 2.27 道床受力扩散图

道床最小厚度可按下列公式计算：

$$H = \frac{a - b}{2 \tan \alpha}$$

式中　H——道床厚度，mm；

　　　a——轨枕中心间距，mm；

　　　b——轨枕底支承面的平均宽度，mm；

　　　α——道床压力扩散角，碎石道床 $\alpha = 35°$。

【例题 2.5】　计算 50 kg/m 钢轨、轨枕配置 1 760 /km 木枕轨道的道床最小厚度。

解： 若轨枕中心间距采用 580 mm，轨枕底支承面的平均宽度 220 mm，道床压力线角度采用 35°，则

$$H = \frac{a - b}{2 \tan \alpha} = \frac{580 - 220}{2 \tan 35°} \approx 257 \text{ mm}$$

2）道床横断面

碎石道床断面包括道床厚度、顶面宽度及边坡坡度 3 个主要特征。图 2.28 为直线地段道床断面示意图。

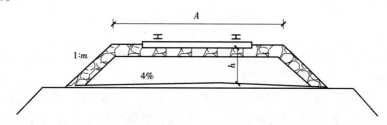

图 2.28　直线单线地段道床横断面示意图
A—顶面宽度；h—道床厚度；m—边坡坡度

（1）道床厚度

道床厚度是指直线上钢轨或曲线上内轨中轴线下轨枕底面至路基顶面的距离。

道床的厚度与以下因素有关：道床弹性、道床脏污增长率、垫砟层的承载能力、路基面的承载能力。

道床弹性是由相互接触的道砟颗粒之间的弹性变形所引起的，通常情况下道床弹性与道床厚度成正比，并随道砟颗粒粒径的增大、道床空隙比的增加而增加。道床厚度减薄，导致道床弹性变差，其减振吸振的性能变差，在运营条件相同的情况下，道床粉碎、脏污加速，导致日常维修工作量加大、清筛周期缩短。因而要控制道床脏污增长率，维持一定的维修工作量和道床清筛周期，必须保证有足够的道床厚度。

路基面的工作应力主要决定于道床厚度，增加道床厚度是降低路基面应力的主要手段。

道床厚度应根据运营条件、轨道类型、路基土质确定。

（2）道床顶面宽度

道床顶面宽度与轨枕长度和道床肩宽有关。轨枕长度基本上是固定的，因此道床顶面宽度主要决定于道床肩宽。道床宽出轨枕两端的部分称为道床肩宽。适当的肩宽可保持道床的稳定，并提供一定的横向阻力。一般情况下道床肩宽在 450 ~ 500 mm 已能满足要求，再宽则作用不大。

我国铁路规定单线铁路正线碎石道床顶面宽度如表 2.19 所示,双线碎石道床顶面宽度应分别按单线设计。无缝线路半径小于 800 m、非无缝线路半径小于 600 m 的曲线地段,曲线外侧碎石道床顶面宽度尚应增加 0.10 m。

表 2.19 单线碎石道床顶面宽度

轨道类型	路段旅客列车设计行车速度(km/h)	道床顶面宽度(m)		道床边坡坡度值
		无缝线路轨道	有缝线路轨道	
特重型	$120 \leq v \leq 160$	3.50	—	1:1.75
重型	$120 < v \leq 160$	3.40	—	1:1.75
重型、次重型	$v \leq 120$	Ⅱ型混凝土枕:3.30 Ⅲ型混凝土枕:3.40	3.10	1:1.75
中型	$v \leq 100$	—	3.00	1:1.75
轻型	$v \leq 80$	—	2.90	1:1.5

注:表中Ⅲ型混凝土枕系指长度为 2.60 m。当采用长度为 2.50 m 的Ⅲ型混凝土枕时,道床肩宽不应小于长度为 2.60 m 的Ⅲ型混凝土枕的道床肩宽。

(3)道床边坡坡度

道床边坡的稳定取决于道砟材料的内摩擦角与黏聚力,也与道床肩宽有一定的联系。在肩部承载能力相同的情况下,一般趋于采用较大的肩宽和较陡的边坡,因为这样可以减小路基面的宽度。但过陡的边坡也是不适宜的,因为边坡坡角受到散粒体自然坡角的限制和列车振动的影响。国内外的运营实践表明,边坡坡度 1:1.5 不能长期保持稳定,因此我国铁路规定正线区间道床边坡坡度均为 1:1.75。无缝线路轨道砟肩应使用碎石道砟堆高 15 cm,堆高道砟的边坡坡度应采用 1:1.75。

3)道床的病害及整治

(1)有砟道床的变形

道床作为散粒体结构,本身具有弹、塑性,在外荷载作用下将产生弹、塑性变形。荷载消失后,弹性变形部分得以恢复,而塑性变形部分则成为永久变形或称残余变形。在列车重复荷载作用下,每次荷载作用所产生的微小残余变形会逐渐积累,最终导致整个轨道的下沉。

道床的下沉是道床塑性变形随荷载作用而逐渐累积的过程。对下沉的规律,各国铁路都进行了许多研究,如美国、日本等。各国资料显示下沉与通过总重的关系曲线基本相似,如图2.29所示。

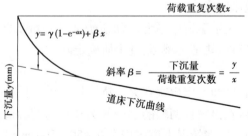

图 2.29 道床下沉曲线

道床的下沉大体可分为初期急剧下沉和后期缓慢下沉两个阶段。初期急剧下沉阶段是指捣固作业后,由于道砟颗粒间的间隙存在及处于不稳定组合状态,在冲击振动下,道砟形成稳定组合及间隙被压实过程中造成的下沉。道床在列车荷载的作用下,道砟首先产生压实,道床碎石大小颗粒相互交错,重新排列其位置,孔隙率减小。也有一些道砟棱角被磨碎,使道床纵、横断面发生变化。这个阶段道床下沉量的大小和持续时间与道砟材质、粒径、级配、捣固和夯拍的密实状况、轴重等有关,一般在数百万吨通过总重之内即可完成。后期缓慢下沉阶段是道床正常工作阶段,由于列车荷载反复作用,压力和振动力使碎石破损、枕底道砟挤入轨枕盒和轨枕头、道砟磨损及破碎,边坡溜塌,从而破坏了道床极限平衡状态,这个阶段的下沉量与运量之间有直接关系。这一阶段时间的长短是衡量道床稳定性高低的指标,也是确定道床养护维修的重要依据。

整治道床沉陷除了有计划的彻底清筛道床外,在日常工作中要加强排水,加强捣固,必要时可设置横盲沟。

(2)道床脏污

造成道床脏污的主要原因:一是道床原始脏污,道砟在上道前清筛不彻底或在运输过程中被污染;二是道床尽管初期状态很好,在运营过程中逐渐形成脏污,主要是:机车落灰,车辆在运行中透漏的煤灰、矿渣末和其他粉末,风力带入的尘埃和外界松散物质的侵入,道砟的机械磨耗等。由于这些原因,道床不洁增多,道砟空隙被填满,阻碍道床的正常排水。

在雨水较多的地区,特别是石灰岩道砟地段,道床容易板结。它的发展过程,首先是道床底层开始硬结,形成板状层,底层板状硬结;再加上外界松散物质和雨水浸入,在动力作用下,致使整个道床变成硬块,它既不是刚体又失去了应有的弹性。

碎石或筛选卵石道砟不洁率达35%及以上时应全部清筛或更换,不洁率小于35%时,则清筛至轨枕底下10 cm,在道床边坡上清筛至砂质底砟,在双线的两线路中间清筛至轨枕底部。道床不洁率在20%以上时应全部更换。

为了解决道床脏污问题,《铁路线路修理规则》规定:道床应该经常保持饱满、均匀和整齐,并应根据道床不洁程度,结合综合维修有计划地进行清筛,尽可能保持道床弹性和排水良好。

(3)道床翻浆

产生道床翻浆的原因,主要是由道床下脏污没有得到及时解决和排水不良而引起的。道床沉陷和脏污会在道床上长草,底部透过路基产生道砟囊,削弱轨道强度,在列车不断冲击下,道砟囊逐渐扩展加深,由此导致道床翻浆,而影响质量。

预防道床翻浆的主要措施,即清筛道床,经常保持整洁,做好道床排水工作。如涉及路基翻浆时,可设垫层,或用沥青黏土做封层,防止地面水渗入路基土壤,并封闭泥浆不使其冒出。在多雨地区还可以在路基面上铺设氯丁橡胶板,防止地面水渗入路基体或铺设渗滤布以防止路基面上泥浆上冒,严重时可采用路基换土办法解决。

(4)道床沉陷

道床沉陷的原因:一是道床脏污,积水排不出去,在黏土路基地段,使路基顶面软化,道砟逐渐压入路基内,形成道床沉陷;二是道床捣固不实,存在小坑,随着列车振动,小坑又逐渐扩大,形成道床沉陷;三是道床厚度不足,或在非渗水土路基地段未按规定铺砂垫层,道砟压入路基面内形成道砟陷槽造成道床沉陷。

由于道床沉陷,道砟陷入路基而使路基土壤挤压,从而形成路基的变形,如图2.30所示。

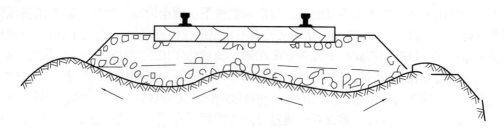

图2.30 道床沉陷挤压路基面沉陷

路基面下沉时,会形成道砟陷槽,如图2.31所示。

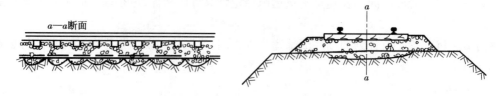

图2.31 路基面下沉形成道砟陷槽

道砟陷槽形成后,如不及时整治,列车不断冲击下,日久将扩展成道砟箱,如图2.32所示。

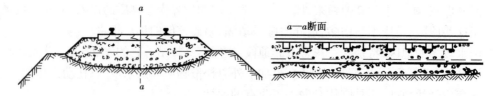

图2.32 道砟陷槽扩展为道砟箱

道床沉陷的整治方法:整治道床沉陷,除有计划地彻底清筛道床外,在日常工作中,要加强排水,加强捣固,必要时要增设横向盲沟,如图2.33和图2.34所示。

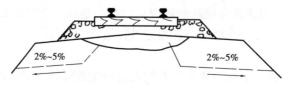

图2.33 用横盲沟排除路基内积水

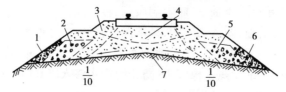

图2.34 双边横盲沟示意图

1,6—粗炉渣;2,5—炉渣;3—砂;4—压力核心;7—不渗水底

2.6 无砟轨道

无砟轨道系指不用道砟铺设的轨道结构,具有高平顺性、高稳定性和少维修等特点。无砟

轨道的修建造价在大幅度下降,与有砟轨道相比较,无砟轨道修建时所增加的投资,一般可望在1~2个轨道大修周期内依靠节省轨道维修投入得到收回,无砟轨道的经济效益日渐突出。

无砟轨道类型较多,常见的有板式轨道、双块式轨道、长枕埋入式轨道、弹性支承轨道等结构形式。而板式轨道又分为普通钢筋混凝土板式轨道、预应力钢筋混凝土板式轨道、防振板式轨道以及浮置板轨道;弹性支承轨道又分短轨枕式、长轨枕式;长枕埋入式轨道又分普通钢筋长枕埋入式、预应力钢筋长枕埋入式。

2.6.1 国外无砟轨道

自20世纪60年代开始,许多国家相继开展了各类无砟轨道结构的研究与铺设,并得到了不同程度的发展,其中以日本、德国最具代表性。

1)日本无砟轨道

日本板式轨道主要由钢轨、扣件(扣件形式主要为直接型扣件)、轨道板、CA砂浆及底座等组成,如图2.35所示。

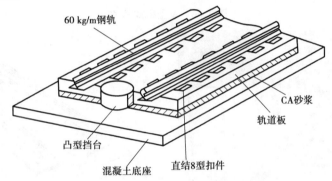

图2.35 日本板式无砟轨道基本组成

板式轨道最初的轨道板为普通钢筋混凝土平板结构,后来又研制出双向预应力结构的轨道板,以防止混凝土裂纹的发生与冻胀扩展。随着技术进步的日益简化,结构形式上逐步统一,作为标准定型的轨道板形式有普通A型、框架型轨道板以及特殊减振区段用的防振G型等。

(1)适用于桥上和隧道内的A型和框架型轨道板

此种A型轨道板长度4 900 mm,轨道板的宽度一般为2 340 mm,轨道板厚度一般为190 mm,用于隧道时,减少到160 mm,如图2.36所示。

框架式轨道板长度一般为4 900 mm,宽度为2 220 mm,如图2.37所示。在隧道内直线段应用时,一般采用直结4型扣件,需要设计承轨台,此处轨道板厚220 mm,其他地方厚160 mm;在隧道内曲线地段和桥梁、路基上,一般采用直结8型扣件,不设承轨台,轨道板厚190 mm。

(2)日本防振G型板式轨道

为了适用于减振地段,日本还开发了G型等防振式板式轨道,在板底不同部位粘贴橡胶垫,以适应人们日益增长的环保要求。从20世纪70年代后期开始,日本在高架桥上试铺了多种形式的减振型板式无砟轨道结构,观测其减振降噪效果,在进行技术、经济分析后,最终将减振G型无砟轨道作为标准形式在减振降噪区段推广。

日本减振G型无砟轨道由轨道板、微孔橡胶垫层、CA砂浆调整层、混凝土凸型挡台及底座组成,如图 2.38 所示。轨道结构高度为 754 mm,其中钢轨高度 176 mm,扣件高度 38 mm,轨道板高度 190 mm,微孔橡胶垫层高度 12 mm,CA 砂浆高度 40 mm,底座高度 298 mm。

图 2.36 A 型板式轨道

(a)

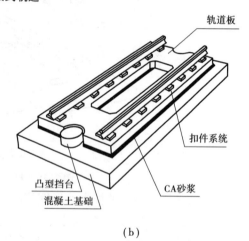

(b)

图 2.37 框架型板式轨道

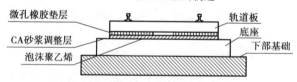

图 2.38 减振型板式无砟轨道结构组成

(3)适用于土质路基的 RA 型和框架型轨道板

日本最开始在土质路基上铺设的是 RA 型无砟轨道板,如图 2.39 所示。该结构由"钢轨 + 扣件 + RA 型轨道板 + CA 砂浆 + 沥青混凝土层 + 沥青稳定处理层 + 级配碎石层"组成。轨道板断面尺寸为 1 150 mm×2 340 mm×190 mm。由于轨道板比较短,用板底凹槽代替凸型挡台,抵抗纵横向作用力。凹槽尺寸为 650 mm×650 mm×30 mm,板间距为 100 mm。

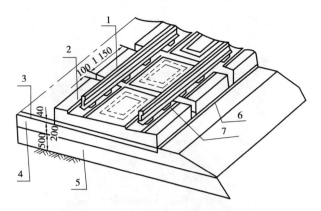

图 2.39　日本土质路基上 RA 型轨道板
1—钢轨；2—RA 型钢筋混凝土轨道板；3—沥青层；
4—沥青混凝土层；5—砾石；6—水泥砂浆层；7—轨下垫层

（4）适用于寒冷地区的预应力轨道板

最初的轨道板为普通钢筋混凝土结构，为适应东北、上越新干线寒冷气候条件的要求，研制了双向预应力结构的轨道板，以防止混凝土裂纹的发生与扩展。

2）德国无砟轨道

目前德国有近 30 种无砟轨道结构形式得以试铺和运用，包括 Rheda、Züblin、Berlin、ATD、Getrac 和 Bögl 型。Bögl 属于预制板型轨道结构，Rheda、Züblin 及 Berlin 属于轨枕埋入式的现浇混凝土结构，ATD 及 Getrac 属于轨枕支承式结构。其中 Rheda 型无砟轨道结构是德国无砟轨道最主要的结构形式，在德国铺设的无砟轨道中约占 50%。

（1）Rheda 2000 型无砟轨道

Rheda 型无砟轨道在使用过程中进行了不断优化，从最初的 Rheda 普通型发展到现在的 Rheda 2000 型。

Rheda 2000 型无砟轨道系统由钢轨、高弹性扣件、改进的带有桁架钢筋的双块式轨枕、现浇混凝土板和下部支承体系组成，如图 2.40 所示。带有桁架钢筋的双块式轨枕为扣件的安装提供了良好的界面，施工和运营过程中可保证钢轨正确的几何形位，轨枕下部伸出的桁架筋有利于提高轨枕与现浇道床板之间的连接性能，提高双块式轨道的疲劳耐久性能。

（2）Züblin 型无砟轨道系统

Züblin 型无砟轨道是与 Rheda 型轨道结构类似的一种无砟轨道，都是在混凝土道床上铺设双块埋入式短枕无砟轨道，但采用的施工工艺不同。整个轨道系统从上至下由钢轨扣件系统、轨枕、混凝土承载板、水硬性承载层，以及防冻层（路基段）组成，如图 2.41 所示，Züblin 双块式轨枕由两个普通配筋的混凝土块通过桁架钢筋连接而成，通过桁架钢筋以及两侧的附加桁架钢筋与混凝土承载板浇筑在一起。

（3）Bögl 型无砟轨道系统

Bögl 型无砟轨道结构组成类似于日本新干线板式轨道，吸收了轨枕埋入式无砟轨道整体性好和板式轨道制作和施工方便的优点，进行了包括预应力、结构尺寸、纵向连接等方面的优化改进。Bögl 型无砟轨道结构由钢轨、扣件、轨道板、砂浆层及下部支撑体系（底座或水硬性支撑层）等组成，Bögl 型轨道结构形式如图 2.42 所示。

图 2.40　铺设中的 Rheda 2000 型无砟轨道

图 2.41　铺设中的 Züblin 型无砟轨道

（a）卡尔斯费尔德-达豪　　　　（b）卡尔斯鲁尔-海德堡　　　　（c）汉堡-威斯特兰德

图 2.42　Bögl 型无砟轨道

2.6.2　国内无砟轨道

我国对无砟轨道的研究始于 20 世纪 60 年代,与国外研究几乎同时起步。初期曾试铺过支承块式、短木枕式、整体灌筑式等整体道床以及框架式沥青道床等几种形式,然而正式推广应用的仅有支承块式整体道床。图 2.43 为我国曾经在隧道内铺设的支承块式整体道床。

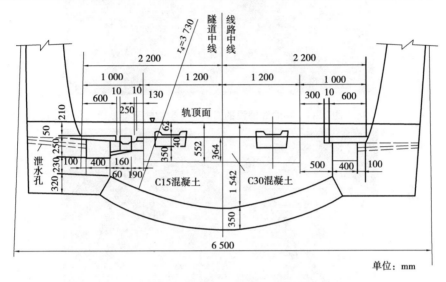

单位:mm

图 2.43　隧道内支承块式整体道床

进入 20 世纪 90 年代以后,开始针对高速铁路无砟轨道技术进行试验研究。以下主要介绍 CRTS Ⅰ,Ⅱ,Ⅲ型无砟轨道。

(1)CRTS Ⅰ型板式无砟轨道

我国 CRTS Ⅰ型轨道板的宽度是根据下部基础条件、外荷载的大小以及荷载传递情况来确定。

轨道板厚度主要由结构强度及配筋要求决定。在结构强度允许的范围内,进行综合比选。混凝土道床板的厚度应根据下部基础的支承条件(桥梁跨中挠度、路基承载力、隧道等),以及轨道电路设计参数的要求来确定。图 2.44 为遂渝线铺设的 CRTS Ⅰ型板式无砟轨道。

(2)CRTS Ⅰ型双块式无砟轨道

CRTS Ⅰ型双块式无砟轨道是将预制的双块式轨枕组成轨排,并将轨枕现场浇注入均匀连续的钢筋混凝土道床内的无砟轨道结构形式。路基上的 CRTS Ⅰ型双块式无砟轨道道床板浇筑于混凝土支承层上;隧道内直接浇筑于隧道仰拱填充层上;桥梁采用分块式道床板,浇筑于钢筋混凝土底座或保护层上,并在底座中部设置限位凸台或凹槽。目前,CRTS Ⅰ型双块式无砟轨道已在我国武广客运专线上成功应用(见图 2.45)。

图 2.44 遂渝线铺设的 CRTS Ⅰ 型板式无砟轨道

图 2.45 武广客运专线综合试验段路堑区无砟轨道

（3）CRTS Ⅱ 型板式无砟轨道

CRTS Ⅱ 型板式无砟轨道技术是我国对博格板式（Bögl 型）无砟轨道系统技术消化、吸收、再创新，形成的中国特色板式无砟轨道技术，结构如图 2.46 所示。

（4）CRTS Ⅱ 型双块式无砟轨道

它与 CRTS Ⅰ 型双块式无砟轨道结构类似，只是施工方式不同，该轨道结构是将预制的双块式轨枕通过机械振动法压入现场浇筑的均匀连续的钢筋混凝土道床内。路基地段与 CRTS Ⅰ 型双块式无砟轨道结构相似，轨枕块高度稍高，隧道直线地段道床板置于隧道仰拱填充层上，桥梁地段在道床板下设置底座。目前，CRTS Ⅱ 型双块式无砟轨道已在我国郑西客运专线上成功应用。

郑西客运专线是我国中长期铁路规划中 10 条客运专线中徐兰高速铁路（徐州—郑州—西安—宝鸡—兰州）最先开工的一段。郑西客运专线为双线，线路穿越豫西山地和渭河冲积平原，南倚秦岭，北临黄河，沿线 80% 区段为黄土覆盖，湿陷性黄土区施工技术是最大的技术难题。图 2.47 为郑西客运专线桥上无砟轨道。

图 2.46　京津城际的 CRTS Ⅱ 型板式无砟轨道结构系统

图 2.47　郑西客运专线桥上无砟轨道

(5)CRTS Ⅲ 型板式无砟轨道

CRTS Ⅲ 型无砟轨道板完全是我国自主研发的一种无砟轨道结构形式。目前,CRTS Ⅲ 型无砟轨道板已在成灌铁路线上铺设(见图 2.48)。

图 2.48　CRTS Ⅲ 型无砟轨道板

课后习题

2.1　有砟轨道结构的主要组成及其功用是什么?

2.2　钢轨的类型有哪些?

2.3　已知一曲线半径 $R = 600$ m,两端缓和曲线长 $l_0 = 50$ m,第九点为小桥,该点不允许拨动曲线,实测正矢见下表,试用绳正法进行曲线整正计算。

测点号	1	2	3	4	5	6	7	8	9	10	11
实测正矢	0	5	10	40	45	75	77	81	101	91	86
测点号	12	13	14	15	16	17	18	19	20	21	22
实测正矢	90	76	97	71	73	82	43	40	10	11	0

2.4　比较木枕及混凝土枕的优缺点是什么?

2.5　钢轨接头有哪些种类?其特点是什么?

2.6　钢轨伤损的分类以及标准是什么?

2.7　有砟扣件有哪些种类?其特点是什么?请举例简要说明。

2.8　简述现行的碎石道砟技术条件包含的内容。

2.9　简述碎石道床断面的 3 个特征。

2.10　轨道结构的选型基本原则有哪些?

2.11　简述碎石道床的病害有哪些。

2.12　简述钢轨轨缝的设置原则。

2.13　某地区 $T_{max} = 52.3$ ℃, $T_{min} = -5.4$ ℃,在轨温为 25 ℃时调整轨缝,钢轨长度为 25 m,求预留轨缝 α_0?

2.14　60 kg/m 钢轨,轨枕配置 1 840 根/km,试计算木枕轨道的碎石道床最小厚度(轨枕中心间距采用 550 mm,轨枕底支承面的平均宽度采用 220 mm)。

2.15　无砟轨道结构主要有哪些类型?

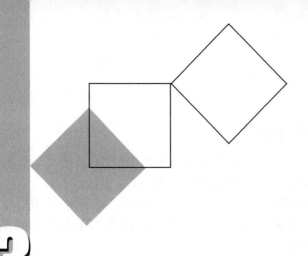

3 轨道几何形位

本章导读：

  • **基本要求**　了解机车车辆走行部分的构造；掌握直线轨道几何形位的基本要素、含义及其标准；掌握曲线超高设计方法；掌握曲线轨距加宽的基本原则与计算方法；了解缓和曲线的作用及设置方法。
  • **重点**　直线轨道基本几何形位的要素；轨道超高计算。
  • **难点**　轨道超高计算。

3.1　概述

　　轨道几何形位是指轨道结构各部分的几何形状、相对位置和基本尺寸。从轨道平面位置上看，轨道由直线和曲线组成，直线和曲线之间有一条曲率渐变的缓和曲线相连接。从轨道横断面上看，几何形位包括轨距、水平、轨向、高低和轨底坡，曲线轨道还有外轨超高、缓和曲线和轨距加宽等特殊的几何形位要求。

　　几何形位与机车车辆走行部分的基本几何尺寸是密切配合的，因此几何形位设置的正确与否，对机车车辆的安全运行、乘客的旅行舒适度、设备的使用寿命和养护维修成本起着决定性的作用。

　　几何形位的状态偏差应控制在允许的标准范围内。轨道几何形位状态的保持取决于轨道结构及部件的类型、使用年限、运营条件和养护维修方法等。运营条件不同，对轨道几何形位偏差的要求标准也不同，如高速铁路的允许偏差要求严格。为了确保行车舒适和安全，相关的施工和运营部门都要按相关要求对轨道几何形位进行检测。

　　本章主要介绍直线和曲线轨道的几何形位，着重叙述有关各几何形位的概念、理论、设置和检测方法以及要求等。

3.2　机车车辆走行部分的构造

机车的走行部分由车架、轮对、轴箱、弹簧装置、转向架及其他部件组成。车辆的走行部分是转向架,它包括侧架、轴箱、弹性悬挂装置、制动装置、轮对及其他部件。

我国车辆上使用的车轮有整体轮和轮箍轮两种。目前绝大部分是整体辗钢轮(见图3.1)。它由踏面、轮缘、轮辋、辐板和轮毂等部分组成。轮箍轮由轮心和轮箍组成,轮箍用热套的方法压装在轮心上,车轮和钢轨接触的面称为踏面。

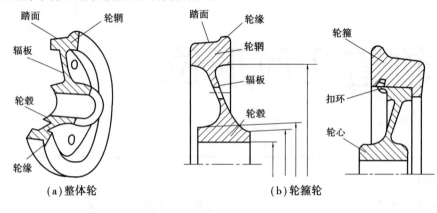

图 3.1　车轮图

3.2.1　轮对

轮对由一根车轴和两个车轮组成。轮轴用水压机的强大压力压入轮心,并用轴键固定左右两轮的相互位置。轮心捅入轮轴的部分称轮毂。车轮被压装在轮轴上,与车轴牢固地结合在一起。

3.2.2　车轮踏面

车轮在钢轨上滚动的面称为车轮踏面。车轮踏面有锥形踏面和磨耗型踏面两种形式。锥形踏面的母线是直线,由1:20和1:10两段斜坡组成。1:20的一段是经常与钢轨顶面接触的部分,1:10的一段只在小半径曲线上,轨距加宽很大时才与钢轨顶面接触。车轮踏面的主要部分作成1:20圆锥面后,可以减少车轮在钢轨上的滑行,保证踏面磨耗沿宽度方向比较均匀。另外,在直线地段上行驶的车辆,当其偏向轨道一侧时,由于左右车轮滚动半径的不同,仍能返回到轨道中线。这样,虽然轮对的轨迹呈蛇形运动,但不会在车轮踏面上形成凹槽形磨耗,从而避免车轮通过道岔辙叉时发生剧烈的冲击和振动。

3.2.3　轮缘和轮对尺寸

为防止车轮脱轨,在踏面内侧制成凸缘,如图3.2中左侧突起部分,称为轮缘。轮缘厚度用

d 表示,规定机车轮缘厚度在距轮缘顶 18 mm 处测量,其正常厚度为 33 mm;车辆轮缘厚度在距轮缘顶 15 mm 处测量,其正常厚度为 32 mm(见表 3.1),机车轮缘正常高度规定为 28 mm;车辆轮缘正常高度规定为 25 mm。

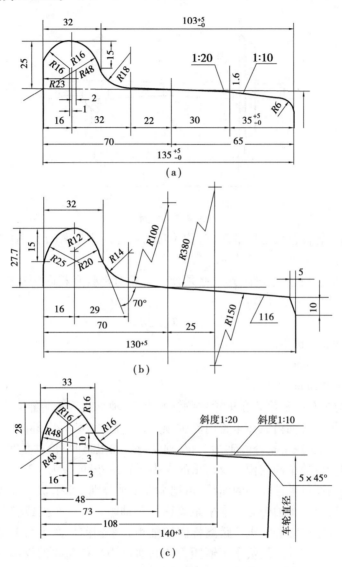

图 3.2　车轮踏面

表 3.1　轮对几何尺寸　　　　　　　　　　　　　　　　　　　单位:mm

车　　轮	轮缘高度	轮缘厚度 d		轮背内侧距离 T			轮对宽度 q		
		最大(正常)	最小	最大	正常	最小	最大	正常	最小
机车轮	28	33	23	1 356	1 353	1 350	1 422	1 419	1 396
车辆轮	25	34	22	1 356	1 353	1 350	1 424	1 421	1 394

轮缘内侧的竖直面称为车轮内侧面,轮踏面外侧的竖直面称为车轮的外侧面,内、外侧面间

的距离称为车轮宽度。通过踏面上距车轮内侧面一定距离的一点,画一水平线,称踏面的测量线。由测量线至轮缘顶点的距离称轮缘高度。由测量线向下 10 mm 处得的轮缘厚度(d)。取踏面上距车轮内侧面一定距离的一点为基点,规定在这一基点上测量车轮直径和轮箍厚度,如图 3.3 所示。

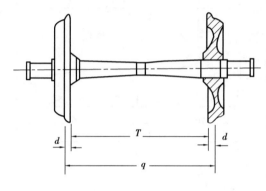

图 3.3 轮对

轮对上左右两车轮内侧面之间的距离,称轮对的轮背内侧距离(T)。这个距离加上两个轮缘厚度称为轮对宽度(q),如图 3.3 所示。

为使机车车辆能在轨道上安全行驶,必须使所有轮对都具有相同的宽度,只容许有很少的制造公差,轮对宽度可按下式计算:

$$q = T + 2d \qquad (3.1)$$

式中 T——轮对的轮背内侧距离,mm;

d——轮缘厚度,mm;

q——轮对宽度,mm。

内燃机车、电力机车的轴箱装在车轮外侧轴颈上,车轴承载后向端部上挠曲,轮对宽度因此略有缩小。而蒸汽机车的轴箱装在车轮内侧轴颈上,车轴上承载后中部向下挠曲,轮对宽度略有增加。车辆的轴箱,装在车轮外侧轴颈上,车轴受荷后向上挠曲,轮对宽度因此略有缩小。轮对宽度承载后的改变值随车辆的构造及荷重的大小而异,一般可取为 ±2 mm。

为使车体能顺利通过半径较小的曲线,可把全部车轴分别安装在几个车架或转向架上。同一车体最前位和最后位的车轴中心间水平距离称为全轴距。同一车架或转向架上始终保持平行的最前位和最后位车轴中心间水平距离称固定轴距。车辆前后两走行部分上车体支承间的距离称为车辆定距。固定轴距是机车车辆能否顺利通过小半径曲线的控制因素。为便于较长固定轴距的车体顺利通过小半径曲线,近年来,许多国家都发展了径向转向架技术。

3.3　轨道几何形位基本要素

保证轨道有正确的几何形位,是列车安全行驶的首要条件。在轨道不平顺一定的情况下,行车速度越高,车辆振动和轮轨作用力就越大。因此,高速铁路必须制定比常速铁路更为严格的轨道不平顺标准。

3.3.1 轨距

轨距是指两股钢轨头部内侧轨顶面以下 16 mm 处两作用边之间的最小距离,如图 3.4 所示。

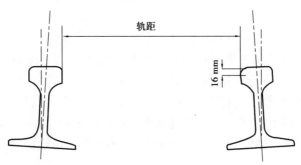

图 3.4 轨距测量位置

世界各国的铁路轨距,分为标准轨距、宽轨距和窄轨距 3 种。标准轨距为 1 435 mm,大于标准轨距的称为宽轨距,主要有 1 676,1 668,1 660,1 600,1 524,1 520 mm,如 1 520 mm(俄罗斯、乌克兰、格鲁吉亚),1 524 mm(芬兰),1 600 mm(爱尔兰),1 668 mm(西班牙),1 670,1 676 mm(印度)等。小于标准轨距的称为窄轨距,主要有 1 372,1 067,1 050,1 000,950,914,762,750,610,600 mm,如 1 372 mm(苏格兰),1 000 mm(越南、缅甸、乌干达),1 067 mm(南非),914 mm(秘鲁),750 mm(瑞士),762 mm(中国台湾)等。我国铁路轨道和城市轨道基本都采用 1 435 mm 标准轨距值。小半径曲线轨距需按规定的标准加宽。

轨距可用专用的道尺、轨检小车等静态方式测量,也使用轨检车进行动态检测。对于不同运营条件的轨道,轨距容许偏差值有所差异。轨距变化应和缓平顺,如果在短距离内,轨距若有显著变化,即使不超过轨距容许误差,也会使机车车辆发生剧烈摇摆,限制轨距变更率对保证行车平稳是非常重要的。我国规定轨距变更率小于 1‰。

为了使轮对能在两股钢轨间顺利通过,轮对宽度 q 应小于轨距 S。当轮对的一个车轮轮缘紧贴一股钢轨的作用边时,另一个车轮轮缘与另一股钢轨作用边之间便形成一定的间隙,这个间隙称为轮轨游间,如图 3.5 所示,即:

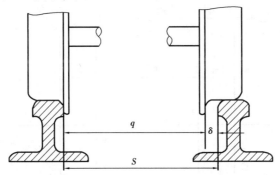

图 3.5 轮对宽度、轮轨游间和轨距

$$\delta = S - q \tag{3.2}$$

式中 δ——轮轨游间,mm;

q——轮对宽度,mm;

S——轨距,mm。

若 S_0 为标准轨距,q_0 为正常轮对宽度,则正常轮轨游间 δ_0:

$$\delta_0 = S_0 - q_0$$

若允许轨距最大值为 S_{max},最小值为 S_{min},轮对宽度最大值为 q_{max},最小允许值为 q_{min},则:

$$游间最大值:\delta_{max} = S_{max} - q_{min}$$

$$游间最小值:\delta_{min} = S_{min} - q_{max}$$

轮轨游间 δ 值对列车运行的平稳性和轨道的稳定性有重要的影响。列车运行时,若 δ 过大,则会导致横向位移(机车车辆的蛇形运动)和作用于钢轨上的横向力增大,动能损失过大,加剧轮轨磨耗和轨道变形,严重时将引起列车脱轨,危及行车安全;若 δ 过小,则行车阻力和轮轨磨耗增加,严重时还可能楔住轮对、挤翻钢轨或导致爬轨事故,危及行车安全。因此,必须对游间值 δ 进行限制。若允许轨距偏差为 $+6$ mm、-2 mm,我国轮轨游间 δ 最大值、正常值及最小值见表3.2。

表3.2 轮轨游间表

车轮名称	轮轨游间 δ 值(mm)		
	最大 δ_{max}	正常 δ_0	最小 δ_{min}
机车轮	45	16	11
车辆轮	47	14	9

理论研究与运营实践表明,适当减小 δ 值(减小轨距),可以减轻列车的摇摆,减少轮轨磨耗和动能损失,改善行车条件,提高列车运行的平稳性和线路的稳定性。在我国,运行速度越高的线路,轨距允许的误差越小。

【例题3.1】 如图3.6所示直线轨道,计算轨距变化率。

解:$AA' - BB'$轨距变化率 $= \dfrac{1\ 438 - 1\ 436}{2\ 000} = 1\text{‰}$

$BB' - CC'$轨距变化率 $= \dfrac{1\ 441 - 1\ 438}{6\ 250} = 0.48\text{‰}$

$CC' - DD'$轨距变化率 $= \dfrac{1\ 441 - 1\ 435}{3\ 000} = 2\text{‰}$

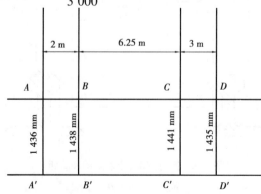

图3.6 轨距变化率计算图

3.3.2　水平

　　水平是指线路上左右两股钢轨顶面的相对高差。为保持列车平稳运行和两股钢轨均匀受力,直线轨道两股钢轨顶面应保持同一水平;曲线轨道应按相关要求和标准合理设置钢轨的超高。直线两股钢轨顶面的水平偏差值应符合相应的标准要求,并且沿线路方向的变化率不能太大,否则即使两股钢轨的水平偏差都不超过允许范围,也可能引起机车车辆的剧烈摇晃。

　　水平也可使用道尺或轨检小车等工具和设备进行静态测量,使用轨检车进行动态检测。水平的允许误差与线路等级有关。

　　轨道实际上存在两种性质不同的钢轨水平偏差,其对行车的危害程度也不相同。一种偏差称为水平差,另一种称为三角坑(或称扭曲),如图 3.7 所示。水平差是指在一段规定的距离内,一股钢轨的顶面始终比另一股高,高差值超过容许偏差值。三角坑是指在一段不太长的距离内,先是左股钢轨高于右股,后是右股高于左股,在立面上出现扭曲,高差值超过容许偏差值,而且两个最大水平误差点之间的距离小于一定值(如不足 18 m),如图 3.8 所示。

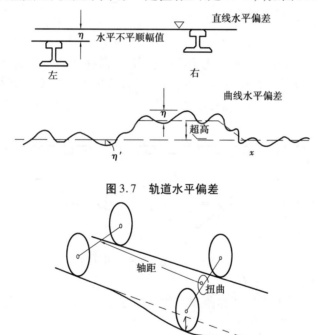

图 3.7　轨道水平偏差

图 3.8　轨道三角坑(扭曲)

　　三角坑将使同一转向架的 4 个车轮中,只有 3 个正常压紧钢轨,另一个形成减载或悬空。如果出现较大的横向力,就可能使悬浮的车轮只能以它的轮缘贴紧钢轨,在最不利的条件下甚至可能爬上钢轨,引起脱轨事故。因此,一旦发现三角坑,必须立即消除。三角坑是轨道管理中一个重要的指标。

　　以往铁路客车车辆的固定轴距为 2.4 m,所以 GJ—4 型轨检车动态检测的三角坑基长为 2.4 m。目前 25 t 客车和 CRH 动车组等主型客车车辆的最小固定轴距为 2.5 m,因此 GJ—5 型轨检车和综合检测列车采用的三角坑检测的基长均为 2.5 m。

【例题3.2】 如图3.9所示为某直线线路两股钢轨水平检查结果,试计算三角坑值。

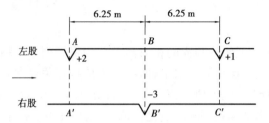

图3.9 三角坑计算图

解:由图可知 AA' 处水平偏差为 $+2$ mm, BB' 水平偏差为 -3 mm, CC' 处水平偏差为 $+1$ mm,则

AA'—BB' 段三角坑值 $=\left|+2-(-3)\right|=5(\text{mm})$

BB'—CC' 段三角坑值 $=\left|-3-(+1)\right|=4(\text{mm})$

AA'—CC' 段三角坑值 $=\left|-2-(-1)\right|=1(\text{mm})$

3.3.3 前后高低

一股钢轨顶面纵向的高低差,叫作线路的前后高低,简称高低。高低反映的是钢轨顶面纵向的平顺情况。轨道的高低应保持设计后的状态,但新铺或经过大修后,即使轨面是平顺的,经过一段时间列车运行后,由于部件破损和线路沉陷等原因轨道也会出现高低不平顺(见图3.10)。

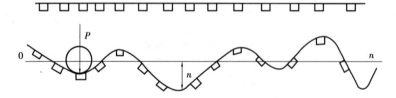

图3.10 (动态)轨道高低不平顺

产生轨道高低不平顺的因素有:

①线路基础沉陷,如路基沉陷或路基填筑的不均匀。

②道床沉陷或密实程度不均匀。

③轨道结构及部件弹性不一致,如扣件松紧、线桥或线隧过渡段、有砟和无砟轨道过渡段。

④轨底与铁垫板或轨枕之间存在间隙(间隙超过2 mm时称为吊板),轨枕底与道砟之间存在空隙(空隙超过2 mm时称为空板或暗坑)。

⑤钢轨表面的不平顺,如波形磨耗、焊缝、轨面剥离或擦伤等。

高低不平顺的产生与轨道结构及部件类型、运营条件及下部基础状态有关。轨道高低不平顺,会引起轮轨间的振动和冲击,产生附加动力。这种动力作用加速了道床变形,进而扩大了不平顺,加剧了轮轨的动力作用,形成恶性循环。

轨道高低可用弦线、轨检小车和轨检车测得。不同的线路类型、检测方式和运营要求对高低偏差的要求标准不同。

3.3.4 轨向

轨向是指轨道中心线在水平面上的平顺性,也称方向。轨道中心线的位置应与其设计位置一致。按照行车的平稳与安全要求,直线应当笔直,曲线应当圆顺。但在机车车辆的作用下,直线轨道并非直线(见图3.11),曲线的圆顺性也出现偏差(见图3.12)。出现许多10~20 m 波长的不平顺,因其曲度很小,偏离中心线不大,故通常不易察觉。若直线不直则必然引起列车过大的横向运动。在行驶高速或快速列车的线路上,线路方向对提速和高速行车的平稳性具有特别重要的影响。相对轨距来说,轨道方向往往是行车平稳性的控制性因素。只要方向偏差保持在容许范围以内,轨距变化对车辆振动的影响就处于从属地位。

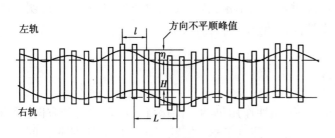

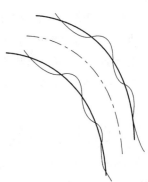

图 3.11 直线轨道方向偏差   图 3.12 曲线轨道方向偏差

无缝线路地段的轨道方向不良,有可能在高温季节引发胀轨跑道事件,严重威胁行车安全。

轨向可用弦线、轨检小车和轨检车测得。不同的线路类型、检测方式和运营要求对轨向偏差的要求标准不同。曲线轨道方向的保持由曲线正矢偏差来控制。

3.3.5 轨底坡

轨底坡是轨底与轨道平面之间形成的横向坡度,如图3.13所示,是轮轨关系中轨道受力计算和轨道部件设计的一项重要参数。轨底坡与轨距、扣件受力均关系密切。

钢轨设置轨底坡的目的是使轮轨接触点集中于轨顶中部,提高钢轨的横向稳定能力,避免或减小钢轨偏载,减轻轨头不均匀磨耗和轨头塑性变形,延长钢轨使用寿命等。

在机车车辆的动力作用下,轨道会发生弹性挤开、轨枕挠曲和弹性压缩、垫板与轨枕不密贴、扣件的扣压力不足等现

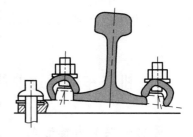

图 3.13 轨底坡

象,实际轨底坡与原设计轨底坡有较大的出入。由于车轮踏面与钢轨顶面主要接触部分是1/20的斜坡,故理论上轨底坡的大小应与轮踏面的斜度匹配,即1:20。另外车轮踏面经过一段时间的磨耗后,原来1:20的斜面也接近1:40的坡度。所以目前我国铁路直线地段的轨底坡统一改为1:40。

由于曲线的超高设置,轨枕处于倾斜状态,当倾斜到一定程度时,内股钢轨中心线将偏离垂

直线而外倾,在车轮荷载作用下,钢轨有倾斜的可能性。因此,在曲线地段应根据外轨超高值加大内轨的轨底坡。表3.3列出了曲线内股钢轨轨底坡的调整值。

表 3.3　曲线内股钢轨轨底坡的调整值

外轨超高(mm)	轨枕面最大斜度	铁垫板或承轨槽面倾斜度		
		0	1/20	1/40
		垫楔形垫板或枕木砍削的坡度		
0 ~ 75	1:20	1:20	0	1:40
80 ~ 125	1:12	1:12	1:30	1:17

根据不同的轨下支承条件,轨底坡一般设置在铁垫板、轨枕或轨道板的承轨槽上等。

轨底坡设置是否正确,可根据运营中钢轨顶面磨成的光带位置来判定。如光带居中,说明轨底坡合适;若光带偏离轨顶中心向内,说明轨底坡不足;若光带偏离轨顶中心向外,说明轨底坡过大;线路养护维修工作中,可根据光带位置调整轨底坡的大小。

3.4　曲线轨道轨距加宽

行驶中的机车车辆进入曲线轨道时,由于惯性作用仍然力图保持其原来的行驶方向,只有受到外轨的导向作用后才会沿曲线轨道行驶。为使机车车辆能顺利通过曲线,并使轮轨间的横向作用力最小,减少轮轨磨耗,在半径很小的曲线轨道上,轨距要适当加宽。加宽轨距,系将曲线轨道内轨向曲线中心方向移动,曲线外轨的位置保持不变。

轨距加宽必须满足一定的条件,并受到一定的限制。在我国的轨道和机车车辆条件下,曲线轨道上能切实保证车轮不掉道的最大轨距可达 1 450 mm,即加宽 15 mm。但是,超过必要的轨距加宽值会使列车通过时作用于钢轨上的横向水平力增加。因此,曲线轨道的轨距加宽必须加以严格控制。

由于列车中车辆占绝大多数,所以确定曲线轨道轨距加宽标准时,应以主要类型的车辆能顺利通过为计算依据。对蒸汽机车和少量特殊型式的车辆,仅在必要时才检算其所需要的轨距。

3.4.1　机车车辆通过曲线轨道的几何条件

1)普通转向架的内接形式

随着轨距大小的不同,机车车辆在曲线上可呈现以下 4 种内接形式:

①斜接:机车车辆车架或转向架的外侧最前位车轮轮缘与外轨作用边接触,内侧最后位车轮轮缘与内轨作用边接触,如图 3.14(a)所示。

②自由内接:车辆转向架的外侧最前位车轮轮缘与外轨作用边接触,其他车轮轮缘与钢轨无接触,且转向架后轴位于曲线半径方向,如图 3.14(b)所示。

③楔形内接:机车车辆车架或转向架的最前位和最后位外侧车轮轮缘同时与外轨作用边接触,内侧中间车轮的轮缘与内轨作用边接触,如图 3.14(c)所示。

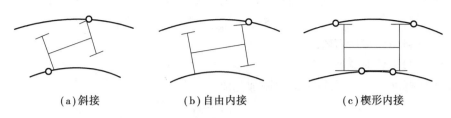

(a)斜接　　　　(b)自由内接　　　　(c)楔形内接

图 3.14　机车车辆通过曲线的内接形式

④正常强制内接:为避免机车车辆以楔形内接形式通过曲线,对楔形内接所需轨距增加 $\delta_{\min}/2$,此时转向架在曲线上所处位置称为正常强制内接。

2)径向转向架的内接形式

径向转向架是为了提高车辆的曲线通过能力而在常规转向架的基础上设计的,广泛应用于城市轨道列车、货车、准高速列车和摆式列车上。图 3.15 中是普通转向架(左侧)和径向转向架(右侧)通过曲线的情况比较,径向转向架的前轴和后轴都向曲线半径方向偏斜而占径向位置,故称为径向转向架。径向转向架通过曲线时的冲角比普通转向架要小,因此减少了轮轨磨耗、轮轨噪声和轮轨横向作用力,改善了曲线上的通过性能,车辆运行平稳。

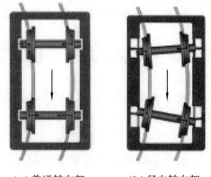

(a)普通转向架　　(b)径向转向架

图 3.15　普通与径向转向架的曲线通过方式

机车车辆通过曲线的内接形式,随着轮轨游间大小而定。应当指出,机车车辆以斜接条件通过曲线轨道时,会引起过大的蛇行运动,而以楔接条件通过曲线轨道时,又会增加列车的行车阻力和钢轨的侧面磨耗,因而都是不可取的。毫无疑问,自由内接是机车车辆通过曲线轨道的最有利方式。但机车和车辆的固定轴距长短不一,不能全部满足自由内接通过。为此,确定轨距加宽必须满足以下原则:

①保证占列车大多数的车辆能以自由内接的形式通过曲线。

②保证固定轴距较长的机车通过曲线时,不出现楔接形式,但允许以正常强制内接形式通过。

③保证车轮不掉道,即最大轨距不超过容许限值。

3.4.2　根据车辆条件确定轨距加宽

我国绝大部分的车辆转向架是两轴转向架,当其以自由内接形式通过半径为 R 的曲线时,前轴外轮轮缘与外轨的作用边 A 点接触,如图 3.16 所示,后轴处于曲线半径方向。若转向架固定轴距为 L,这时图 3.16 中外矢距 $f_0=\dfrac{L^2}{2R}$。

因此,自由内接形式所需最小轨距为:

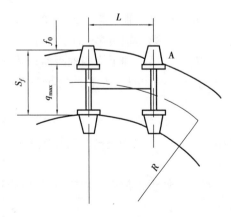

图 3.16　两轴转向架自由内接

$$S_{min} = q_{max} + f_0 \qquad (3.3)$$

式中　S_{min}——自由内接所需轨距；

　　　q_{max}——最大轮对宽度。

以 S_0 表示标准直线轨距,则曲线轨距加宽值 e 应为:

$$e = S_{min} - S_0$$

我国目前一般铁路主型客车"202"型转向架固定轴距 $L = 2.4$ m,最大轮对宽度 $q_{max} = 1\,424$ mm,若通过 $R = 350$ m 的曲线时:

$$f_0 = \frac{L^2}{2R} = \frac{(2.4 \times 1\,000)^2}{2 \times 350 \times 1\,000} = 8.2(mm)$$

$$S_{min} = q_{max} + f_0 = 1\,424 + 8 = 1\,432(mm)$$

标准轨距为 1 435 mm,因此曲线半径为 350 m 及以上的曲线,轨距不需加宽。

3.4.3　根据机车条件检算轨距加宽

由于机车数量与车辆相比少得多,因此允许机车按自由内接所需轨距为小的"正常强制内接"通过曲线。

若车轴没有横动量的四轴机车车架,在曲线轨道中处于楔形内接状态。

如图 3.17 所示,转向架处于楔形内接时的轨距 S_w 为:

$$S_w = q_{max} + f_0 + f_1 \qquad (3.4)$$

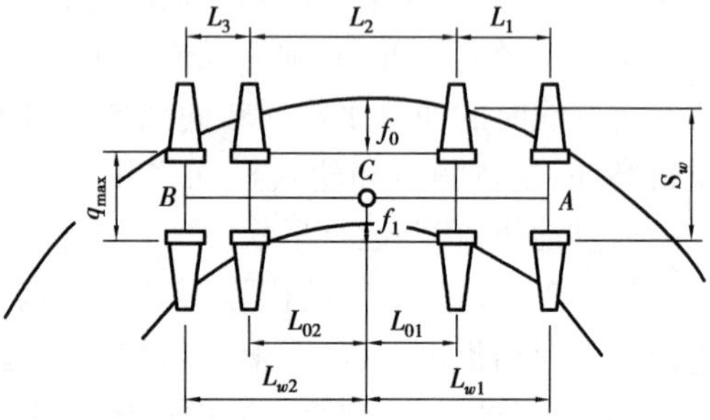

图 3.17　曲线轨距加宽计算

式中　q_{max}——最大轮对宽度;

　　　f_0——前后两端车轴的外轮在外轨处所形成的矢距,其值为:

$$f_0 = \frac{L_{01}^2}{2R}$$

$$L_{01} = \frac{L_1 + L_2 + L_3}{2}$$

式中　L_1——第一轴至第二轴距离;

　　　L_2——第二轴至第三轴距离;

　　　L_3——第三轴至第四轴距离;

　　　f_1——中间两个车轴的内轮在内轨处形成的矢距,其值为:

$$f_1 = \frac{L_{i1}^2}{2R}$$

式中　L_{i1}——第二轴至与车架纵轴垂直的曲线半径之间的距离,可由下式计算:

$$L_{i1} = L_{01} - L_1$$

当机车处于正常强制内接时,正常强制内接轨距 S'_w 为,

$$S'_w = S_w + \frac{1}{2}\delta_{min}$$

即

$$S'_w = q_{max} + f_0 - f_1 + \frac{1}{2}\delta_{min} \tag{3.5}$$

式中　δ_{min}——直线轨道的最小游间。

3.4.4　曲线轨道的最大允许轨距和轨距加宽值

为使机车车辆走行部分不掉道,保障行车安全,曲线轨道的轨距不应过大加宽,即不超过一定限度。在最不利的情况下,当轮对的一个车轮轮缘紧贴一股钢轨时,另一个车轮踏的1:10斜坡段部分,应全部在轨头顶面范围内滚动,如图3.18所示。

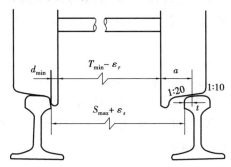

图 3.18　车轮踏面与钢轨的接触示意图

因此,曲线上容许最大轨距 S_{max} 为:

$$S_{max} = d_{min} + T_{min} - \varepsilon_r + \alpha - r - \varepsilon_s \tag{3.6}$$

式中　d_{min}——车辆车轮最小轮缘厚度,其值取 22 mm;

　　　T_{min}——车轮最小轮背内侧距离;

　　　ε_r——车辆车轴弯曲时轮背内侧距离减小量,其值取 2 mm;

　　　α——轮背至轮踏面斜度为 1:20 与 1:10 变坡点的距离,其值取 100 mm;

　　　r——钢轨顶面圆角宽度,其值取 12 mm;

　　　ε_s——钢轨弹性挤开量,其值取 2 mm。

代入式(3.6)得:

$$S_{max} = 22 + 1\,350 - 2 + 100 - 12 - 2 = 1\,456(mm)$$

因速度不高的小半径曲线轨距的容许偏差最大不得超过 6 mm,所以曲线轨道最大容许轨距应为 1 450 mm,即最大允许加宽 15 mm。

《铁路线路修理规则》规定:直线标准轨距为 1 435 mm。曲线轨距按表 3.4 规定的标准在内股加宽。

表 3.4　曲线轨距加宽标准

曲线半径(m)	轨距加宽值(mm)	轨距(mm)
$R \geqslant 350$	0	1 435
$350 > R \geqslant 300$	5	1 440
$R < 300$	15	1 450

目前由于我国铁路建设的快速发展,线路技术标准的不断提高,主要干线线路上半径小于350 m 的曲线已较少,在一些技术标准较低的线路或受地形限制的城市轨道线路,半径小于350 m 的曲线较多,若不采用径向转向架,线路需考虑轨距加宽。

3.4.5 曲线轨距加宽方法及递减率

1)铁路曲线轨距加宽方法

保持外股钢轨的位置与线形不变,内股钢轨向曲线中心内移,以实现其加宽量。在轨距加宽的曲线与标准轨距直线之间,需要有一定的过渡段,使轨距递减均匀,使轨道结构能保持较好的轨向。

2)轨距加宽递减率

《铁路线路修理规则》规定了曲线轨距加宽的递减率,即:

①曲线轨距加宽应在整个缓和曲线内递减,如图 3.19 所示。如无缓和曲线,则在直线上递减,递减率不得大于 1‰,如图 3.20 所示。

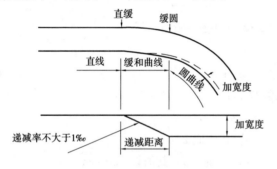

图 3.19 有缓和曲线时的轨距加宽

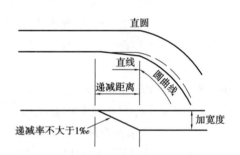

图 3.20 无缓和曲线时的轨距加宽

②复曲线应在正矢递减范围内,从较大轨距加宽向较小轨距加宽均匀递减,如图 3.21 所示。

③两曲线轨距加宽按 1‰ 递减,其终点间的直线长度不应短于 10 m。不足 10 m 时,如直线部分的两轨距加宽相等,则直线部分保留相等的加宽,如图 3.22 所示。如不相等,则直线部分从较大轨距加宽向较小轨距加宽均匀递减。在困难条件下,站线上的轨距加宽可按 2‰ 递减,如图 3.23 所示。

④特殊条件下轨距加宽递减,铁路局可根据具体情况规定,但不得大于 2‰。

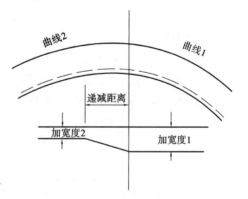

图 3.21 复曲线轨距加宽递减

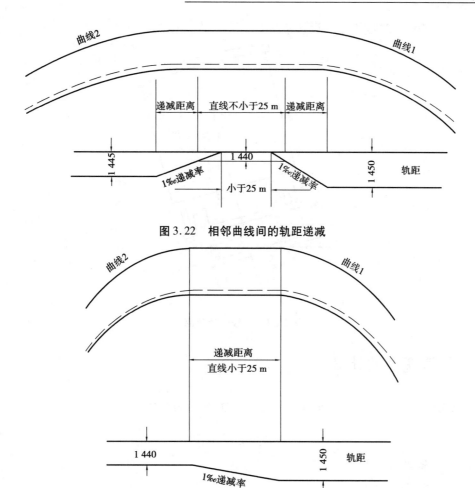

图 3.22　相邻曲线间的轨距递减

图 3.23　相邻曲线间的轨距递减

3.5　曲线轨道外轨超高

3.5.1　外轨超高的设置目的及方法

在直线地段,两股钢轨顶面应位于同一水平。机车车辆在曲线地段行驶时,离心力将机车车辆推向外股钢轨,加大了外轨的压力,导致旅客不适,货物移位等。因此需要在曲线内外轨之间设置适当的高差,即设置外轨超高,以使机车车辆的自身重力产生一个向心的水平分力,以抵消离心惯性力,达到内外两股钢轨受力均匀,满足旅客舒适感,提高线路的稳定性和安全性。外轨超高值 h 即是指曲线外轨顶面与内轨顶面水平高度之差,如图 3.24 所示。

在设置外轨超高时,主要有外轨提高法和线路中心高度不变法两种方法。目前使用较多的是外轨提高法,即保持内轨标高不变而只抬高外轨。线路中心高度不变法是内外轨分别各降低和抬高超高值一半而保证线路中心标高不变的方法,在建筑限界受到限制时才采用,如城市地下无砟轨道的曲线地段。日本在高速铁路上,为了减轻车辆重心的上下变动和避免过长的缓和曲线,采用了线路中心高度不变法设置超高。

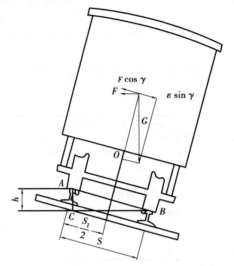

图 3.24 曲线外轨超高

3.5.2 外轨超高的计算

列车以速度 v 沿半径为 R 的圆曲线轨道运行时,离心力为 F

$$F = m \frac{v^2}{R} = \frac{Gv^2}{gR} \tag{3.7}$$

式中 G——车辆重力,kN;

v——行车速度,m/s;

R——曲线半径,m;

g——重力加速度,$g = 9.8$ m/s^2。

为使内外股钢轨所受的垂直压力相等,应使曲线外轨有适当的超高,使离心力与车体重力的合力作用于轨道中心 O 点。若设外轨超高值为 h,则:

$$\sin \gamma = \frac{h}{S_1}, \tan \gamma = \frac{F}{G}$$

式中 S_1——两股钢轨轨头中心间距离,可视作车轮支撑点间距,一般标准轨距取 $S_1 = $ 1 500 mm。

由于超高 h 相对较小,所以 γ 很小,即可认为 $\sin \gamma \approx \tan \gamma$,因此

$$\frac{h}{S_1} = \frac{F}{G} \tag{3.8}$$

$$h = \frac{S_1 F}{G} = \frac{S_1}{G} \cdot \frac{Gv^2}{gR} = \frac{S_1 v^2}{gR} \tag{3.9}$$

将 $S_1 = 1\ 500$ mm,$g = 9.8$ m/s^2 代入式(3.9),将列车速度单位 m/s 换算成习惯使用的 km/h,则超高计算的公式(3.9)变为:

$$h = 11.8 \frac{v^2}{R} \tag{3.10}$$

式中　h——曲线外轨超高值,mm;

　　　v——行车速度,值得注意的是,此处 v 的单位与式(3.7)中的不同,而是 km/h;

　　　R——曲线半径,m。

式(3.10)是按某一速度值 v 和固定曲线半径 R 推导得到的。因为在一定半径的曲线上,通过的列车种类、列车重量和速度各不相同,因此需要的理想超高值是不同的。但实际上,轨道只能设置一个固定的超高值。为了合理设置超高,式(3.10)中的列车速度 v 应当采用各次列车的平均速度 v_0,即:

$$h_0 = 11.8 \frac{v_0^2}{R} \tag{3.11}$$

因此,曲线超高值设置是否合理,在很大程度上取决于平均速度选用是否恰当。对客货混跑线路,根据既有线和新建铁路的不同情况,平均速度 v 按下列方法确定。

①既有线上全面考虑一昼夜每一趟列车的速度和重量来计算 v_0。

由式(3.9)可知,对任一确定的曲线,其外轨超高 h 和两轨头中心线距离 S_1 是确定不变的。但每次通过的各列车的重量和速度是不同的,因而列车作曲线运动时产生的离心力及向心力也是不同的。超高设置应全面考虑不同行驶速度和不同牵引重量的列车对于外轨超高值的不同要求,均衡内外轨的垂直磨耗,因此平均速度 v_0 应取每昼夜通过该曲线列车牵引重量的加权平均速度,即:

$$v_0 = \sqrt{\frac{N_1 G_1 v_1^2 + N_2 G_2 v_2^2 + \cdots + N_n G_n v_n^2}{N_1 G_1 + N_2 G_1 + \cdots + N_n G_n}} = \sqrt{\frac{\sum N_i G_i v_i^2}{\sum N_i G_i}} \tag{3.12}$$

式中　N_i——一昼夜通过的各类速度和牵引重量均相同的列车次数,列;

　　　G_i——各类列车重量,kN;

　　　v_i——实测各类列车速度,km/h。

式(3.12)中列车重量 G 对 v_0 影响较大,由此计算所得的平均速度适用客货混运线路,因此,我国《铁路线路修理规则》规定,在确定曲线外轨超高时,平均速度按式(3.12)计算。值得注意的是,允许速度大于 120 km/h 的线路轨道按旅客的舒适条件进行检算和调整超高值。

在实际现场使用时,按计算值设置超高以后,还应根据运营条件的变化、轨道沉陷和钢轨磨耗等情况及时适当调整外轨超高。

②在新线设计与施工时,由于无法明确具体的列车速度和质量,无法按式(3.12)确定平均速度 v_0,v_0 取预计该地段最高运行速度的 0.8 倍。代入式(3.11)得:

$$h_0 = 11.8 \frac{v_0^2}{R} = 11.8 \frac{(0.8 v_{max})^2}{R} = 7.6 \frac{v_{max}^2}{R} \tag{3.13}$$

式中　v_{max}——预计该地段最大行车速度,km/h。

为便于养护维修管理和施工设置方便,圆曲线外轨实际设置的超高按 5 mm 整倍数取值。

【例题 3.3】　某单线区间曲线半径为 800 m,线路容许速度为 100 km/h,行车速度如下:

(1)特快旅客列车 2 对 4 列,每列质量(含牵引质量与机车质量,以下同)800 t,速度分别为 95,94,88,85 km/h;

(2)直快旅客列车 2 对 4 列,每列质量 900 t,速度分别为 90,89,86,83 km/h;

(3)普通旅客列车 1 对 2 列,每列质量 700 t,速度分别为 73,69 km/h;

(4)直达货物列车 13 列,每列质量 3 300 t,速度分别为 69,68,64,63,70,67,65,63,61,60,

58,57 km/h;

(5)区段货物列车 5 列,每列质量 2 200 t,速度分别为 72,67,70,69,56 km/h;

(6)排空货物列车 6 列,每列质量 1 100 t,速度分别为 73,67,71,66,68,69 km/h。

求:(1)平均速度;

(2)计算超高;

(3)曲线超高检算。

解:(1)平均速度

①特快旅客列车:

$$N_1 P_1 v_1^2 = (95^2 + 94^2 + 88^2 + 85^2) \times 800 = 2\ 626\ 400$$

$$N_1 P_1 = 4 \times 800 = 3\ 200$$

②直快旅客列车:

$$N_2 P_2 v_2^2 = (90^2 + 89^2 + 86^2 + 83^2) \times 900 = 27\ 275\ 400$$

$$N_2 P_2 = 4 \times 900 = 3\ 600$$

③普通旅客列车:

$$N_3 P_3 v_3^2 = (73^2 + 69^2) \times 700 = 7\ 063\ 000$$

$$N_3 P_3 = 2 \times 700 = 1\ 400$$

④直达货物列车:

$$N_4 P_4 v_4^2 = (69^2 + 68^2 + 64^2 + 63^2 + 70^2 + 67^2 + 65^2 + 63^2 + 61^2 + 60^2 + 58^2 + 57^2) \times 3\ 300$$
$$= 175\ 533\ 600$$

$$N_4 P_4 = 13 \times 3\ 300 = 42\ 900$$

⑤区段货物列车:

$$N_5 P_5 v_5^2 = (72^2 + 67^2 + 70^2 + 69^2 + 56^2) \times 2\ 200 = 19\ 434\ 000$$

$$N_5 P_5 = 2 \times 2\ 200 = 11\ 000$$

⑥排空货物列车:

$$N_6 P_6 v_6^2 = (73^2 + 67^2 + 71^2 + 66^2 + 68^2 + 69^2) \times 1\ 100 = 31\ 460\ 000$$

$$N_5 P_5 = 2 \times 2\ 200 = 11\ 000$$

各类列车平均速度:

$$v_0 = \sqrt{\frac{N_1 P_1 v_1^2 + N_2 P_2 v_2^2 + N_3 P_3 v_3^2 + N_4 P_4 v_4^2 + N_5 P_5 v_5^2 + N_6 P_6 v_6^2}{N_1 P_1 + N_2 P_2 + N_3 P_3 + N_4 P_4 + N_5 P_5 + N_6 P_6}}$$

$$= \sqrt{\frac{26\ 264\ 000 + 27\ 275\ 400 + 7\ 063\ 000 + 175\ 533\ 600 + 49\ 434\ 000 + 31\ 460\ 000}{3\ 200 + 3\ 600 + 1\ 400 + 42\ 900 + 11\ 000 + 6\ 600}}$$

$$= \sqrt{\frac{317\ 030\ 000}{68\ 700}} = 67.9\ (\text{km/h})$$

货物列车平均速度:

$$v = \sqrt{\frac{N_4 P_4 v_4^2 + N_5 P_5 v_5^2 + N_6 P_6 v_6^2}{N_4 P_4 + N_5 P_5 + N_6 P_6}} = \sqrt{\frac{175\ 533\ 600 + 49\ 434\ 000 + 31\ 460\ 000}{42\ 900 + 11\ 000 + 6\ 600}}$$

$$= 65\ (\text{km/h})$$

（2）计算超高

$$h = 11.8\frac{v_0^2}{R} = 11.8\frac{67.9^2}{800} = 68 \text{ mm}$$

为便于管理超高按 5 mm 倍数设置，此曲线可设置超高为 70 mm（或 65 mm）。

（3）曲线超高检算

未被平衡的欠超高为 $h_c = 11.8\frac{v_{\max}^2}{R} - h = 11.8 \times \frac{100^2}{800} - 70 = 77.5 \text{ mm} > 75 \text{ mm}$

未被平衡的过超高为 $h_g = h - 11.8\frac{v^2}{R} = 70 - 11.8 \times \frac{65^2}{800} = 7.7 \text{ mm} < 50 \text{ mm}$

因欠超高 $h_c > 75$ mm，可将拟设置的超高调为 75 mm，重新检算欠、过超高如下：

$$h_c = 11.8 \times \frac{100^2}{800} - 75 = 72.5(\text{mm}) < 75 \text{ mm}$$

$$h_g = 75 - 11.8 \times \frac{65^2}{800} = 12.7(\text{mm}) < 50 \text{ mm}$$

根据检算结果，该曲线超高按 75 mm 设置。

3.5.3 未被平衡的加速度

由于曲线实设超高 h_s 是由平均速度 v_0 按式（3.11）计算，并取 5 mm 整数倍确定的。曲线实设超高 h_s 一旦设置，即为固定值，而通过曲线的各种列车速度是不相同的，不可能使所有列车产生的离心力完全得到平衡，因此车体承受一部分未被平衡的离心力，车内有质量人或物体都受到未被平衡的离心力的作用，该作用力的大小应该受到限制。

当一列车以速度 v 通过曲线时，产生的离心加速度为：

$$\alpha = \frac{v^2}{R} \tag{3.14}$$

该列车要求设置的超高为 h（按式（3.9）计算），而实际设置的超高为 h_s。若要求设置超高 h 与 h_s 不等，则 h 与 h_s 的差值 Δh 称为未被平衡的超高，即：

$$\Delta h = h - h_s = \frac{S_1 v^2}{gR} - h_s \tag{3.15}$$

式中 Δh——未被平衡的超高，为欠超高，mm。

当 $h > h_s$ 时，Δh 是由于实设超高不足造成的，称为欠超高；当 $h < h_s$ 时，Δh 是由于实设超高过大造成的，称为过超高或余超高。

若曲线实设超高为 h_s，可平衡掉的离心加速度为 $g\frac{h_s}{S_1}$，因此未被平衡的离心加速度为：

$$\alpha = \frac{v^2}{R} - g\frac{h_s}{S_1} \tag{3.16}$$

式中 α——未被平衡的离心加速度，m/s^2。

若存在未被平衡的超高，则必然存在未被平衡的离心加速度。当 $h > h_s$ 时，

$$\Delta h = h - h_s = \frac{s_1}{g}\alpha = \frac{1\,500}{9.8}\alpha = 153\alpha \tag{3.17}$$

同理,当时 $h < h_s$ 时,

$$\Delta h = h - h_s = 153(- \alpha) \tag{3.18}$$

式中　α——未被平衡的向心加速度,m/s^2。

由于欠(过)超高是标量,而加速度是矢量,不论加速度的符号是正(离心)还是负(向心),对旅客乘车的舒适度的影响是一样的,为了能统一表达欠超高、过超高与未被平衡的加速度的关系,将式(3.17)、式(3.18)算出的未被平衡的加速度取绝对值,即:

$$\Delta h = 153|\alpha| \tag{3.19}$$

式(3.19)中说明 153 mm 的超高,与列车通过曲线时产生的 1 m/s^2 的离心加速度相平衡。

允许未被平衡的加速度或未被平衡的超高值的确定,要考虑轨道承受内轨或外轨产生偏载的能力,轨道部件的状态,轨道平顺性,机车及走行部分的类型、内外轨不均匀磨耗,曲线内侧风力使车辆向外倾斜的安全性,养护维修的方便性以及旅客乘车的舒适度等因素。因此必须对未被平衡的加速度进行限制,进而对未被平衡的超高进行限制。未被平衡的超高应当满足下式:

$$\Delta h \leq 153[\alpha] \tag{3.20}$$

式中　Δh——未被平衡的超高,mm;

　　$[\alpha]$——未被平衡的加速度的容许值,m/s^2。

根据试验数据,未被平衡的离心加速度与旅客乘车舒适度(广义是指旅客在生理和心理上感知的舒适程度)之间的关系如表 3.5 所示。

表 3.5　未被平衡的欠超高及未被平衡的离心加速度与旅客乘车舒适度的关系

未被平衡的欠超高（mm）	$\alpha(m/s^2)$	多数旅客的舒适程度
60	0.40	基本感觉不出来,意识不到在曲线上运行
75	0.50	有感觉,能适应
90	0.60	感觉有横向力,比较容易克服
110	0.73	明显感觉有横向力,但尚能克服
130	0.87	感觉有较大横向力,需有意识保持平衡,行走有困难
150	1.00	感觉有很大横向力,站立不稳,不能行走

根据我国铁路实践经验,未被平衡的离心加速度的容许值为 0.4 ~ 0.5 m/s^2,困难情况下为 0.6 m/s^2。

我国《铁路线路修理规则》采用未被平衡的超高值来表示未被平衡离心加速度的限值。将未被平衡离心加速度的容许值$[\alpha]$代入式($\Delta h \leq 153[\alpha]$)得到相应的未被平衡的超高度容许值$[\Delta h]$如下:

$[\alpha] = 0.5 m/s^2$ 时,$\Delta h = 76$ mm,取 $[\Delta h] = 75$ mm;

$[\alpha] = 0.6 m/s^2$ 时,$\Delta h = 92$ mm,取 $[\Delta h] = 90$ mm。

我国《铁路线路修理规则》规定:未被平衡欠超高,一般不应大于 75 mm,即要求未被平衡的离心加速度不大于 0.5 m/s^2;困难情况下不应大于 90 mm,即要求未被平衡的离心加速度不大于 0.6 m/s^2。但允许速度大于 120 km/h 线路个别特殊情况下已设置的 90 ~ 110 mm 的欠超高可暂时保留,但应逐步改造。

过超高使列车向内曲线内侧倾斜,其危险性尤甚于欠超高,应小于欠超高。因此规定:未被平衡过超高不应大于 30 mm,困难情况下不应大于 50 mm,允许速度大于 160 km/h 线路的个别特殊情况下不应大于 70 mm。实设超高在满足上述条件下,货物列车较多时,宜减小过超高,旅客列车较多时宜减小欠超高。

《既有线提速 200~250 km/h 线桥设备维修规则》对客货列车共线的规定与上述相同。但对于客货分线的客运列车,未被平衡欠超高和过超高都不应大于 40 mm,困难情况下也都不应大于 80 mm。

3.5.4 外轨最大超高的容许值

低速列车行驶于超高很大的曲线轨道时,存在颠覆的危险性。为了保证行车安全,必须限制外轨超高的最大值。

如图 3.25 所示,按行车速度为 v 设置的曲线外轨最大超高值为 h_{max},列车以速度 v 运行产生的惯性离心力为 F,车辆的重力为 G,F 与 G 的合力为 R,它通过轨道中心点 O。当某一列车以 $v_1 < v$ 的速度通过该曲线时,相应的离心力为 F_1,F_1 与 G 的合力为 R_1,其与轨面连线的交点为 O_1,偏离轨道中心距离为 e。要保证车辆的稳定性,就需保证在最不利条件下合力 R_1 的作用线不会落在车轮支承点(B)之外,即偏心距 e 应小于轨道中心距之半,即 $e < S_1/2$,S_1 为两股钢轨轨头中心距,可视作车轮支承点间距离。

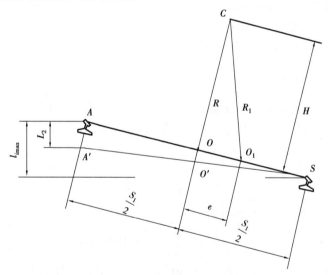

图 3.25 外轨最大超高分析图

偏心距 e 的大小直接影响车辆行驶的稳定程度,随着 e 值的增大,车辆在曲线运行的稳定性降低,其稳定程度可采用稳定系数 n 来表示:

$$n = \frac{\frac{S_1}{2}}{e} = \frac{S_1}{2e} \tag{3.21}$$

当 $e = 0$ 时,$n = \infty$,车辆处于绝对稳定状态;

当 $e = \frac{S_1}{2}$ 时,$n = 1$,车辆处于临界稳定状态;

当 $e > \dfrac{S_1}{2}$ 时, $n < 1$,车辆丧失稳定而倾覆;

当 $e < \dfrac{S_1}{2}$ 时, $n > 1$,车辆处于稳定状态。

为保证列车行驶的稳定性,应保证 $e < \dfrac{S_1}{2}$。若列车在曲线上以低速运行,超高设置过大,会使偏心距 e 增大,列车重量集中在曲线内轨上,使内股钢轨磨耗加剧,甚至轨头压塌。若列车在曲线上停车,车体向内倾斜较大,易滚易滑的货物可能产生位移,甚至造成列车倾覆。

由以上分析可知, e 值与未被平衡的外轨超高 Δh 存在一定的关系。由图 3.25 可得过超高 $\triangle BAA'$ 与 $\triangle COO_1$ 有以下近似关系:

$$\frac{OO_1}{OC} = \frac{AA'}{S_1}$$

设车辆重心到轨面的高度为 H,则上式可变换为:

$$e = \frac{H}{S_1}\Delta h \qquad (3.22)$$

式中 e——车体所受合力偏心距,mm;

       H——车体重心至轨顶面高,一般可取货车 2 220 mm,客车 2 057.5 mm;

       Δh——未被平衡超高值,mm;

       S_1——两轨头中心线距离,mm。

将式(3.20)代入式(3.21),得稳定系数,即:

$$n = \frac{S_1^2}{2H \cdot \Delta h} \qquad (3.23)$$

根据铁路运营经验,为保证行车安全, n 值不应小于 3。当列车在曲线上停车时,其外轨超高全是余超高,在这种情况下应使稳定系数 $n \geqslant 3$,求得容许的余超高,即是容许设置的最大超高,由式(3.21)得:

$$h_{\max} = \Delta h = \frac{S_1^2}{2Hn} \qquad (3.24)$$

将 $n = 3$, $S_1 = 1\ 500$ mm, $H = 2\ 220$ mm 代入式(3.24),得:

$$h_{\max} = \frac{1\ 500^2}{2 \times 3 \times 2\ 220} = 169\,(\mathrm{mm})$$

我国铁路设计规范规定,最大超高度为 150 mm。考虑到内外轨高差除超高外,一般线路还有 4 mm 的允许水平偏差,余超高 Δh 可达 154 mm,在此情况下检算其稳定性:

$$n = \frac{S_1^2}{2H \cdot \Delta h} = \frac{1\ 500^2}{2 \times 2\ 220 \times 154} = 3.3$$

计算得到的稳定系数 $n \geqslant 3$,满足稳定性要求。

《铁路线路修理规则》规定,实设最大超高,在单线上不得大于 125 mm。在双线上不得大于 150 mm,《既有线提速 200 ~ 250 km/h 线桥设备维修规则》也规定客货共线实设最大超高不得大于 150 mm,客货分线的客运线路实设最大超高不得大于 180 mm。

考虑到一定的安全储备,世界各国实设最大超高值一般都小于 200 mm,如日本新干线最大超高为 180 mm,东海道新干线为 200 mm,德国 ICE 线和法国 TGV 线为 180 mm。

3.5.5　曲线轨道上的超高限速

在实设超高固定和未被平衡的容许超高值$[\Delta h]$受限制的情况下,通过该曲线的列车最高速度必定受到限制,即:

$$h_s + [\Delta h] = 11.8 \frac{v_{max}}{R} \tag{3.25}$$

因此,曲线最高行车速度v_{max}应为:

$$v_{max} = \sqrt{\frac{h_s + [\Delta h]}{11.8} R} \tag{3.26}$$

式中　v_{max}——曲线最高行车速度,km/h;

　　　h_s——按平均速度v_0计算并取整的曲线实设超高值,mm;

　　　$[\Delta h]$——未被平衡的容许欠超高,mm;

　　　R——曲线半径,m。

同样,曲线上的最低行车速度也受到限制,即:

$$h_s - [\Delta h]' = 11.8 \frac{v_{min}^2}{R} \tag{3.27}$$

因此,曲线最低行车速度v_{min}应为:

$$v_{min} = \sqrt{\frac{h_s - [\Delta h]'}{11.8} R} \tag{3.28}$$

式中　v_{min}——最低行车速度,km/h;

　　　h_s——按平均速度v_0计算并取整的曲线实设超高值,mm;

　　　$[\Delta h]'$——未被平衡的容许过超高,mm;

　　　R——曲线半径,m。

3.6　缓和曲线

3.6.1　缓和曲线的作用及其几何特征

在直线与圆曲线轨道之间设置一段曲率半径逐渐变化的曲线,称为缓和曲线。曲线轨道会出现一些与直线轨道显著不同的特征,如曲线运行的离心力,外轨超高或轨距加宽等。设置缓和曲线的目的是使未被平衡的离心力平稳变化,超高和轨距加宽逐渐变化,保持列车曲线运行的平稳性。当缓和曲线连接设有轨距加宽和外轨超高的圆曲线时,缓和曲线的轨距和超高是呈线性变化的。

缓和曲线具有以下几何特征:

①缓和曲线连接直线和半径为R的圆曲线,其曲率由$0 \sim 1/R$逐渐变化。

②缓和曲线的外轨超高,由直线上的零值逐渐增至圆曲线的超高度,与圆曲线超高相连接。

③缓和曲线连接半径小于350 m的圆曲线时,在整个缓和曲线长度内,轨距加宽呈线性递

增,由零至圆曲线加宽值。

因此,缓和曲线是一条曲率和超高均逐渐变化的三维空间曲线。

3.6.2 常用缓和曲线

常用缓和曲线的外轨超高顺坡为直线顺坡,在缓和曲线的始终点,超高和曲率的变化在理论上是不连续的,因而作用在车体上的力有突变。

常用缓和曲线的基本方程必须满足的条件为:

在 ZH 点缓和曲线长 $l=0$ 时,曲率 $K=0$;

在 HY 点,缓和曲线长 $l=l_0=X_0$,曲率 $K=\dfrac{1}{R}$。

由超高与曲率的线性关系可知,满足以上条件的基本方程应为:

$$K = K_0 \frac{l}{l_0} = \frac{l}{c} \qquad (3.29)$$

或

$$l_0 R = l\rho = c \qquad (3.30)$$

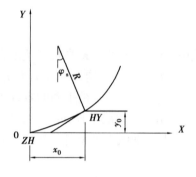

图 3.26　常用缓和曲线坐标图

式中　K——缓和曲线上任意一点的曲率,等于 $1/\rho$;

　　　ρ——缓和曲线上任意一点的曲率半径;

　　　l——缓和曲线上某一点离 ZH 点(或 HZ 点)的距离;

　　　K_0——缓和曲线终点 HY 点(或 YH 点)的曲率,等于 $1/R$;

　　　l_0——缓和曲线长度;

　　　c——常用缓和曲线的特征常数,$c = Rl_0$。

由式(3.29)可见,缓和曲线长度 l 与其曲率 K 成正比。符合这一条件的曲线称为放射螺旋线。

下面推导缓和曲线方程,设缓和曲线上任一点处的缓和曲线长 l,偏角为 φ,曲率半径为 ρ。

$$d\varphi = \frac{dl}{\rho} = Kdl = \frac{l}{Rl_0}dl \qquad (3.31)$$

$$dx = dl\cos\varphi; dy = dl\sin\varphi \qquad (3.32)$$

缓和曲线的偏角 φ 为:

$$\varphi = \int_0^1 d\varphi = \int_0^1 \frac{l}{Rl_0}dl = \frac{l^2}{2Rl_0} = \frac{l^2}{2C} \qquad (3.33)$$

在缓和曲线终点处,$l=l_0$,缓和曲线偏角为:

$$\varphi_0 = \frac{l_0^2}{2Rl_0} = \frac{l_0}{2R} \qquad (3.34)$$

在缓和曲线长度范围内,偏角 φ 较小,可近似认为 $\sin\varphi \approx \varphi$,

$$\cos\varphi = 1 - 2\sin\frac{\varphi}{2} \approx 1 - 2\left(\frac{\varphi}{2}\right)^2 = 1 - \frac{\varphi^2}{2}$$

代入式(3.32),得:

$$\begin{cases} dx = \left(1 - \dfrac{\varphi^2}{2}\right)dl = \left(1 - \dfrac{l^4}{8C^2}\right)dl \\[3mm] dy = \varphi dl = \dfrac{l^2}{2C}dl \end{cases} \tag{3.35}$$

将式(3.35)从缓和曲线$0 \sim l_0$积分得：

$$\begin{cases} x = \displaystyle\int_0^1 \left(1 - \dfrac{l^4}{8C^2}\right)dl = l - \dfrac{l^5}{40C^2} \\[3mm] y = \displaystyle\int_0^1 \dfrac{l^2}{2C}dl = \dfrac{l^3}{6C} \end{cases} \tag{3.36}$$

式(3.36)就是我国铁路常用的缓和曲线方程——放射螺旋线方程。消去式(3.36)的参变量l,则得：

$$y = \frac{x^3}{6C}\left(1 + \frac{2x^4}{35C^2} + \cdots\right) \approx \frac{x^3}{6C} = \frac{x^3}{6Rl_0} \tag{3.37}$$

式(3.37)是放射螺旋线的近似直角坐标方程式,称为三次抛物线。

曲线半径较大,缓和曲线较短时,放射螺旋线与三次抛物线接近重合,可用三次抛物线作为放射螺旋线的近似式。而在曲线半径较小,缓和曲线较长时,采用三次抛物线作为近似式尚存在较大偏差。

3.6.3　缓和曲线的长度

缓和曲线长度的确定受许多因素影响,其中最主要的是保证行车安全和行车平稳两个条件。

①缓和曲线要保证行车安全,使车轮不致脱轨。机车车辆行驶在缓和曲线上,若不计轨道弹性和车辆弹簧作用,则车架一端的两轮贴着钢轨顶面;另一端的两轮,在外轨上的车轮贴着钢轨顶面,而在内轨上的车轮是悬空的。为保证安全,应使车轮轮缘不爬越内轨顶面。设外轨超高顺坡坡度为i,最大固定轴距为L_{max},则车轮离开内轨顶面的高度为iL_{max}。当悬空高度大于轮缘最小高度K_{min}时,车轮就有脱轨的危险。因此,

$$i_0 L_{max} \leqslant K_{min}$$
$$i_0 \leqslant \frac{K_{min}}{L_{max}} \tag{3.38}$$

式中　i_0——外轨超高顺坡坡度。

缓和曲线长度l_0应为：

$$l_0 \geqslant \frac{h_0}{i_0} \tag{3.39}$$

式中　h_0——圆曲线超高。

对外轨超高顺坡为曲线形的缓和曲线,曲线形顺坡的坡度由下式计算：

$$i = \frac{dh}{dl} = \frac{S_1 v_\rho^2}{g}\frac{dK}{dl} \tag{3.40}$$

当$\dfrac{di}{dl} = 0$,即$\dfrac{d^2K}{dl^2} = 0$时,i有极值。对曲线顺坡缓和曲线来说,这个极值均出现在缓和曲线

的中点,即 $l = \dfrac{l_0}{2}$ 处。

《铁路线路修理规则》规定:曲线超高应在整个缓和曲线内顺完,顺坡坡度一般应不大于 $1/(9v_{max})$;困难条件下不得大于 $1/(7v_{max})$。当 $1/(7v_{max})$ 大于 2‰时,按 2‰设置。

②缓和曲线长度要保证外轮的升高(或降低)速度不超过限值,以满足旅客舒适度要求。

车轮在外轨上的升高速度(又称作超高时变率)f(单位:mm/s)由下式计算:

$$f = \frac{hv_{max}}{l_0}$$

式中 h——圆曲线外轨超高,mm;

  v_{max}——通过曲线的最高行车速度,m/s;

  l_0——缓和曲线长度,相当于直线形顺坡缓和长度,m。

为保证旅客舒适度的要求,则缓和曲线长度为:

$$l_0 \geqslant \frac{h}{f} v_{max}$$

或者

$$l_0 \geqslant \frac{h}{3.6f} v_{max} \tag{3.41}$$

式中 v_{max}——通过曲线的最高行车速度,km/h;

我国根据长期运营实践,f 值在一般情况下采用 32 mm/s;困难地段用 40 mm/s。

运营铁路以实际最高行车速度及实设超高为计算标准。一般地段 $f = 28$ mm/s,特别困难地段 $f = 40$ mm/s。则在一般地段应取 $l_0 \geqslant \dfrac{h}{100} v_{max}$,特殊困难地段应取 $l_0 \geqslant \dfrac{h}{144} v_{max}$。

计算结果取两项要求中的最大值,并取为 10 m 的整倍数。两缓和曲线间的圆曲线长度不应短于 20 m。

③高速铁路的缓和曲线长度。

高速铁路缓和曲线长度主要决定于舒适度所确定的超高时变率 f 及欠超高时变率 β 的限值。

$$l_1 \geqslant \frac{h}{3.6f} v_{max} \tag{3.42}$$

$$l_2 \geqslant \frac{h}{3.6\beta} v_{max} \tag{3.43}$$

日本东海道新干线采用半波正弦形缓和曲线,$f = 34 \sim 53$ mm/s。法国 TGV 线采用三次抛物线改善形缓和曲线,设计速度目标为 300 km/h 时,$f = 25 \sim 56$ mm/s;设计速度目标为 350 km/h 时,$f = 29 \sim 50$ mm/s。德国 ICE 线采用直线超高型抛物线改善形缓和曲线,设计速度目标为 250 km/h 时,$f = 28$ mm/s;设计速度目标为 350 km/h 时,$f = 23$ mm/s。

考虑到拟建的高速铁路应有较高的旅客舒适性水平,故超过时变率允许值在一般地段 $f = 25$ mm/s,特别困难地段 $f = 31$ mm/s。欠超高时变率允许值在一般地段 $\beta = 23$ mm/s,特别困难地段 $\beta = 38$ mm/s。

根据列车的运行速度、曲线半径和可能的设置超高,将 f,β 值代入公式(3.42)、式(3.43)计算,并取上述两计算结果的大值,分别得到不同曲线半径的缓和曲线的"推荐长度""最小长度"和"个别最小长度"。

【例题3.4】 某曲线超高为110 mm,最高行车速度为80 km/h。求该曲线缓和曲线应设的长度是多少?

解:根据公式得:

$L_{缓} = 9 \times h \times v_{最高} = 9 \times 0.11 \times 80 = 79.2(\text{m})$,取80 m(取10 m倍数)

【例题3.5】 某一特别困难曲线地段,超高为120 mm,最高行车速度为80 km/h,求该曲线的缓和曲线长度。

解:根据公式得:

$L_{缓} = 7 \times h \times v_{最高} = 7 \times 0.12 \times 80 = 67.2(\text{m})$,取70 m

3.7 曲线整正

曲线轨道在列车的动力作用下,变形不断积累,易出现方向错乱。为确保行车平稳和安全,需对曲线方向定期检查,目的在于整正,使被打乱了的曲线整正后,曲线的圆顺度符合规定的要求。

曲线整正计算的方法较多,主要采用的为偏角法和绳正法两种。偏角法通常在线路大修和平面设计时采用,而绳正法则常在日常维修的曲线整正拨道计算中采用。两种方法均应用渐伸线原理,计算现有曲线各点和设计曲线各对应点的渐伸线长度,依渐伸线长度差计算拨量。但偏角法和绳正法中渐伸线长度的计算方法有所不同。

3.7.1 渐伸线原理

渐伸线的几何意义:曲线 AB 表示轨道中线,设有一柔软且无伸缩性的细线紧贴在曲线 AB 上,A 端固定,另一端 B 沿轨道中线的切线方向拉离原位,拉开的直线始终与曲线 AB 相切,则 B 点的移动轨迹 $B_1, B_2, \cdots, B'$ 就是 B 点相对于曲线 AB 的渐伸线。BB' 弧长就是 B 点相对于切线 AB' 的渐伸线长,如图3.27所示。

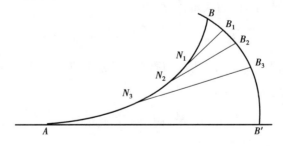

图3.27 曲线的渐近线

注:现场采值一般取曲线中部数值大致相同的现场正矢。

①圆曲线分段数 M:

$$M = \frac{\text{现场正矢合计}}{\text{圆曲线平均正矢}} = \frac{\sum f_i}{f_p}$$

②圆曲线长度(f_y)：

$$L_y = M \times 10 \text{ m}$$

③圆曲线头尾位置(ZY, YZ)：

$$ZY = QZ - \frac{M}{2}$$

$$YZ = QZ + \frac{M}{2}$$

④缓和曲线的分段数 m：

$$m = \frac{\text{缓和曲线长度}}{10} = \frac{L_h}{10}$$

式中　L_h——缓和曲线长度，m；

　　　H——曲线超高值，mm；

　　　$v_{\max}$——线路容许速度，km/h。

如果不知缓和曲线长度，可根据公式 $L_h = 9Hv_{\max}$，或困难条件下 $L_h = 7Hv_{\max}$，先求缓和曲线长度。

计算结果取 10 m 的整倍数。

①缓和曲线始终点位置(ZH, HY, YH, HZ)：

在圆曲线上加设缓和曲线，是将缓和曲线长度的一半放在圆曲线上，另一半放在直线上。也就是说，圆曲线的直圆点(ZY)和圆直点(YZ)分别是两个缓和曲线的中央点。

$$ZH = 直圆点 - \frac{\text{缓和曲线分段数}}{2} = ZY - \frac{m}{2}$$

$$HY = 直圆点 + \frac{\text{缓和曲线分段数}}{2} = ZY + \frac{m}{2}$$

$$YH = 直圆点 - \frac{\text{缓和曲线分段数}}{2} = YZ - \frac{m}{2}$$

$$HZ = 直圆点 + \frac{\text{缓和曲线分段数}}{2} = YZ + \frac{m}{2}$$

②无缓和曲线时，整桩上，圆曲线始、终点正矢：

$$f_{HY(YH)} = \frac{\text{圆曲线平均正矢}}{2} = \frac{f_p}{2}$$

③从图 3.28 中可以看出，第 1,2 测点和第 5,6 测点分别与直圆、圆直点相邻，正矢 f_1 和 f_6、f_2 和 f_5 可按下式计算：

$$f_1(或 f_6) = \frac{乙^2}{2} \times f_p$$

$$f_2(或 f_5) = \left(1 - \frac{甲^2}{2}\right) \times f_p$$

式中　甲——圆曲线始(终)点至直线上相邻测点的距离；

　　　乙——圆曲线始(终)点至圆曲线上相邻测点的距离。

④有缓和曲线，其始、终点(ZH, HY, YH, HZ)在测点上的正矢计算：

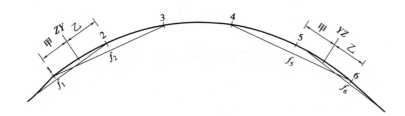

图 3.28　无缓和曲线时曲线整正示意图

a. 始点正矢

$$f_{HY}(\text{或} f_{YH}) = \frac{1}{6} \times f_d$$

b. 终点正矢

$$f_{HY}(\text{或} f_{YH}) = f_p - \frac{1}{6} \times f_d$$

$$f_d = \frac{\text{圆曲线平均正矢}}{\text{缓和曲线分段数}} = \frac{f_p}{m}$$

⑤有缓和曲线,但始、终点不在测点上的正矢。

从图 3.29 中看出,测点 2,3 与直缓点(ZH)相邻,测点 5,6 与缓圆点(HY)相邻。其正矢为

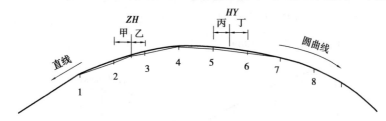

图 3.29　有缓和曲线时曲线整正示意图

$$f_3 = \frac{\text{乙}^3}{6} \times f_d$$

$$f_3 = \left(\frac{\text{甲}^3}{6} + \text{乙}\right) \times f_d$$

$$f_5 = f_p - \left(\frac{\text{丁}^3}{6} + \text{丙}\right) \times f_d$$

$$f_6 = f_p - \frac{\text{丙}^3}{6} \times f_d$$

【例题 3.6】　已知某曲线半径为 800 m,曲线长 279.79 m,缓和曲线长 70 m,实测正矢合计 1 321 mm,现场正矢倒累计合计为 19 811 mm,试计算各主要桩点位置、圆曲线长度及缓和曲线个点计划正矢(具体见图 3.30 至图 3.32)。

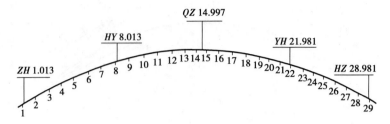

图 3.30　曲线主要桩点位置

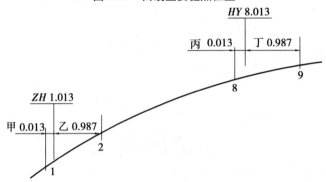

图 3.31　缓和曲线始终点 ZH、HY 位置

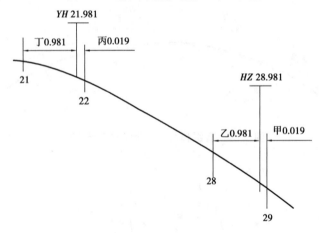

图 3.32　缓和曲线始终点 YH、HZ 位置

解：

（1）曲中点（QZ）：

$$QZ = \frac{现场正矢倒累计合计}{现场正矢合计} = \frac{19\,811}{1\,321} = 14.977(\text{m})$$

（计算结果表示曲中点在测点 14，15 之间，距测点 14 为 9.97 m，距测点 15 为 0.03 m。如起点编号为"0"，在计算正矢时，桩号作为纵距应减去 1）

（2）圆曲线平均正矢：

$$f_p = \frac{50\,000}{R} = \frac{50\,000}{800} = 62.5(\text{mm})，取 63\ \text{mm}$$

（3）圆曲线分段数 M：

$$M = \frac{现场正矢合计}{圆曲线平均正矢} = \frac{1\ 321}{63} = 20.968(m)$$

(4)圆曲线长度:

$$L_y = M \times 10 = 20.968 \times 10 = 209.68\ m$$

(5)圆曲线头尾位置:

$$ZY = QZ - \frac{M}{2} = 14.997 - \frac{20.968}{2} = 4.513(m)$$

$$ZY = QZ + \frac{M}{2} = 14.977 + \frac{20.968}{2} = 25.418(m)$$

(6)缓和曲线分段数 m:

$$m = \frac{L_h}{10} = \frac{70}{10} = 7$$

(7)缓和曲线始终点位置(ZH,HY,YH,HZ):

$$ZH = ZY - \frac{m}{2} = 4.513 - \frac{7}{2} = 1.013$$

$$HY = ZY + \frac{m}{2} = 4.513 + \frac{7}{2} = 8.013$$

$$YH = YZ - \frac{m}{2} = 25.481 - \frac{7}{2} = 21.981$$

$$HZ = YZ + \frac{m}{2} = 25.481 + \frac{7}{2} = 28.981$$

(8)正矢递变率:

$$f_d = \frac{f_p}{m} = \frac{63}{7} = 9(‰)$$

(9)不在整桩上的正矢计算:

$$f_1 = \frac{乙^3}{6} \times f_d \times \frac{0.987^3}{6} \times 9 \approx 1.44(mm), 取 1\ mm$$

$$f_2 = \left(\frac{甲^3}{6} + 乙\right) \times f_d = \left(\frac{0.013^3}{6} + 0.987\right) \times 9 \approx 8.88(mm), 取 9\ mm$$

$$f_3 = X_3 \times f_d = 1.987 \times 9 = 17.883(mm), 取 18\ mm$$

$$f_4 = X_4 \times f_d = 2.987 \times 9 = 26.883(mm), 取 27\ mm$$

$$f_5 = X_5 \times f_d = 3.987 \times 9 = 35.883(mm), 取 36\ mm$$

$$f_6 = X_6 \times f_d = 4.987 \times 9 = 44.883(mm), 取 34\ mm$$

$$f_7 = X_7 \times f_d = 5.987 \times 9 = 53.883(mm), 取 54\ mm$$

$$f_8 = f_p - \left(\frac{丁^3}{6} + 丙\right) \times f_d = 63 - \left(\frac{0.013^3}{6} + 0.013\right) \times 9 = 61.44(mm), 取 61\ mm$$

$$f_9 = f_p - \frac{丙^3}{6} \times f_d = 63 - \frac{0.013^3}{6} \times 9 = 63(mm)$$

$$f_{10} \rightarrow f_{20} = f_p = 63(mm)$$

$$f_{29} = \frac{乙^3}{6} \times f_d = \frac{0.981^3}{6} \times 9 = 1.42(mm), 取 1\ mm$$

$$f_{28} = \left(\frac{\text{甲}^3}{6} + \text{乙} \right) \times f_d = \left(\frac{0.019^3}{6} + 0.981 \right) \times 9 = 8.82(\text{mm}), \text{取 } 9 \text{ mm}$$

$$f_{27} = X_{27} \times f_d = 1.987 \times 9 = 17.883(\text{mm}), \text{取 } 18 \text{ mm}$$

$$f_{26} = X_{26} \times f_d = 2.987 \times 9 = 26.883(\text{mm}), \text{取 } 27 \text{ mm}$$

$$f_{25} = X_{25} \times f_d = 3.987 \times 9 = 35.883(\text{mm}), \text{取 } 36 \text{ mm}$$

$$f_{24} = X_{26} \times f_d = 4.987 \times 9 = 44.883(\text{mm}), \text{取 } 34 \text{ mm}$$

$$f_{23} = X_{27} \times f_d = 5.987 \times 9 = 53.883(\text{mm}), \text{取 } 54 \text{ mm}$$

$$f_{22} = f_p - \left(\frac{\text{丁}^3}{6} + \text{丙} \right) \times f_d = 63 - \left(\frac{0.013^3}{6} + 0.013 \right) \times 9 = 61.44(\text{mm}), \text{取 } 61 \text{ mm}$$

$$f_{21} = f_p - \frac{\text{丙}^3}{6} \times f_d = 63 - \frac{0.013^3}{6} \times 9 = 63(\text{mm})$$

例题中的曲中点(QZ)、直缓点(ZH)、缓圆点(HY)、圆缓点(YH)、缓直点(HZ)位置如图 3.29 至图 3.31 所示。

用一根不易变形的 20 m 长的弦线,两端紧贴外轨内侧轨顶线下 16 mm 处,在弦的中点量出弦线与外轨侧面的距离,称为"实测正矢",并规定实测正矢与"计划正矢"之差、实测正矢连续差及实测正矢最大最小值之差的限值,如发现实测正矢超过容许偏差值(见表 3.6),则曲线需要整正。

表 3.6　主要高速铁路钢轨平直度规定

曲线半径 R(m)		缓和曲线的正矢与计算正矢差(mm)	圆曲线正矢连续差(mm)	圆曲线正矢最大最小值差(mm)
250 及以下		6	12	18
251 ~ 350		5	10	15
351 ~ 450		4	8	12
451 ~ 800		3	6	9
R > 800	$v_{max} \leq 120$ km/h	3	6	9
	$v_{max} > 120$ km/h	2	4	6

(1)计划正矢的计算

圆曲线上各点(始、终点除外)的正矢应相等。半径为 R 弧长为 L 时的圆曲线正矢为:

$$f_y = \frac{L^2}{8R}$$

缓和曲线正矢的计算图示,如图 3.33 所示。

设 y1,y2,y3,… 为各测点的支距,则有:

$$f_0 = \frac{1}{2}f_1, \quad f_1 = \frac{1}{2}y_2 - y_1,$$

$$f_2 = \frac{y_1 + y_3}{2} - y_2 \cdots$$

对于常用缓和曲线,各点正矢可表示为:

$$f_0 = \frac{1}{6}f_d, f_1 = f_d, f_2 = 2f_d, f_3 = 3f_d, \cdots$$

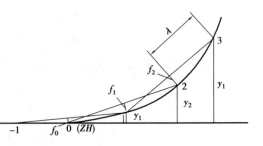

图 3.33　缓和曲线正矢计算图

式中 f_d——缓和曲线的正矢递增率,当 n 为缓和曲线分段数时,则有 $f_d = \dfrac{f_y}{n}$。

当 HY 点正好落在测点上时,其正矢为 $f_y - f_0$,但由于圆曲线一般都不是 10 m 的整数倍,因此 YH 或 HZ 点就不可能恰好落在测点上,其正矢要作为特殊情况进行计算。设 HZ 点左右测点分别为 b(缓和曲线上)、a(直线上),距 HZ 点的距离分别为 B,A,且 $\lambda = \dfrac{L}{2}$,则两侧的正矢为:

$$f_a = \frac{1}{6}f_d\left(\frac{B}{\lambda}\right)^3 = a_a f_d, \quad f_b\left(\frac{B}{\lambda} + \frac{A^3}{6\lambda^3}\right)fd = a_b f_d$$

同样,设 YH 点左右测点分别为 a(圆曲线上)、b(缓和曲线上),距 YH 点分别为 A,B,则有:

$$f_a = f_y - a_a f_d, \quad f_b = f_y - a_b f_d$$

第二缓和曲线上其他各测点的计划正矢,可根据各点至 HZ 点的距离按比例求得。

(2)拨量计算

曲线上各测点的渐伸线长度计算如图 3.34 所示:其中 $0,1,\cdots,k,\cdots n$ 分别表示曲线上各个测点,相应的实测正矢为 $f_0,f_1,f_2,\cdots,f_k,\cdots,f_n$,相应的渐伸线长度为 $E_0,E_1,\cdots,E_k,\cdots,E_n$,则,

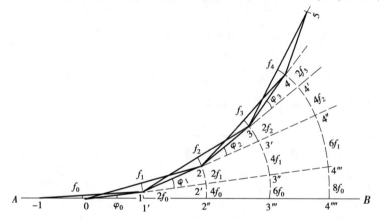

图 3.34 渐伸线长度计算图

$$E_k = 2\left[kf_0 + (k-1)f_1 + (k-1)f_2 + \cdots + f_{k-1}\right] = 2\sum_{i=0}^{k-1}\sum_{j=0}^{i}f_j$$

也就是说,第 k 点的渐伸线长度 E_k,等于到其前一点 $(k-1)$ 为止的正矢累积的合计数的两倍。同样,可求得正矢为计划正矢 f' 的设计曲线上 k' 的渐伸线长度为:

$$E_k' = 2\sum_{i=0}^{k-1}\sum_{j=0}^{i}f_j'$$

$$e_k' = 2\sum_{i=0}^{k-1}\sum_{j=0}^{i}(f_i - f_j') = 2\sum_{i=0}^{k-1}\sum_{j=0}^{i}\mathrm{d}f_j$$

由此可得到 k 点的拨量为:

$$e_k' = 2\sum_{i=0}^{k-1}\sum_{j=0}^{i}\mathrm{d}f_j$$

拨道完成后,第 k 点的实际正矢应为:

$$f_k' = f_k + e_k - \frac{e_{k-1}e_{k+1}}{2}$$

(3)拨道计算的限制条件

①保证曲线整正前后两端的切线方向不变。要求计划正矢的总和必须等于实测正矢的总和,即 $\sum_{i=0}^{n} f'_i = \sum_{i=0}^{n} f_i$。

②保证曲线整正前后始终点位置不变。要求曲线终点拨量为零,即 $\sum_{i=0}^{n-1} \sum_{j=0}^{i} \mathrm{d} f_j = 0$。

③保证曲线上某些控制点 k(如小桥、道口等)因受具体条件限制而不能拨动之处的拨量为零,即得控制点上 $\sum_{i=0}^{k-1} \sum_{j=0}^{i} \mathrm{d} f_j = 0$。

【例题 3.7】 下表为一曲线整正的举例,其中曲线半径 $R = 500$ m,两端缓和曲线长 $l_0 = 50$ m,第 7 点为小桥,不允许拨动曲线。

解:部分计划正矢计算如下:

圆曲线计划正矢 $f_y = \dfrac{L^2}{8R} = \dfrac{20 \times 20}{8R} \times 1\,000 = \dfrac{5\,000}{R} = \dfrac{50\,000}{500} = 100\,(\mathrm{mm})$

缓和曲线计划正矢 $f_d = \dfrac{f_y}{n} = \dfrac{100}{5} = 20\,(\mathrm{mm})$

$$f_0 = \dfrac{1}{6} f_d = \dfrac{1}{6} \times 20 = 3.33\,(\mathrm{mm}),\ \text{取}\ f'_0 = 3\ \mathrm{mm}$$

$$f_n = f_c - \dfrac{1}{6} f_d = 100 - \dfrac{1}{6} \times 20 = 100 - 3 = 97\,(\mathrm{mm})$$

表 3.7 中其他部分的计算与调整,参看本节内容。

表 3.7

测点号	实测正矢 f	一次试算		二次试算			三次试算				四次试算				全拨量 $2\sum\sum \mathrm{d}f$	拨后正矢 f	备注
		f'	$\mathrm{d}f$	f'	$\mathrm{d}f$	$\sum \mathrm{d}f$	f'	$\mathrm{d}f$	$\sum \mathrm{d}f$	$\sum\sum \mathrm{d}f$	f'	$\mathrm{d}f$	$\sum \mathrm{d}f$	$\sum\sum \mathrm{d}f$			
1	2	3	4	5	6	7	8	9	10	11	12	13	14	15	16	17	18
1	0	0	0	0	0	0	0	0	0	0	0	0	0	0	0	0	0
2	3	3	0	3	3	0	2	+1	+1	0	3	0	0	0	0	3	*ZH*
3	22	20	+2	20	+2	+2	20	+2	+3	+1	20	+2	+2	0	0	20	
4	35	40	−5	40	−5	−3	41	−6	−3	+4	40	−5	−3	+2	+4	40	
5	66	60	+6	60	+6	+3	60	+6	+3	+1	60	+6	+3	−1	−2	60	
6	75	80	−5	80	−5	−2	80	−5	−2	+4	80	−5	−2	+2	+4	80	
7	105	97	+8	98	+7	+5	98	+7	+5	+2	98	+7	+5	0	0	98	*HY* (小桥)
8	90	100	−10	101	−11	−6	101	−11	−6	+7	101	−11	−6	+5	+10	101	
9	110	100	+10	101	+9	+3	101	+9	+3	+1	101	+9	+3	−1	−2	101	
10	95	100	−5	101	−6	−3	101	−6	−3	+4	101	−6	−3	+2	+4	101	
11	105	100	+5	101	+4	+1	101	+4	+1	+1	101	+4	+1	−1	−2	101	

续表

测点号	实测正矢 f	一次试算		二次试算			三次试算				四次试算				全拨量 $2\sum\sum d_f$	拨后正矢 f	备注
		f'	d_f	f'	d_f	$\sum d_f$	f'	d_f	$\sum d_f$	$\sum\sum d_f$	f'	d_f	$\sum d_f$	$\sum\sum d_f$			
12	100	100	0	101	-1	0	101	-1	0	+2	101	-1	0	0	0	101	
13	100	100	0	101	-1	-1	101	-1	-1	+2	101	-1	-1	0	0	101	
14	96	97	-1	98	-2	-3	98	-2	-3	+1	97	-1	-2	-1	-2	97	*YH*
15	85	80	+5	80	+5	+2	80	+5	+2	-2	80	+5	+3	-3	-6	80	
16	58	60	-2	60	-2	0	60	-2	0	0	61	-3	0	0	0	61	
17	40	40	0	40	0	0	40	0	0	0	40	0	0	0	0	40	
18	20	20	0	20	0	0	20	0	0	0	20	0	0	0	0	20	
19	2	3	-1	2	0	0	2	0	0	0	2	0	0	0	0	2	*HZ*
20	0	0	0	0	0	0	0	0	0	0	0	0	0	0	0	0	
合计	1 027		+36 −29		+33 −33	+16 −18		+34 −34				+33 −33	+17 −17					

课后习题

3.1 分析机车车辆与轨道的几何接触关系,理解机车车辆车架或转向架各组成部分的几何和物理意义。

3.2 简述几何形位应具有的主要特征。

3.3 什么是轮轨游间?它对行车有何影响?

3.4 如何提高轨道的平顺性?

3.5 简述直线轨道几何形位的基本要素、含义及其标准。

3.6 什么是未被平衡的超高和未被平衡的加速度?两者关系如何?

3.7 简述列式分析曲线轨距加宽的基本原则与计算方法。

3.8 什么是三角坑?它对行车有何危害?

3.9 简述曲线外轨设置超高的目的、设置方法以及要限制最大外轨超高的原因?

3.10 简述缓和曲线的作用,列式分析缓和曲线的计算条件。

3.11 常用的缓和曲线线性及几何特征是什么?

3.12 如何确定最小缓和曲线的长度?

3.13 如何确定曲线上的最高(低)行车速度、最小曲线半径?

3.14 推倒曲线超高、欠超高和过超高的计算公式。

3.15 某客货共线铁路单线区间曲线半径为 $R = 2\,000$ m,路段最高速度为 $v_{\max} = 160$ km/h,一昼夜各类列车通过次数、列车重量及平均速度如下表:

序　号	列车种类	列车重量(kg)	列　数	平均速度
1	特快旅客列车	8 000	2	128
2	直快旅客列车	9 000	2	105
3	普通旅客列车	7 000	1	85
4	直达货物列车	33 000	5	80
5	区段货物列车	22 000	2	75

①计算通过该曲线列车的均方根速度。

②按均方根速度确定该曲线的实设超高、最大欠超高和最大过超高。

③计算该曲线应设置的缓和曲线长度。

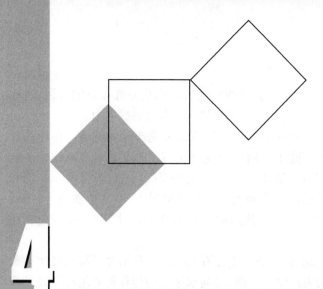

4 轨道结构力学分析

本章导读:

- **基本要求** 主要介绍轨道力学分析的基本内容,包括轨道的静力学计算、轨道结构动力作用的准静态方法,轨道各部件强度检算,轮轨相互作用等;要求掌握连续弹性基础梁模型的静力学分析、准静态分析,并结合算例熟悉轨道结构的强度检算。
- **重点** 轨道的静力学计算、轨道结构的准静态方法以及轨道各部件强度检算。
- **难点** 连续弹性基础梁模型的静力学分析、准静态分析。

4.1 概述

铁路轨道是有别于桥梁、房屋等土建工程结构物的结构。首先,传统轨道结构的基础是由松散的介质(道砟)所组成,其次是它所承受的来自机车车辆的荷载具有随机性和重复性。因而在轨道结构的各部件中产生非常复杂的应力、变形和其他的动力响应。同时,轨道结构各部件(尤其是道砟层)还会不可避免地产生不均匀下沉和残余变形积累,使轨道几何形位发生偏差,形成各种轨面及方向上的不平顺,增大了轮轨之间的相互作用,加快轨道结构破坏的发展速度。目前,只能依靠加强对轨道的养护维修来加以消除。因此,铁路轨道是一种边工作边维修的工程结构物,必须根据列车速度、轴重和运量等运营条件的变化不断进行加强和完善,而轨道力学分析则是达到这一目的不可缺少的手段。

轨道结构力学分析,就是应用力学的基本原理,结合轮轨相互作用理论,确定机车车辆产生的荷载类型及大小,并将轨道结构简化成各种计算模型,分析轨道结构在机车车辆荷载作用下产生的应力,变形及其他动力响应,以对轨道结构的主要部件进行强度检算。

轨道结构力学分析的主要内容如下:

①确定机车车辆作用于轨道上的力,并了解这些力的形成及其相应的计算方法。

机车车辆作用于轨道结构上的力非常复杂,具有强烈的随机性和重复性。总的来说,这些力可分为垂直于轨面的竖向力、垂直于钢轨的横向水平力和平行于钢轨的纵向力。

竖向力是轨道结构承受的最主要荷载。竖向力的主要组成部分是车轮的轮载。车轮的轮载分为静轮载和动轮载。静轮载是机车车辆静止时同一个轮对左右两个车轮对称地作用于轨道上的荷载。动轮载是列车行驶过程中,车轮实际作用在轨道上的荷载。动轮载随机车车辆和轨道结构的构造及其状态以及机车车辆的运动状态而变化。一般情况下,在常速铁路上,当机车车辆与轨道结构状态良好时,动轮载相对于静轮载的动力附加值不超过 20% ,在高速铁路上,动轮载可以达到静轮载的 3 倍。

横向水平力主要由机车车辆的蛇形运动、曲线轨道上存在有未被平衡的欠超高或过超高和机车车辆通过曲线轨道时车轮轮缘的导向力产生。目前,横向水平力的计算常采用经验公式或借助实测资料进行估算。实测数据表明,一般情况下,在高速铁路上,钢轨受到的横向水平力一般不会超过 50 kN。

纵向力主要有钢轨的爬行力、制动力及温度力。

②确定轨道结构及其各组成部分应力、应变的分布规律以及它们与轨道破坏的关系。

轨道结构的承载能力包括强度计算、寿命计算、残余变形计算。强度计算是检算轨道结构在最大可能荷载作用下,轨道各部件的一次性破坏强度。本章主要介绍承载能力中的强度计算。

4.2　轨道竖向静力计算

4.2.1　基本假设

①假设列车运行时,车轮荷载在轨道各部件中所引起的应力、应变,与量值相当的静荷载所引起的应力、应变相等,即车轮荷载具有准静态性质。

②以速度系数、横向水平力系数、偏载系数分别反映车轮垂直动荷载、横向水平力和垂直力偏心、曲线内外轨偏载的影响。

③假设轨道及基础均处于线弹性范围,列车轮系作用下轨道各部件的应力、应变,等于各单独车轮作用下的应力、应变之代数和。

④视钢轨为连续弹性基础上的等截面无限长梁,梁的基础反力与各自弹性下沉之间成线性关系。

⑤不计钢轨、扣件及轨枕本身的自重。

4.2.2　计算模型

依照弹性基础上无限长梁支承方式的不同,轨道结构竖向受力的静力计算模型分为弹性点支承梁模型和连续弹性基础梁模型,分别如图 4.1(a)、(b)所示。

1)弹性点支承梁模型

将对钢轨的支承按一定间隔离散至各个轨枕上,每个轨枕处简化为对钢轨的弹性点支承,着重反映的是轨道系统的最基本、总体上的特征。由于该模型中对钢轨的支承是不连续的,因此可采用差分法或有限元法进行求解分析。

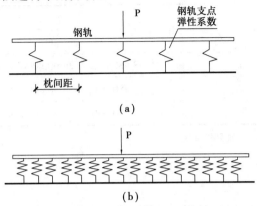

图 4.1 轨道结构竖向静力计算支承梁模型

2）连续弹性基础梁模型

连续弹性基础梁模型是把钢轨视为一根支承在连续弹性基础上的无限长梁进行轨道静力分析。它将轨枕对钢轨的支承视为连续支承，其支承刚度为钢轨基础弹性模量 u。用该模型可以求得精确严密的解析解，方法简便直观，更符合实际情况。目前世界各国和我国铁道总公司标准《铁路轨道设计规范》(TB 10082—2005)均采用连续弹性基础梁模型，因此本章着重介绍这种方法。

4.2.3 计算参数

采用连续基础梁模型进行计算时，需先确定如下一些计算参数：

1）钢轨抗弯刚度 EI

EI 为钢轨钢的弹性模量 E 和钢轨截面对其水平中性轴的惯性矩 I 的乘积。E 值一般取为 2.1×10^5 MPa。I 可根据不同的钢轨类型及其相应的垂直磨耗程度从表 4.1 中查得。

表 4.1 各种类型钢轨截面惯性矩与截面系数

钢轨垂直磨耗(mm)	名　称	单　位	钢轨类型			
			75	60	50	43
0	I	mm⁴	44 890 000	32 170 000	20 370 000	14 890 000
	W_1	mm³	509 000	396 000	287 000	218 000
	W_2	mm³	432 000	339 400	251 000	208 000
3	I	mm⁴	43 280 000	30 690 000	19 460 000	14 090 000
	W_1	mm³	496 000	385 000	283 000	211 000
	W_2	mm³	420 000	318 000	242 000	200 000
6	I	mm⁴	40 890 000	28 790 000	18 270 000	13 170 000
	W_1	mm³	482 000	375 000	275 000	205 000
	W_2	mm³	405 000	291 000	230 000	189 000

续表

钢轨垂直磨耗(mm)	名 称	单 位	钢轨类型			
			75	60	50	43
9	I	mm^4	38 980 000	26 900 000	17 020 000	12 200 000
	W_1	mm^3	480 000	363 000	264 000	197 000
	W_2	mm^3	390 000	264 000	216 000	176 000

注：W_1——轨底截面系数；W_2——轨头截面系数。

2)钢轨支座刚度 D

D 表示钢轨支座的弹性特征,是用来表征钢轨扣件和枕下基础的等效刚度。它是使钢轨支点顶面产生单位下沉时施加于支点顶面上的钢轨压力,单位为 N/mm。

D 的表达式为:

$$D = R/y_\text{p} \qquad (4.1)$$

式中　R——作用在支座上的钢轨压力,N;

　　　y_p——钢轨支座下沉量,mm。

如图 4.2 所示,钢轨支座刚度 D 分别由橡胶垫板、轨枕及道床和路基的支承刚度组成。混凝土轨枕刚度很大,在实际分析中认为其不可压缩,即认为混凝土轨枕的支承刚度 D_s 无限大,所以,当轨枕为混凝土材质时,钢轨支点刚度 D 仅由橡胶垫板 D_p、道床和路基 D_b 两部分的支承刚度组成,模拟成两个串联的弹簧组合,因此,钢轨支点刚度 D 可表示为:

$$\frac{1}{D} = \frac{1}{D_\text{p}} + \frac{1}{D_\text{b}} \qquad (4.2)$$

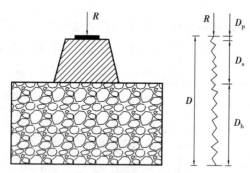

图 4.2　钢轨支点刚度

D 值随材料的性质、路基和道床密度及气候的影响而变化。根据我国的测定数据,混凝土轨枕轨道的 D 值见表4.2所示。

表 4.2　混凝土轨枕轨道的 D 值

轨枕和垫板类型	特重型、重型		次重型、重型	
	钢轨	轨枕、道床及基床	钢轨	轨枕、道床及基床
混凝土枕,橡胶垫板	30 000	70 000	22 000	42 000
宽轨枕,橡胶垫板	50 000	120 000	—	—

3) 道床系数 C

道床系数 C 用来表征道床及路基的弹性特征,定义为使道床顶面产生单位下沉所需要施加于道床顶面单位面积上的压力,量纲为(力/长度³),可通过式(4.5)计算:

$$C = \frac{p}{y_0}\qquad(4.3)$$

式中　C——道床系数,MPa/cm;

　　　p——作用于道床顶面单位面积上的压力,MPa;

　　　y_0——轨枕底面的平均下沉量,cm。

道床系数 C 的取值见表4.3。

表4.3　道床系数值

参　数	轨道类型		
	特重型、重型	次重型	中型、轻型
C(MPa/cm)	0.6~0.8	0.4~0.6	0.4

4) 钢轨基础弹性模量 u

钢轨基础弹性模量 u 用来表征钢轨基础的弹性特征,定义为单位长度的钢轨基础产生单位下沉所需的施加在钢轨基础上的分布力,量纲为(力/长度²),可通过式(4.4)计算:

$$u = \frac{D}{a}\qquad(4.4)$$

式中　a——轨枕间距,cm;

　　　u——钢轨基础弹性模量,kN/cm^2。

其中,C、D、u 3个弹性特征参数数值是离散性很大的随机变量,如果选择不当,计算结果会引起很大的误差。因此,尽可能采用实测数据。

5) 刚比系数 k

k 是指钢轨基础弹性模量与钢轨抗弯刚度的比值,是轨道系统的特征参数,可用式(4.5)计算。对于混凝土轨枕,k 的取值可参见表4.4。轨道的所有力学参数及相互间的关系均反映在 k 中,任何轨道参数的改变都会影响 k,而 k 的改变又会影响轨道的内力分布和部件的内力分配。

$$k = \sqrt[4]{\frac{u}{4EI_x}} = \sqrt[4]{\frac{D}{4EI_x a}} = \sqrt[4]{\frac{1}{4EI_x a}} \times \sqrt[4]{\frac{1}{\sum 1/D_i}}\qquad(4.5)$$

表4.4　混凝土轨枕线路的 u、k 值

钢轨类型 (kg/m)	轨枕根数 (根/km)	$u(N/mm^2)$	D = 33 kN/mm			$u(N/mm^2)$	D = 30 kN/mm		
			$k(cm^{-1})$ 钢轨垂直磨耗(mm)				$k(cm^{-1})$ 钢轨垂直磨耗(mm)		
			0	3	6		0	3	6
75	1 667	55	0.010 99	0.011 09	0.011 25				
60	1 760					52.8	0.011 82	0.011 96	0.012 16

续表

钢轨类型 (kg/m)	轨枕根数 (根/km)	$u(\text{N/mm}^2)$	$D = 33\text{ kN/mm}$			$u(\text{N/mm}^2)$	$D = 30\text{ kN/mm}$		
			$k(\text{cm}^{-1})$				$k(\text{cm}^{-1})$		
			钢轨垂直磨耗(mm)				钢轨垂直磨耗(mm)		
			0	3	6		0	3	6
60	1 667	55	0.011 94	0.012 09	0.012 28				
50	1 760								

钢轨类型 (kg/m)	轨枕根数 (根/km)	$u(\text{N/mm}^2)$	$D = 27.2\text{ kN/mm}$			$u(\text{N/mm}^2)$	$D = 22\text{ kN/mm}$		
			$k(\text{cm}^{-1})$				$k(\text{cm}^{-1})$		
			钢轨垂直磨耗(mm)				钢轨垂直磨耗(mm)		
			0	3	6		0	3	6
75	1 667								
60	1 760	47.9	0.011 53	0.011 67	0.011 86				
	1 667								
50	1 760	47.9	0.012 93	0.013 09	0.013 29	38.7	0.012 26	0.012 41	0.012 60

4.2.4 单个轮对作用下的方程及解

1)文克尔假定

假设钢轨上作用有集中荷载 P,以 $y(x)$ 表示钢轨的挠度曲线,以向下为正。以 $q(x)$ 表示基础对钢轨的分布反力,以向上为正。为建立基础梁微分方程,文克尔提出了如下假设:

$$q(x) = uy(x) \tag{4.6}$$

即假设 x 坐标处的基础反力与 x 处的钢轨位移成正比。这相当于假设基础是由连续排列,但相互独立的线性弹簧所组成,即每个弹簧的变形仅决定于作用在其上的力,而与相邻弹簧的变形无关。由于实际的轨枕支承是有一定间距的,且碎石道床并不是连续介质,一根轨枕的少许下沉,对相邻轨枕影响较小,所以文克尔假设对于分析轨道问题来说还是比较适合的。大量实验证明,用这种模型计算的结果是能够满足一般分析精度要求的。

2)连续基础梁微分方程的建立及求解

(1)连续基础梁微分方程

根据图 4.1(b)的计算模型,钢轨作为连续弹性基础上的无限长梁,在集中荷载 P 的作用下产生了挠曲,如图 4.3 所示。产生的挠曲曲线用 $y(x)$(设向下为正方向)表示,轨下基础的分布反力 $q(x)$。

设 P 力在坐标原点 Q 上,挠度向下为正;截面左面的弯矩 M,顺时针为正;剪力向上为正;其弹性曲线的方程可表示为 $y = y(x)$。当变形微小时,由材料力学可知,钢轨各截面的转角 θ、弯矩 M、剪力 Q 和基础反力强度 $q(x)$ 分别为:

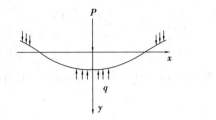 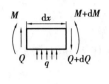

图 4.3　钢轨竖向受力及变形

$$\theta = \frac{\mathrm{d}y}{\mathrm{d}x} \tag{4.7}$$

$$M = -EI_x \frac{\mathrm{d}^2 y}{\mathrm{d}x^2} \tag{4.8}$$

$$Q = \frac{\mathrm{d}M}{\mathrm{d}x} = -EI_x \frac{\mathrm{d}^3 y}{\mathrm{d}x^3} \tag{4.9}$$

$$q(x) = \frac{\mathrm{d}Q}{\mathrm{d}x} = -EI_x \frac{\mathrm{d}^4 y}{\mathrm{d}x^4} \tag{4.10}$$

式中　M——钢轨弯矩,kN·cm;

　　　Q——钢轨剪力,kN;

　　　$q(x)$——轨下基础分布反力,kN/cm。

根据文克尔(Winkler)弹性地基理论假设,轨下的基础反力 q 与梁的挠曲变形 y 成正比,即:

$$q(x) = uy(x) \tag{4.11}$$

式中　u——钢轨基础弹性模量,kN/cm^2。

将式(4.11)代入式(4.10),可得:

$$uy(x) = -EI_x \frac{\mathrm{d}^4 y}{\mathrm{d}x^4} \tag{4.12}$$

即:

$$\frac{\mathrm{d}^4 y}{\mathrm{d}x^4} + \frac{u}{EI_x y(x)} = 0 \tag{4.13}$$

式(4.13)为 4 阶常系数线性齐次微分方程,令 $k = \sqrt[4]{\dfrac{u}{4EI_x}}$,其特征方程为:

$$\lambda^4 + 4k^4 = 0 \tag{4.14}$$

λ 对应的 4 个根如下:

$$\lambda_{1,2}(1 \pm i)k \qquad \lambda_{3,4} = (-1 \pm i)k$$

由以上可知,方程(4.13)的通解为:

$$y(x) = C_1 \mathrm{e}^{kx} \cos kx + C_2 \mathrm{e}^{kx} \sin kx + C_3 \mathrm{e}^{-kx} \cos kx + C_4 \mathrm{e}^{-kx} \sin kx \tag{4.15}$$

(2)边界条件

式(4.15)中,C_1、C_2、C_3、C_4 为积分常数,可以通过如下边界条件确定:

①当 $x \to \infty$ 时,$y = 0$,$C_1 = C_2 = 0$;

②荷载作用点处钢轨转角为零,即 $\dfrac{\mathrm{d}y}{\mathrm{d}x} = 0$,$C_3 = C_4$;

③当 $x = 0$ 时,$Q = P/2$,即:

$$Q = -EI_x \frac{\mathrm{d}^3 y}{\mathrm{d}x^3} = \frac{P}{2}, C_3 = C_4 = \frac{P}{8EI_x k^3} = \frac{Pk}{2u}$$

（3）微分方程的解

将 C_1、C_2、C_3、C_4 代入方程(4.15)，可解得钢轨在车轮集中荷载 P 作用下的钢轨挠曲变形方程为：

$$y(x) = \frac{Pk}{2u} \mathrm{e}^{-kx}(\cos kx + \sin kx) \tag{4.16}$$

钢轨弯矩方程为：

$$M(x) = -EI_x \frac{\mathrm{d}^2 y}{\mathrm{d}x^2} = \frac{P}{4k} \mathrm{e}^{-kx}(\cos kx - \sin kx) \tag{4.17}$$

钢轨作用于轨枕上的力，即枕上压力 $R(x)$ 可通过轨下基础分布反力 $q(x)$ 与轨枕间距 a 的乘积得到，即：

$$R(x) = a \times q(x) = \frac{Pka}{2} \mathrm{e}^{-kx}(\cos kx + \sin kx) \tag{4.18}$$

以上计算所得的式(4.16)、式(4.17)、式(4.18)分别对应于钢轨在一个车轮集中荷载作用下的位移 $y(x)$、钢轨弯矩 $M(x)$、枕上压力 $R(x)$ 的解析，对这 3 个式子作数学分析可以看出刚比系数 k 在决定轨道的变形与内力分配方面起着重要作用。弯矩 M 和枕上压力 R 的分布，不是由 u 或 EI 单独决定的，而是决定于比值 $\frac{u}{EI}$。当 k 值较大时，基础相对较硬时，则枕上压力 R 较大，弯矩 M 较小，且向两侧衰减较快，荷载影响的范围较小；相反，如果钢轨的弯曲刚度 EI 较大，而基础相对较软，则荷载的影响将与上述情况相反。

通过计算可知，当 $kx = 0$（即 $x = 0$）时，即在车轮荷载的作用点处，各个解取得最大值；当 $kx \geq 5$ 时，轮载的影响已经很小，通常可忽略不计。单个车轮荷载作用下的钢轨挠曲变形曲线，如图 4.4(a)、(b)所示。

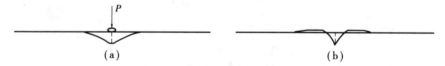

图 4.4 单个车轮荷载作用下的钢轨位移及弯矩图

4.2.5 群轮荷载作用下的方程及解

由于式(4.13)为 4 阶常系数线性齐次微分方程，故在计算多个轮载同时作用于钢轨上时，可采用叠加原理进行求解，如图 4.5 所示，具体过程如下：

如图 4.5 所示，现要计算钢轨某位置处的受力与变形（假设该位置处为坐标原点，称该截面为计算截面），假定计算轮对 3 处钢轨的挠曲变形 y_0，钢轨弯矩 M_0 以及枕上压力 R_0，轮对荷载分别为 P_1、P_2、P_3、P_4、P_5，轮对之间距离如图 4.6 所示。根据式(4.16)、式(4.17)、式(4.18)，分别计算出各个轮对在计算截面处所引起的钢轨挠曲变形 $y(x)$，钢轨弯矩 M 以及枕上压力 $R(x)$，并将所得结果线性叠加，这样就得到了计算截面处的受力与变形，具体公式如下：

$$
\left.\begin{aligned}
y_0 &= \frac{k}{2u} \sum_{i=1}^{n} P_i \mathrm{e}^{-kx_i}(\cos kx_i + \sin kx_i) \\
M_0 &= \frac{1}{4k} \sum_{i=1}^{n} P_i \mathrm{e}^{-kx_i}(\cos kx_i - \sin kx_i) \\
R_0 &= \frac{ak}{2u} \sum_{i=1}^{n} P_i \mathrm{e}^{-kx_i}(\cos kx_i + \sin kx_i)
\end{aligned}\right\}
\tag{4.19}
$$

式中　P_i——各个车轮荷载；

　　　x_i——各轮位同计算截面的距离。

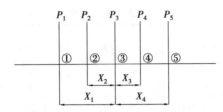

图 4.5　多个轮载作用下钢轨受力变形示意图

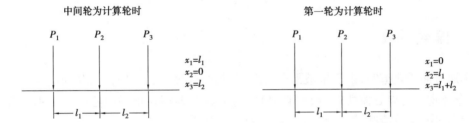

图 4.6　群轮作用下各轮位的计算距离

应该注意的是，相邻车轮对于同一计算截面计算所得结果有正有负，因此，对于多个轮对作用下的钢轨的受力和变形，宜将每个轮对位置处分别作为计算截面进行计算，通过叠加比较找出最不利截面的位置。如图 4.6 所示，当有 3 个轮作用时，需要分别对中间轮为计算轮、第一轮为计算轮不同情况进行计算，找出最不利作用工况。

4.3　轨道动力响应的准静态计算

所谓结构动力的准静态计算，名义上是动力计算，而实质上则是静力计算，因为在计算过程中不考虑质体运动的惯性力。而准静态计算方法的前提是质体运动的惯性力与结构所受的外力、反力相比较，相对较少，从而可以忽略不计，而相应的外荷载称为准静态荷载。在轨道结构准静态计算中，主要确定钢轨的挠度、弯矩和轨枕动力增值。这些动力增值的主要因素是行车速度、轮轨偏载和列车通过曲线轨道时的横向水平力，分别用速度系数、偏载系数和横向水平力系数加以考虑。

4.3.1　速度系数

列车在轨道上运行，由于轮轨之间的动力效应，轨道上的动轮载要比静轮载大。动轮载 P_d

与静轮载 P 之差称为轮载的动力增值,与静轮载 P_0 的比值称为轮载增值系数。这个系数随行车速度的增加而增大,因此,通常称为速度系数。

$$\alpha = \frac{P_d - P_0}{P_0} \tag{4.20}$$

由于速度系数 α 与轨道的状态、轨道类型、机车类型以及行车速度等因素有关,一般只能通过试验结果进行理论分析后确定,因各国所采用的计算公式也不尽相同。我国近年来进行了 6 次提速,在原来仅适用于行车速度 $v \leqslant 120$ km/h 速度系数基础上,增加 120 km/h $\leqslant$ 160 km/h 情况速度修正系数 α_1,根据《铁路轨道设计规范》(TB 10082—2005)。速度系数见表 4.5。

表 4.5　速度系数

速度系数	速度范围	速度差	牵引种类	
			电力	内燃
α	$v \leqslant 120$		$0.6v/100$	$0.4v/100$
α_1	$120 < v \leqslant 160$	$v = v - 120$	$0.3v_1/100$	

4.3.2　偏载系数

列车通过曲线轨道时,由于未被平衡超高(欠超高或过超高)的存在,从而引起外轨或内轨的偏载,车体重力与离心惯性力(或向心力)的合力就会偏离轨道的中心线。图 4.7 所示即为存在欠超高时的偏载情况。

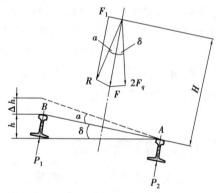

图 4.7　计算偏载系数

外轨偏载与静载之比称为轨道的偏载系数,用 β_p 表示,其值为:

$$\beta_p = \frac{\Delta p}{P_0} = \frac{P_1 - P_0}{P_0} \tag{4.21}$$

式中　Δp——外轨偏载值;

　　　P_0——静轮载;

　　　P_1——外轨轮载。

把合力 R 分解为垂直于轨面线的分力 F 和平行于轨面线的分力 F_1 则由静力平衡条件 $\sum M_A = 0$,可得:

$$P_1 s_1 = F \frac{s_1}{2} + F_1 H \quad 或 \quad P_1 = \frac{F}{2} + F_1 \frac{H}{s_1}$$

式中　H——车体重心高度(从轨面算起),一般为 $2.1 \sim 2.3$ m;

　　　s_1——两股钢轨中心距,取 1 500 mm。

欠超高角 α 和超高角 δ 均很小(一般为 $3° \sim 5°$),故可取 $\cos \alpha \approx 1$,$\cos \delta \approx 1$,$\sin \alpha = \frac{\Delta h}{s_1}$,

$\sin \delta = \frac{h}{s_1}$,由此得 $F = 2P_0$,$F_1 = 2P_2 \frac{\Delta h}{s_1}$。

代入上式,得:

$$P_1 = P_0 + \frac{2 P_0 H \Delta h}{s_1^2}$$

代入式(4.21),并把 $H = 2\,220$ mm,$s_1 = 1\,500$ mm 代入上式,得偏载系数表达式为:

$$\beta_p = \frac{2 H \Delta h}{s_1^2} = \frac{2 \times 2\,200 \cdot \Delta h}{1\,500^2} = 0.002 \Delta h \tag{4.22}$$

4.3.3　横向水平力系数

横向水平力系数是考虑横向水平力与偏心竖直力共同作用下,使钢轨产生横向水平弯曲和约束扭转,轨底边缘应力因之而增大所引入的系数。它等于轨底外缘弯曲应力与轨底中心弯曲应力的比值,即:

$$f = \frac{\sigma_0}{(\sigma_0 + \sigma_i)/2} \tag{4.23}$$

式中　σ_0——轨底外缘弯曲应力;

　　　σ_i——轨底内缘弯曲应力。

f 值系根据不同机车类型及线路平面条件下 σ_0 及 σ_i 的大量实测资料,通过数理统计分析加以确定。表4.6为我国通用的机车类型的横向水平力系数的建议值。

表 4.6　横向水平力系数 f

线路平面	直　线	曲线半径(m)				
		≥800	600	500	400	300
横向水平力系数 f	1.25	1.45	1.60	1.70	1.80	2.00

4.3.4　轨道强度的准静态计算

用准静态计算方法计算钢轨的动挠度 y_d、钢轨动弯矩 M_d 和钢轨动压力(或轨枕动反力)R_d 的计算公式为:

当列车速度 $v \leqslant 120$ 时,

$$\begin{aligned} y_d &= y_0(1 + \alpha + \beta_p) \\ M_d &= m_0(1 + \alpha + \beta_p)f \\ R_d &= R_0(1 + \alpha + \beta_p) \end{aligned} \tag{4.24}$$

当列车速度 $120 \leq v \leq 160$ 时,

$$
\left.
\begin{aligned}
y_d &= y_0(1 + \alpha + \beta_p)(1 + \alpha_1) \\
M_d &= m_0(1 + \alpha + \beta_p)(1 + \alpha_1)f \\
R_d &= R_0(1 + \alpha + \beta_p)(1 + \alpha_1)
\end{aligned}
\right\} \tag{4.25}
$$

式中, y_0、M_0 和 R_0 分别为钢轨的静挠度、静弯矩和静轨枕压力。

4.4　轨道结构的强度检算

4.4.1　钢轨强度检算

钢轨应力分为基本应力、残余应力、局部应力和附加应力等。基本应力包括在轮载作用下的钢轨内部的弯曲应力和钢轨温度变化产生的温度应力。残余应力指的是钢轨在冶炼、轧制或运输铺设过程中因作业不当而残留于钢轨内部的应力。局部应力是轮轨接触点上的接触应力、螺栓孔周围和钢轨截面发生急剧变化的应力集中。附加应力是指钢轨所承受的制动力和爬行力等。

钢轨强度在采用准静态法计算动荷载作用下的钢轨挠曲变形 y_d、钢轨弯矩 M_d 以及枕上压力 R_d 时不考虑残余应力和局部应力的影响。本节主要介绍动弯应力及温度力的检算。

1)动弯应力检算

根据上面的计算,通过在最不利轮对处的钢轨动弯矩 M_d 可以求得轨底外缘拉应力 $\sigma_底$ 和轨头外缘压应力 $\sigma_头$:

$$
\left.
\begin{aligned}
\sigma_头 &= \frac{M_d}{W_头} \\
\sigma_底 &= \frac{M_d}{W_底}
\end{aligned}
\right\} \tag{4.26}
$$

式中　$\sigma_头$,$\sigma_底$——轨头动压应力以轨底动拉应力,MPa;

$W_头$,$W_底$——轨头和轨底的断面系数,因钢轨类型及垂直磨耗程度而变化,见表 4.1。

2)温度应力检算

对于无缝线路,可通过轨温变化幅度计算钢轨中的温度力, $\sigma_t = 2.48\Delta t$(单位:MPa), Δt 为最高轨温或最低轨温与锁定轨温之差。

因此,钢轨的基本应力应符合下列的强度条件:

$$
轨头:\sigma_头 + \sigma_t + \sigma_f \leq [\sigma] \tag{4.27}
$$

$$
轨底:\sigma_底 + \sigma_t + \sigma_f \leq [\sigma] \tag{4.28}
$$

式中　$[\sigma]$——钢轨允许应力,MPa, $[\sigma] = \dfrac{\sigma_s}{k}$。

k——安全系数,新轨 $k = 1.3$,再用轨 $k = 1.35$。

σ_s——钢轨屈服强度,MPa;对于普通碳素轨 $\sigma_s = 785$ MPa;低合金 U71Mn 轨 $\sigma_s = 457$ MPa;PD$_3$ 钢轨 $\sigma_s = 880$ MPa。

σ_{f}——钢轨附加应力,一般取 10 MPa。

4.4.2　轨枕承压强度及弯矩检算

1)轨枕顶面承压应力 σ_{z} 的计算

轨枕顶面承压应力 σ_{z} 取决于钢轨压力、承压面积和材料的承压强度的大小。承压应力可按下式计算:

$$\sigma_{\mathrm{z}} = \frac{P_{\mathrm{d}}}{A} \tag{4.29}$$

式中　A——轨枕与轨底的接触面积,mm^2。

混凝土轨枕耐压强度大,一般可以不检算其承压应力。

2)轨枕弯矩的计算

在轮载作用下,混凝土轨枕的轨下截面上出现正弯矩,枕轨中间截面上出现负弯矩,它们的大小决定于作用在轨枕上的钢轨压力和道床支承反力。计算轨枕截面上的弯矩一般用倒简支梁法。

利用倒简支梁法计算轨枕截面弯矩时,可以根据轨枕实际使用的条件采用最不利的道床支承方案。即检算轨下截面正弯矩时,采用图4.8 所示的中部不支承在道床上的方案,检算轨枕中间截面负弯矩时采用图4.9 的支承方案。

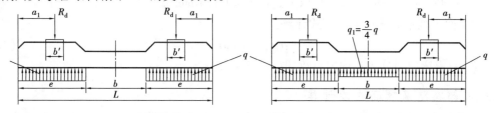

图 4.8　计算轨下正弯矩的道床支承方案　　图 4.9　计算枕中负弯矩的道床支承方案

按图4.8 可得检算轨下截面的正弯矩公式为:

$$M_{\mathrm{g}} = \left(\frac{a_1^2}{2e} - \frac{b'}{8} \right) R_{\mathrm{d}} \leq [M_{\mathrm{g}}] \,(单位:\mathrm{N} \cdot \mathrm{mm}) \tag{4.30}$$

按图4.9 可得检算中间截面负弯矩的公式为:

$$M_{\mathrm{g}} = \left[\frac{4e^2 + 3L^2 - 12La_1 - 8ea_1}{4(3L + 2e)} \right] R_{\mathrm{d}} \leq [M_{\mathrm{c}}] \,(单位:\mathrm{N} \cdot \mathrm{mm}) \tag{4.31}$$

式中　l——轨枕长度,cm。

　　　$[M_{\mathrm{c}}]$——中间截面允许负弯矩,与轨枕类型相关:对于 I 型混凝土轨枕可取 8.8 $\mathrm{kN} \cdot \mathrm{m}$; 对于 II 型混凝土轨枕可取 10.5 $\mathrm{kN} \cdot \mathrm{m}$;对于 III 型混凝土轨枕可取 14 $\mathrm{kN} \cdot \mathrm{m}$。

4.4.3　道床及路基顶面应力检算

1)道床顶面应力的计算

道床顶面应力,即轨枕底部接触面上的应力,随着道碴颗粒与轨枕底部接触的情况而分布十分不均匀,一般是钢轨中心线和轨枕中心线相交处的应力较大,轨枕边上的应力相对小一些。

但是为了计算方便,通常先计算道床上的平均应力,然后再考虑应力分布的不均匀性计算道床顶面上的最大压应力,如图 4.10 所示。道床顶面上的平均压应力由下式来计算:

$$\sigma_b = \frac{R_d}{be'}(单位:MPa) \tag{4.32}$$

式中 R_d——钢轨动压力,N;

   b——轨枕底面的宽度,木枕 $b = 220$ mm,混凝土轨枕取其平均宽度;

   e'——轨枕有效支承长度,mm。

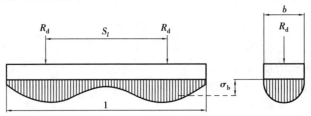

图 4.10　道床顶面应力分布

木枕 $e' = 1\ 100$ mm,Ⅰ 型混凝土轨枕 $e' = 950$ mm,Ⅱ 型混凝土轨枕,其中间部分容许支承在不捣实的道床上,所以按下式计算 e',即:

$$e' = \frac{3L}{8} + \frac{e}{4} \tag{4.33}$$

当 $L = 2\ 500$ mm,$e = 950$ mm 时,由上式得 $e' = 1\ 175$ mm。

道床顶面上的最大压应力按下式计算:

$$\sigma_{b,max} = m\sigma_b \tag{4.34}$$

式中   m——道床应力分布不均匀系数,取 $m = 1.6$。

2)道床内部及路基顶面应力计算

道床顶面的应力通过道床本身传递至路基面。计算道床和路基面应力有以下 3 种方法:有限单元法、弹性半空间理论和近似计算法(道床摩擦角扩散法)。近似计算法的特点是道床顶面压应力通过道砟颗粒相互传递,分层扩散,随着道床厚度的增加,应力逐渐减小,直至路基面。

近似计算方法比较简单,而且在强度计算中,计算道床应力的目的仅是确定道床厚度,因此,目前常用第 3 种方法计算道床应力。用近似法计算道床竖向应力时,应作如下的简化假定:

①轨枕压力以扩散角 φ 按直线扩散规律从道床顶面向下传递到路基面;

②不考虑相邻轨枕的影响;

③传递到路基面的压应力,达到基本分布均匀的要求。

道床应力以扩散角向下传递,如图 4.11 所示。

自 MN 和 m、n 点分别以扩散角 φ 绘出扩散线 MA、MC、ND、NA、ma、mc、nd、nb 等。内扩散线 MC 与 ND 相交于 k_1 点,mc 与 nd 相交于 k_2 点。过 k_1 和 k_2 点备作水平线 Ⅰ 投 Ⅱ,它们分别距轨枕底面的深度为 h_1 和 h_2,从图中可得:

$$h_1 = \frac{b}{2}\cot\varphi,\ h_1 = \frac{e'}{2}\cot\varphi \tag{4.35}$$

这两条水平线 Ⅰ 和 Ⅱ 将道床划分为 3 个不同的区域、3 个区域代表 3 个不同的道床厚度。

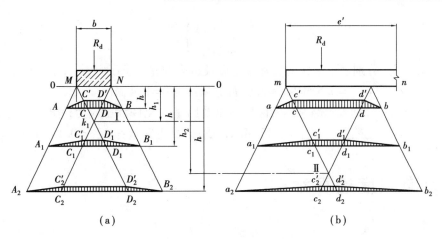

图4.11 道床应力传递图

(1)$0 \leqslant h \leqslant h_1$

在第一区域中,道床的深度为$0 \leqslant h \leqslant h_1$。在此区域内的道床压应力的分布为一梯形台体,如图上的$AC'D'BDC$和$ac'd'bdc$。这个台体的体积代表这一层的道床压应力值应和道床顶面压应力相等,由此得这台体的高度应力σ_h为:

$$\sigma_h = \frac{R_d}{be'} \tag{4.36}$$

考虑到顶面压应力的不均匀性,顶面的最大压应力$\sigma_{b,max} = m\sigma_b$,所以在第一区域内的压应力应为:

$$\sigma_h = m \cdot \frac{R_d}{be'} \tag{4.37}$$

(2)$h_1 \leqslant h \leqslant h_2$

在第二区域中,道床的深度为$h_1 \leqslant h \leqslant h_2$。在此区域中,道床深度已越过内扩散线交点$k_1$。图中$A_1C_1'D_1'B_1D_1C_1$和$a_1c_1'd_1'b_1d_1c_1$为深度为$h$的压应力分布的梯形台体。$A_1D_1 = 2h \tan \varphi$,$a_1d_1 = ad = e'$,所以梯形台体的高度$\sigma_h$为$A_1D_1 \cdot a_1d_1 \cdot \sigma_h = R_d$。

因此,

$$\sigma_h = \frac{R_d}{2he'\tan \varphi} \tag{4.38}$$

(3)$h > h_2$

第三区域中,道床深度$h > h_2$,道床深度已超过k_2点。在这一层上的应力梯形台体为$A_2C_2'D_2'B_2D_2C_2$及$a_2c_2'd_2'b_2d_2c_2$。$A_2D_2 = 2h \tan \varphi$,$a_{d2} = 2h \tan \varphi$,梯形台体的高度σ_h可以从下式

$$A_2D_2 \cdot a_2d_2 \cdot \sigma_h = R_d$$

求得,

$$\sigma_h = \frac{R_d}{4h^2\tan^2 \varphi} \tag{4.39}$$

式中,φ为道床压应力扩散角,一般应根据道碴材质的内摩擦角来确定,通常采用$\varphi = 35°$。

3)道床及路基强度的检算

检算道床及路基面强度时应满足下式:

$$\left.\begin{array}{c} \sigma_z \leqslant [\sigma_z] \\ \sigma_L \leqslant [\sigma_L] \end{array}\right\} \tag{4.40}$$

式中　σ_z,$[\sigma_z]$——分别表示道床的实际应力以及道床的允许承压应力,MPa。对于碎石道床:

　　　　　　$[\sigma_z] = 0.5$ MPa;筛选卵石道床:$[\sigma_z] = 0.4$ MPa。

　　　　σ_L,$[\sigma_L]$——分别表示路基的实际应力以及路基的允许承压应力,MPa。对于新建砂黏

　　　　　　土路基:$[\sigma_L] = 0.13$ MPa;既有砂黏土路基:$[\sigma_L] = 0.15$ MPa。

4.5 轨道强度检算举例

1)线路条件

　　①普通铁路,曲线半径 $R = 600$ m。

　　②钢轨:60 kg/m,25 m 长的标准轨,钢轨材质为 U71 新轨。

　　③轨枕:Ⅱ型混凝土轨枕 1 760 根/km。

　　④道床:碎石道碴,面碴 25 cm,垫碴 20 cm。

　　⑤路基:砂黏土。

　　⑥钢轨支点刚度 D:检算钢轨强度时,取 30 000 N/mm;检算轨下基础时,取 70 000 N/mm。

　　⑦机车:DF4 内燃机车,三轴转向架,静轴重 23 kN,轴距 1.8 m,机车构造速度 120 km/h。

2)轨道各部件强度检算

　　(1)机车通过曲线轨道的允许速度的确定

　　对于新建线路,通过 $R = 600$ m 曲线轨道时的机车允许速度可按 $v_{max} = 4.37\sqrt{R}$ 来计算,得 $v_{max} = 105$ km/h,然后按此速度来检算各部件的强度。

　　(2)钢轨强度的检算

　　DF4 内燃机车的两个转向架之间距离比较大,彼此的影响其小,可任选一个转向架的车轮作为计算轮,同时由于三个车轮的轮重和轮距相同,两端的车轮对称,只要任选1与2轮或2与3轮作为计算轮来计算弯矩中的一项 $\sum_{i=1}^{n} P_i e^{-kx_i}(\cos kx_i - \sin kx_i)$ 计算结果见表4.7。

表 4.7 　$\sum_{i=1}^{n} P_i e^{-kx_i}(\cos kx_i - \sin kx_i)$ 的计算

计算轮	计算值	轮　位			$\sum_{i=1}^{n} P_i e^{-kx_i}(\cos kx_i - \sin kx_i)$
		1	2	3	
1	P/N	115 000	115 000	115 000	96 813
	x/mm	0	1 800	3 600	
	kx	0	2.124	4.248	
	$e^{-kx_i}(\cos kx_i - \sin kx_i)$	1	−0.164 5	0.006 3	
	$P_i e^{-kx_i}(\cos kx_i - \sin kx_i)$	115 000	−189 12	725	

计算轮	计算值	轮 位			$\sum\limits_{i=1}^{n} P_i \mathrm{e}^{-kx_i}(\cos kx_i - \sin kx_i)$
		1	2	3	
2	P/N	115 000	115 000	115 000	77 176
	x/mm	1 800	0	1 800	
	kx	2.124	0	2.124	
	$\mathrm{e}^{-kx_i}(\cos kx_i - \sin kx_i)$	−0.164 5	1	−0.164 5	
	$P_i \mathrm{e}^{-kx_i}(\cos kx_i - \sin kx_i)$	−18 912	115 000	−18 912	

计算步骤如下：

①计算 u 值。

计算钢轨强度的 $D = 30\ 000$ N/mm，按无缝线路的要求，轨枕均匀布置，轨枕间距 $a = 1\ 000\ 000/1\ 760 = 568$ mm，由此可得 $u = D/a = 30\ 000/568 = 52.8$ MPa。

②算 k 值。

$$k = \sqrt[4]{\frac{u}{4EI_x}} = \sqrt[4]{\frac{52.8}{4 \times 2.1 \times 10^5 \times 3\ 217 \times 10^4}} = 0.001\ 18(\mathrm{mm}^{-1})$$

式中　I_x——60 kg/m 新轨对水平轴的惯性矩，为 $3\ 217 \times 10^4$ mm^4。

$$\sum_{i=1}^{n} P_i \mathrm{e}^{-kx_i}(\cos kx_i - \sin kx_i)$$

以 1 与 2 轮分别为计算轮来计算 $\sum\limits_{i=1}^{n} P_i \mathrm{e}^{-kx_i}(\cos kx_i - \sin kx_i)$，并选取其中最大值来计算钢轨的弯矩。由表4.7可知，计算轮 1 的 $\sum\limits_{i=1}^{n} P_i \mathrm{e}^{-kx_i}(\cos kx_i - \sin kx_i) = 96\ 813$ 为其中的最大值，用此值来计算静弯矩。

③计算静弯矩 M。

$$M = \frac{1}{4k}\sum_{i=1}^{n} P_i \mathrm{e}^{-kx_i}(\cos kx_i - \sin kx_i) = \frac{1}{4 \times 0.001\ 18} \times 96\ 813 = 20\ 511\ 229(\mathrm{N \cdot mm})$$

④计算动弯矩 M_d。

计算内燃机车运行条件下的速度系数公式为 $a = \dfrac{0.4v}{100}$，可算得速度系数为

$$a = \frac{0.4}{100} \times 105 = 0.42$$

由计算偏载系数 β_p 的公式，式中的 $\Delta h = 75$ mm（根据旅客数适度原则确定），则得

$$\beta_p = 0.002 \times 75 = 0.15$$

由表 4.7 查得 $R = 600$ 时的横向水平力系数 $f = 1.60$。

将上述系数代入式（4.20）的 M_d，则得

$$M_\mathrm{d} = M(1 + \alpha + \beta_p)f = 20\ 511\ 229 \times (1 + 0.42 + 0.15) \times 1.60 = 51\ 524\ 207(\mathrm{N \cdot mm})$$

⑤计算钢轨的动弯应力 $\sigma_底$ 和 $\sigma_头$。

由表 4.1 可查得新轨的 $W_底 = 396\ 000$ mm^3，$W_头 = 339\ 400$ mm^3，则得轨底和轨头应力为

$$轨底 \qquad \sigma_底 = \frac{M_d}{W_底} = \frac{51\ 524\ 207}{396\ 000} = 130(MPa)$$

$$轨头 \qquad \sigma_头 = \frac{M_d}{W_头} = \frac{51\ 524\ 207}{339\ 400} = 151.8(MPa)$$

由表 4.8 查得 25 m 长的 60 kg/m 钢轨的温度应力 $\sigma_t = 51$ MPa,则得钢轨的基本应力为

$$轨底 \qquad \sigma_底 + \sigma_t + \sigma_f = 130 + 51 + 10 = 191(MPa)$$

$$轨头 \qquad \sigma_头 + \sigma_t + \sigma_f = 152 + 51 + 10 = 213(MPa)$$

U71 新轨的屈服极限 $\sigma_s = 405$ MPa,新轨的安全系数 $k_1 = 1.3$,允许应力为

$$[\sigma] = \frac{405}{1.3} = 321(MPa)$$

上述轨底和轨头的基本应力均小于 $[\sigma]$,符合钢轨的强度检算条件。

(3)轨枕弯矩的检算

①计算 u 和 k 值。计算轨枕弯矩时,用 $D = 70\ 000$ N/mm,由此可得 u 和 k 的值:

$$u = \frac{70\ 000}{568} = 123.2(MPa)$$

$$k = \sqrt[4]{\frac{u}{4DI_x}} = \sqrt[4]{\frac{123.2}{4 \times 2.1 \times 10^5 \times 3\ 217 \times 10^4}} = 0.001\ 46(mm^{-1})$$

算轨枕反力中的 $\sum P\eta \sum_{i=1}^{n} P_i e^{-kx_i}(\cos kx_i - \sin kx_i)$。与计算 $\sum_{i=1}^{n} P_i e^{-kx_i}(\cos kx_i - \sin kx_i)$ 一样,也列表计算,其结果见表 4.8。

表 4.8 $\sum_{i=1}^{n} P_i e^{-kx_i}(\cos kx_i - \sin kx_i)$ 的计算值

计算轮	计算值	轮 位			$\sum_{i=1}^{n} P_i e^{-kx_i}(\cos kx_i - \sin kx_i)$
		1	2	3	
1	P/N	115 000	115 000	115 000	111 643
	x/mm	0	1 800	3 600	
	kx	0	2.628	5.256	
	$e^{-kx_i}(\cos kx_i - \sin kx_i)$	1	-0.027 42	-0.001 77	
	$P_i e^{-kx_i}(\cos kx_i - \sin kx_i)$	115 000	-3 153.3	-203.5	
2	P/N	115 000	115 000	115 000	108 693
	x/mm	1 800	0	1 800	
	kx	2.124	0	2.124	
	$e^{-kx_i}(\cos kx_i - \sin kx_i)$	-0.027 42	1	-0.027 42	
	$P_i e^{-kx_i}(\cos kx_i - \sin kx_i)$	-3 153.44	115 000	-3 153.44	

取表中最大的 $\sum_{i=1}^{n} P_i e^{-kx_i}(\cos kx_i - \sin kx_i) = 111\ 643$ N

②计算轨枕上的动压力 R_d :

$$速度系数:\alpha = \frac{0.3v}{100} = \frac{0.3 \times 105}{100} = 0.32$$

$$偏载系数:\beta_p = 0.002\Delta h = 0.002 \times 75 = 0.15$$

$$R_d = (1 + \alpha + \beta_p)R = (1 + 0.32 + 0.15)\frac{ka}{2}\sum_{i=1}^{n} P_i e^{-kx_i}(\cos kx_i - \sin kx_i)$$

$$= 1.47\frac{0.00146 \times 568}{2} \times 111\,643 = 68\,049(N)$$

R_d 约为静轮载的 61.3% ,以此计算值来计算轨枕弯矩。

对于 Ⅱ 型轨枕 $L = 2\,500$ m, $a_1 = 500$ mm, $e = 950$ mm, 60 kg/m 轨底宽 $b' = 150$ mm,代入式 (4.31)计算轨下截面正弯矩,得

$$M_g = \left(\frac{a_1^2}{2e} - \frac{b'}{8}\right)R_d = \left(\frac{500^2}{2 \times 950} - \frac{150}{8}\right) \times 68\,049 = 7\,677\,897(N \cdot mm) < [M_g] = 13.3(kN \cdot m)$$

在计算轨枕中间截面负弯矩时,可按式(4.32)计算,得

$$M_c = -\left[\frac{4e^2 + 3L^2 - 12La_1 - 8ea_1}{4(3L + 2e)}\right]R_d$$

$$= -\left[\frac{4 \times 950^2 + 3 \times 2\,500^2 - 12 \times 2\,500 \times 500 - 8 \times 950 \times 500}{4(3 \times 2\,500 + 2 \times 950)}\right] \times 68\,049$$

$$= -6\,442\,937(N \cdot mm) < [M_g] = 10.5(kN \cdot m)$$

显然,轨枕中部支承时产生的负弯矩比中部不支承时的负弯矩大 32% 。

(4)道床顶面应力的检算

对于 Ⅱ 型轨枕,中部 600 mm 不支承在道床上时, $e' = 950$ mm,中部支撑在道床上时 $e' = 1\,175$ mm, $b = 275$ mm,所以按照上述两种支承情况可算得道床顶面压应力为:

$$\sigma_b = \frac{R_d}{be'}m = \frac{68\,049}{275 \times 950} \times 1.6 = 0.417(MPa)$$

上述 $\sigma_b < [\sigma_b] = 0.50$ MPa,满足强度条件。

(5)路基面道床压应力的检算

路基面道床压应力的检算可以有两种检算方法:一是根据已知的道床厚度,检算路基面的道床压应力;二是根据路基填料的允许应力反算所需的厚度。

第一种计算方法如下:

由式(4.39)计算 h_1 和 h_2 :

$$h_1 = \frac{b}{2}\cot\varphi = \frac{275}{2}\cot 35° = 196.4(mm)$$

$$h_2 = \frac{e'}{2}\cot\varphi = \frac{1\,175}{2}\cot 35° = 839.0(mm)$$

由前面的计算资料可知,面砟厚 250 mm,底砟厚 200 mm,道床的计算厚度 $h = 250 + \frac{200}{2} = 350(mm)$ 。所以,计算厚度在 h_1 和 h_2 之间,应按式(4.42)计算,即

$$\sigma_h = \frac{R_d}{2he'\tan\varphi} = \frac{68\,049}{2 \times 350 \times 1\,175 \times \tan 35°} = 0.12(MPa) < [\sigma_z] = 0.15\ MPa$$

第二种计算方法如下：

$$h = \frac{R_d}{2e'[\sigma_z]\tan\varphi} = \frac{68\,049}{2 \times 1\,175 \times 0.15\tan35°} = 276(\text{mm})$$

道床厚度的计算值小于实际的道床厚度，满足要求，并采用实际的道床厚度，检算通过。

（6）计算结果汇总

根据以上计算结果，轨道各部件应力或弯矩都未超过标准允许值，轨道强度合格，结果汇总见表4.9：

表4.9 轨道各部分强度检算结果汇总

检算项目	钢轨应力（MPa）		轨枕检算断面弯矩（kN·m）		道床顶面应力	基床表面应力
	轨头	轨底	M_g	M_c	σ_b（MPa）	σ_r（MPa）
计算值	181	203	7.704 798	8.536 000	0.338	0.12
允许值	312	312	13.3	10.5	0.5	0.15

课后习题

4.1 轨道结构力学分析的定义是什么？

4.2 轨道结构力学分析的计算模型都有哪些？

4.3 钢轨上主要作用有哪些力？各种力都有什么特点？

4.4 轨道结构强度检算分为哪几个内容？每个内容各有什么特点？

4.5 连续弹性基础梁与连续弹性点支承梁两种模型的异同点都有哪些？

4.6 文克尔（winkler）假定是什么？

4.7 试推导钢轨点支承刚度 D 的计算公式。

4.8 为什么说刚比系数是轨道系统特征参数？

4.9 什么是准静态计算方法？

4.10 为什么轨道动力响应的计算能采用准静态计算方法？

4.11 轨道动力响应的准静态计算方法包括哪些内容？

4.12 钢轨应力都包括哪些内容？

4.13 采用什么方法进行轮轨接触应力的计算？

4.14 什么是赫兹弹性接触理论？

4.15 采用什么方法计算轨枕弯矩？

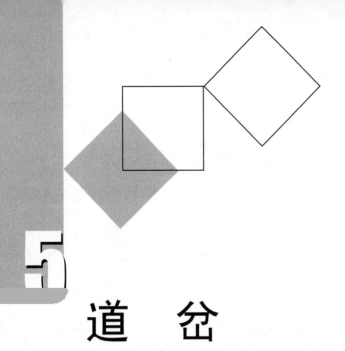

5

道　岔

本章导读：

• **基本要求**　了解道岔的类型；掌握单开道岔的构造；了解辙叉和护轨部分各自的特点，理解辙叉角与道岔号数的关系；了解单开道岔中 $t_{min}, d_0, t_1, D_1, D_2, t_w, l_H$ 等概念；理解过岔速度和提高过岔速度的措施。

• **重点**　单开道岔的组成部分。

• **难点**　道岔的几何尺寸。

5.1　道岔的功能及其类型

5.1.1　道岔的功能

道岔零部件数量多、构造复杂，与正线轨道相比，平顺性差，与曲线、接头并称为轨道的 3 大薄弱环节。一些类型道岔使用寿命短、限制列车速度、行车安全性低、养护维修投入大。因此，道岔在使用中应满足强度、安全和旅客舒适度的要求，保证列车以规定的速度通过，并且具有较长的使用寿命。

当两条线路在正线上交叉时，需要设置道岔。但是为了提高线路的强度、稳定性及通过能力，保证列车的速度，在正线上尽量避免设置道岔。通常将道岔设置在车站和编组站，用于列车的到发、会让、越行，以及组成各种梯线、渡线等供列车调车、编组和摘挂。

道岔在会让站、越行站中的主要作用是将待避列车引入到发线，为对向或同向列车让路。在中间站中道岔的主要作用是将列车引入到发线，为列车的到发提供进路，或将列车引入避难线、安全线，提高行车安全性。区段站除办理中间站的作业外，还办理机车车辆业务，因此，还需要设置道岔将列车引入机务段或车辆段。编组站是应用道岔最多的地方，主要是通过道岔引导列车解体和编组,如图5.1所示。

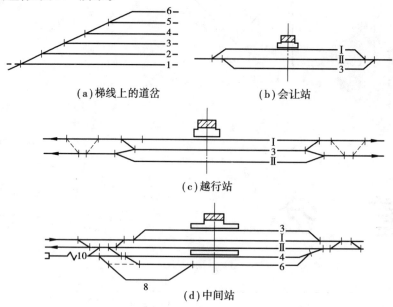

图5.1　车站中的道岔

在城市轨道交通中,线路按其在运营中的作用有正线、辅助线之分,道岔主要应用在存车线、折返线、安全线、停车线、出入线等辅助线,用于列车的到发,如图5.2所示。

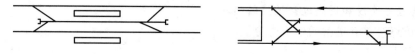

图5.2　城市轨道车站中的道岔

5.1.2　道岔的类型

道岔的基本形式有3种:道岔、交叉以及道岔与交叉的组合。具体分类如下:

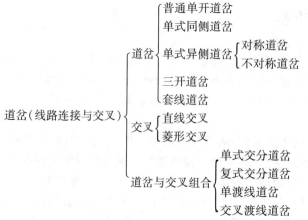

(1)普通单开道岔

我国最常见的道岔类型是普通单开道岔。普通单开道岔又称单开道岔,是以直线为主线,侧线向主线的左侧或者右侧分支的道岔,如图5.3所示。

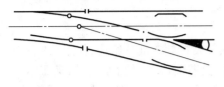

图5.3 普通单开道岔(右开)

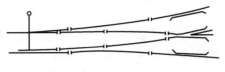

图5.4 对称道岔

(2)对称道岔

对称道岔是单开道岔的一种特殊形式。对称道岔将一条线路分为两条,但无直向或侧向之分,两条连接线路的曲线半径相同,道岔各部件均按辙叉角的中分线对称排列,因此两侧线运行条件相同,如图5.4所示。由于对称道岔两条侧线均为曲线,导曲线半径相等时,对称道岔的长度要比单开道岔短,其他条件相同时,导曲线半径约为单开道岔的两倍。因此,在道岔长度固定的条件下,使用对称道岔较普通单开道岔可获得较大的导曲线半径,从而可提高过岔速度。对称道岔在驼峰下、三角线上、城市轻轨线和工业铁路线上获得广泛应用。

(3)三开道岔

三开道岔是复式道岔中较为常用的一种形式。三开道岔是将一条线路分为3条,它相当于两组异侧顺接的普通单开道岔拼接在一起,但其长度远比两组单开道岔的长度之和短,如图5.5所示。该道岔构造比较复杂,维修困难,运行条件较差,不轻易采用。三开道岔常用于铁路轮渡桥头引线、驼峰编组场以及地形狭窄又有特殊需要的地段。

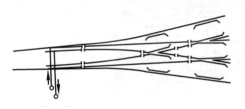

图5.5 三开道岔

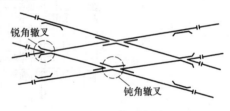

锐角辙叉

钝角辙叉

图5.6 菱形交叉

(4)菱形交叉

菱形交叉由两组锐角辙叉和两组钝角辙叉组成,但没有转辙器。因此,股道之间不能转线,如图5.6所示。

(5)交分道岔

交分道岔由菱形交叉、转辙器和连接曲线等部分组成,如图5.7所示,分为单式交分道岔和复式交分道岔。复式交分道岔像X形,实际上相当于4组单开道岔和一副菱形交叉的组合,具有道岔长度短、开通进路多及两个主要行车方向均为直线等优点,并且能节约占地,提高调车能力并改善列车运行条件。

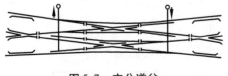

图5.7 交分道岔

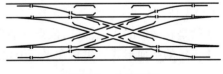

图5.8 交叉渡线

(6)交叉渡线

交叉渡线相当于4组类型和号数相同的单开道岔和一组菱形交叉的组合,如图5.8所示,一般用于平行股道之间的连接。

5.1.3 单开道岔的构造

单开道岔由转辙器(即转辙部分)、连接部分、辙叉及护轨 3 部分组成,如图 5.9 所示。道岔直线部分称为主线,曲线部分称为侧线(或岔线);转辙器前段为道岔始端,辙叉跟端为道岔终端。列车通过道岔时,凡由道岔终端驶向道岔始端时,称顺向通过道岔;由始端驶向终端时,称逆向通过道岔。

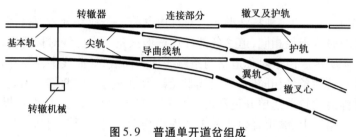

图 5.9 普通单开道岔组成

1)转辙器部分

单开道岔的转辙器,是引导机车车辆沿主线方向或侧线方向行驶的线路设备。转辙器由两根基本轨、两根尖轨、各种联结零件和道岔转辙机构组成,如图 5.10 所示。

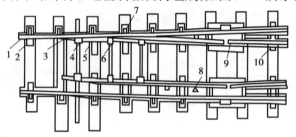

图 5.10 转辙器

1—基本轨;2—辙前垫板;3—尖轨;4—拉杆;5—滑床板;
6—连接杆;7—轨撑;8—顶铁;9—尖轨跟端;10—辙后垫板

(1)基本轨

基本轨标准断面的钢轨制成,主股基本轨为直线,侧股基本轨按转辙器各部分的轨距在工厂事先弯折成规定的线形。一般情况下折线线形可以满足要求,当侧向过岔速度较高时,需要采用曲线形式。

基本轨由承受车轮的垂直荷载,并与尖轨共同承受车轮的横向水平力。为了防止基本轨的横向移动,在其外侧设置轨撑。尖轨与基本轨应保持良好的密贴状态。

(2)尖轨

尖轨是转辙器的主要部分,依靠扳动尖轨,可以引导列车进入正线或侧线。

①尖轨的平面形式。尖轨在平面上可分为直线型和曲线型,如图 5.11 所示。

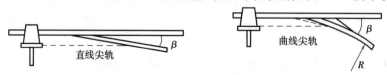

图 5.11 直线尖轨和曲线尖轨

　　直线型尖轨的工作边为直线,它与基本轨工作边的交角称转辙角 β,与车轮轮缘冲击尖轨工作边的冲击角相等。显然,冲击角越大,车轮撞击尖轨的水平力和动能损失也越大,不但增加了列车进入侧线时的摇晃,也限制了列车侧向通过道岔的速度。直线尖轨制造加工简单,更换使用方便,左、右开道岔皆可互换使用,如需减小尖轨的冲击角、提高列车的侧向通过速度以及缩短道岔长度时,则宜采用曲线尖轨。

　　曲线型尖轨的工作边除尖端前部有一小段直线外,其余均为圆曲线。我国新设计的 12 号道岔及以上的大号码道岔均采用曲线型尖轨。曲线型尖轨左、右开类型不能通用,制造较复杂,前端刨切较多。曲线型尖轨可分为切线型、半切线型、割线型、半割线型 4 种,我国铁路主要采用半切线型和半割线型曲线尖轨。

　　②尖轨的断面形式。尖轨按断面形状分为普通断面尖轨和矮型特种断面尖轨。

　　普通断面尖轨是用普通钢轨制成的尖轨,为了使尖轨尖端紧密贴靠在基本轨,须将尖轨尖端轨头两侧及轨底内侧(靠基本轨一侧)进行刨切。其尖轨刨切部分断面较弱,需在轨前端轨腰两侧增加补强板来增加其横向刚度。

　　矮型特种截面钢轨(简称 AT 轨)是用较同型基本轨高度低的特种断面的钢轨制成,如图5.12所示。其整体性强,刚度大,易于维修,消除了列车过岔的垂向不平顺,可提高直股过岔速度。特种截面的尖轨,无论高型或矮型,都需将它的跟端加工成普通钢轨截面,方能与后面的连接轨用标准的跟部结构相连,否则需要采用特殊的跟端结构。

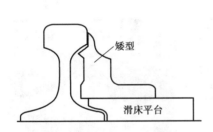

图 5.12　矮型特种截面钢轨

　　③尖轨尖端与基本轨的贴靠形式。为使转辙器正确引导列车的行驶方向,尖轨尖端必须细薄,且与基本轨紧密贴合。从尖轨尖端开始,尖轨断面逐渐加宽,其非工作边一侧与基本轨工作边一侧紧密贴合,保证直向尖轨工作边为一直线,侧向尖轨工作边与导曲线工作边为一圆曲线。尖轨与基本轨的贴靠形式通常有两种:一种是爬坡式(见图 5.13),一种是藏尖式。我国铁路通常采用藏尖式尖轨,如图 5.14 所示。

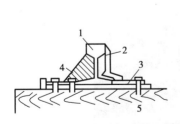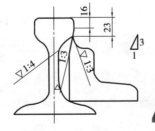

图 5.13　爬坡式尖轨　　　　　　　　　图 5.14　藏尖式尖轨

1—基本轨;2—尖轨;3—滑床板;

4—轨撑;5—岔枕

爬坡式尖轨(又称贴尖式尖轨)是用普通断面钢轨刨切尖轨后,将头部经过刨切的尖轨置于高出基本轨底6 mm的滑床板上,使尖轨叠盖在基本轨的轨底,从而避免对基本轨和尖轨刨切过多。

藏尖式尖轨尖端藏于基本轨的轨距线之下,以保护尖轨尖端不被车轮轧伤,并且可以保持良好的竖向稳定性。当采用矮型特种截面钢轨加工藏尖式尖轨时,一般在基本轨的轨头下颚轨距线以下作1:3的斜切。

④尖轨的跟端结构。尖轨与导曲线钢轨连接的一端称尖轨跟端。尖轨跟端必须保证尖轨能适应转辙的要求在平面上左右摆动,同时又要坚固稳定。我国的道岔主要采用间隔铁式和弹性可弯式跟端结构。无缝道岔设计的还有限位器结构。

间隔铁式(也称活接头式)跟端结构由跟端大垫板、间隔铁、跟端夹板、跟端轨撑、防爬卡铁及联结螺栓等组成。间隔铁保持基本轨与尖轨和导轨的间隔尺寸,双头螺栓保持间隔铁与夹板的距离使尖轨扳动灵活。这种跟端结构,零件较少,结构简单,尖轨扳动灵活。但固定性和稳定性较差,易出现病害。

弹性可弯式尖轨在跟端前2~3根轨枕处,将轨底削去一部分,使其与轨头同宽,成为弹性可弯(柔性)点,这样就使其前部尖轨具有能从一个位置扳动到另一个位置的足够的弹性,减小扳动力,如图5.15所示。这种尖轨结构相对简单,易于维护。我国在新设计的60 kg/m钢轨12号道岔和大号码道岔上采用了弹性可弯式跟端结构。

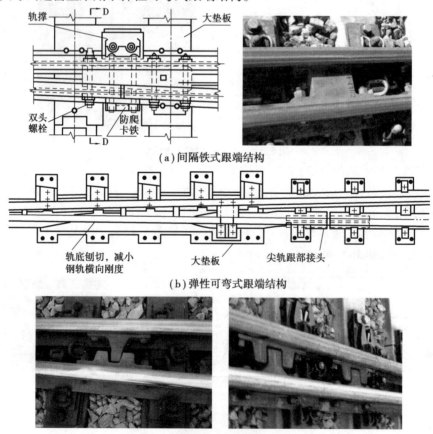

(a)间隔铁式跟端结构

(b)弹性可弯式跟端结构

(c)限位器式跟端结构

图5.15 尖轨的跟端结构类型

在无缝道岔中可用限位器跟端结构限制尖轨尖端的伸缩位移,将温度力传给基本轨。

⑤尖轨的长度和高度。尖轨的长度与道岔号数和尖轨的形式有关,一般道岔号数越大,尖轨长度越长。在我国9号道岔的尖轨长度为6.25 m,12号道岔的直线型尖轨长度为7.7 m,曲线型的尖轨长度为11.3~11.5 m,18号道岔的尖轨长度为12.5 m,38号道岔的尖轨长度为37.6 m。

尖轨顶宽大于50 mm部分才能完全承受车轮轮载力,尖轨轨顶宽小于20 mm部分应完全由基本轨受力,尖轨顶宽20~50 mm的部分,为车轮轮载转移的过渡段。因此,为使尖轨具有承受车轮压力的足够强度,尖轨各个截面的高度都有具体规定,如图5.16所示。当用普通截面钢轨制作尖轨时,为减少尖轨轨底的刨切量,将尖轨较基本轨抬高6 mm。当采用高型或矮型特种截面钢轨加工成尖轨时,从尖轨顶宽50 mm处到尖轨跟端,尖轨和基本轨是等高的。AT轨取消了普通钢轨断面尖轨6 mm的抬高量,消除了列车过岔的垂向不平顺,提高了过岔速度。

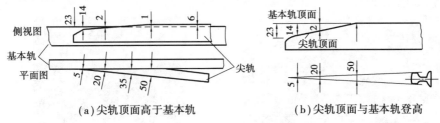

(a)尖轨顶面高于基本轨　　(b)尖轨顶面与基本轨登高

图5.16　尖轨顶面与基本轨的高度关系

(3)其他零件

①滑床板。滑床板作为道岔的重要零件,它位于尖轨和基本轨组件下,在整个尖轨长度范围内承托尖轨、扣压基本轨,如图5.17所示。滑床板有分开式和不分开式两类。不分开式用道钉将轨撑、滑床板直接与岔枕联结;分开式是轨撑由垂直螺栓先与滑床板联结,再用道钉或螺纹道钉将垫板与岔枕联结。

图5.17　滑床板

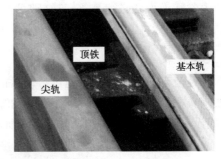

图5.18　顶铁

②顶铁。尖轨与轨枕没有扣件固定,为了保持尖轨在列车通过时不被车轮横向压力所挤弯,应在尖轨轨腰上安装顶铁。这样,车轮作用于尖轨的横向力便通过顶铁传递于基本轨,共同抵抗车轮的横向压力,如图5.18所示。

③轨撑。安装在转辙器基本轨的外侧,用以防止基本轨倾覆、扭转和纵横向移动,保持轨距。轨撑用螺栓与基本轨相连。轨撑有双墙式和可调式两种,如图5.19所示。

④间隔铁。间隔铁设置于尖轨跟端,在无缝道岔中可将尖轨中的温度力传至基本轨,限制尖轨尖端的伸缩位移。而在有缝道岔中则是间隔铁鱼尾板式跟端结构,保证尖轨的扳动及其稳定性。

图 5.19　轨撑

⑤道岔拉杆和连接杆。道岔拉杆是连接两根尖轨,并与转辙设备相连,以实现尖轨扳动的杆件,又称转辙杆。连接杆连接两根尖轨,其作用是将两根尖轨联结成一个框架式整体,提高尖轨的稳定性,如图 5.20 所示。

图 5.20　道岔拉杆和连接杆

图 5.21　转辙机械

⑥转换设备。最常用的转换设备有机械式和电动式。若按操纵方式分类,则有集中式和非集中式两类(机械式转换设备有集中式和非集中式,电动式转换设备均为集中式),如图 5.21 所示。道岔转换设备必须具备转换(改变道岔开向)、锁闭(锁闭道岔,在转辙杆中心处尖轨与基本轨之间,不允许有 4 mm 以上的间隙)和显示(显示道岔的正位或反位)3 种功能。

2)辙叉和护轨

辙叉是使车轮由一股钢轨通过另一股钢轨的轨线平面交叉设备,设置在道岔侧线钢轨与道岔主线钢轨相交处。护轨是引导车轮的轮缘,使之进入设定的轮缘槽内,防止与叉心碰撞的设备,一般设于固定辙叉的两侧,如图 5.22 所示。

图 5.22　辙叉和护轨

(1)辙叉组成及辙叉号数

辙叉由叉心、翼轨和联结零件组成,如图 5.23 所示。翼轨和心轨保持合理的轨距,形成必要的轮缘槽,使车轮轮缘能顺利通过。

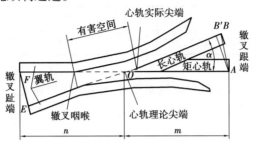

图 5.23　辙叉组成

叉心两个工作边的延长线的交点称为辙叉理论中心(理论尖端)。由于制造工艺的原因,实际的叉心尖端有 6~10 mm 的宽度,此处称为心轨的实际尖端。

两翼轨工作边相距的最小处称为辙叉咽喉。从辙叉咽喉至心轨实际尖端之间轨线中断,车轮通过时,叉心容易受到撞击,称此处为"有害空间"。为保证车轮安全通过有害空间,在辙叉两侧相对位置的基本轨内侧设置了护轨,借以引导车轮的行驶方向。

从辙叉趾端到跟端的长度 FA 或 EB 称辙叉全长,从其趾端到理论中心的距离 EO 或 FO,称辙叉趾距(又称辙叉前长),用 n 表示;从其跟端到理论中心的距离 AO 或 BO 称辙叉跟距(又称辙叉后长),用 m 表示。辙叉趾端两翼轨工作边间的距离 EF,称为辙叉趾宽(前开口)Pn;辙叉跟端距叉心两个工作边间的距离 AB,称为辙叉跟宽(后开口)Pm,如图 5.23 所示。

我国常用的标准道岔的辙叉尺寸见表 5.1。

表 5.1　标准辙叉尺寸　　　　　　　　　　　　　　　　单位:mm

钢轨类型(kg/m)	道岔号数	辙叉全长	n	m	P	P
75,60	18	12 600	2 851	9 749	2 658	441
75,60	12	5 927	2 127	3 800	177	317
50	12	4 557	1 849	2 708	154	225
60	9	4 309	1 538	2 771	171	308
50	9	3 588	1 538	2 050	171	228

叉心两侧工作边之间的夹角称为辙叉角 α,如图 5.23 所示。辙叉号数 N(也称道岔号数)是根据辙叉角的大小决定的,即,

$$N = \frac{OB'}{AB'} = \cot \alpha \tag{5.1}$$

辙叉号数是道岔的主要技术参数之一。由式(5.1)可知,辙叉(道岔)号数越大,辙叉角越小,允许列车通过的侧向过岔速度越高。在高速铁路上,为了获得更高的侧向过岔速度,需要采用大号码道岔。

我国常用道岔号数与辙叉角的对应值见表 5.2。其中 6,7 两个号数仅用于厂矿等企业内部铁路或驼峰下,其他各号则用于铁路正线和站线,一般以 9 号和 12 号最为常用。城市轨道交通正线中一般多用 9 号道岔,在首都机场线也采用了较大的 18 号道岔。铁路上列车以高速通过的正线单开道岔号数不得小于 12 号,在侧线通过高速列车的地段,则需铺设大号码道岔。

表 5.2　道岔号数 N 与辙叉角 α 的关系

N	6	7	9	12	18	24	38	41
α	9°27′44″	8°7′48″	6°20′25″	4°45′49″	3°10′47″	2°23′9″	1°30′26.8″	1°23′39.8″

单开道岔的辙叉角小于 90°，因此将这类辙叉也称为锐角辙叉。交叉渡线和交分道岔中辙叉角大于 90°的辙叉称为钝角辙叉。

（2）辙叉类型

从平面上看，辙叉类型有直线辙叉和曲线辙叉。直线型辙叉的两条工作边均为直线；曲线型辙叉的工作边一条或两条为曲线。按构造分，有固定式辙叉和可动式辙叉两类。

①钢轨组合式辙叉。由钢轨经过弯折、刨切并与其他零件加工拼装而成，包括长心轨、短心轨、翼轨、间隔铁、垫板及其他联结零件，如图 5.24 所示。辙叉心由长短心轨拼装而成，长心轨铺设在正线或运量较大的线路方向上。为尽可能保持长心轨截面的完整，将短心轨的头部和底部刨去一部分，使短心轨轨底叠盖在长心轨轨底上，以保持辙叉心的坚固稳定。这种辙叉零件多，整体性差，养护工作量大，目前我国正线上很少使用，一般仅存在于次要线路上。

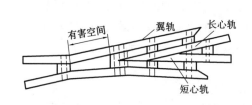

图 5.24　组合辙叉

②高锰钢整铸辙叉。用高锰钢浇铸，把翼轨和心轨铸成一个整体的辙叉，如图 5.25 所示。高锰钢是一种含锰、碳元素较高的合金钢（含锰约 12.5%、碳约 1.2%），具有较高的强度和良好的抗冲击韧性，经热处理后，在冲击荷载作用下，很快产生硬化，使表面具有良好的耐磨性，同时，由于心轨和翼轨同时浇铸，这种结构的辙叉整体性和稳定性较好，可以不设辙叉垫板而直接铺设在岔枕上。因此，这种辙叉的养护维修工作量少，使用寿命长。

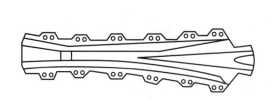

图 5.25　整铸辙叉

③拼装辙叉。心轨与翼轨采用强度、韧性和硬度较普通钢轨优越的材料制成，并组成一体，再与区间轨道直接焊接。此种辙叉目前一直处于更新发展之中。其优点是便于更换，在无缝道岔方面具有突出的优势，如图 5.26 所示。

④可动心轨辙叉。心轨可动，翼轨固定，如图 5.27 所示。由于固定辙叉都存在着"有害空间"，形成轨线断开，当列车通过辙叉时，具有车轮剧烈冲击钢轨，产生车体的震荡，加速辙叉主要部件的磨耗损伤等缺点，限制了过岔速度的提高。而可动心轨式辙叉，则是利用心轨可以摆

图 5.26　拼装辙叉

动并与翼轨紧密贴靠的特点,来达到消除有害空间的一种辙叉,这种辙叉直股可以不设护轨。由于心轨靠翼轨使轨线连续不断,避免了车轮对翼轨和心轨的冲击,提高了列车运行的平顺性,为提高列车过岔速度创造了条件,可延长辙叉使用寿命,减少养护维修工作量。但因其结构复杂,且可动心轨正反转换需另设转换装置,主要用于高速列车运行的正线上。

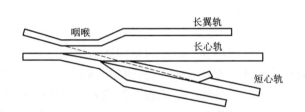

图 5.27　可动心轨辙叉

⑤可动翼轨式辙叉,如图 5.28 所示。心轨固定,翼轨可动,通过扳动翼轨与心轨工作边相贴,从而保证两个行车方向轨线的连续性以消灭有害空间。这类辙叉可以设计成与既有固定式辙叉互换的尺寸,铺设时可以避免引起站场平面的变动。可动翼轨式辙叉缺点是可动翼轨的横向稳定性较差,翼轨的固定装置结构复杂。可动翼轨式辙叉又分单侧翼轨可动和双侧翼轨可动两种类型。

另外,还有其他消灭有害空间的辙叉型式(如德国的 UIC60 型钢轨道岔),是用滑动的滑块填塞辙叉有害空间处的轮缘槽。

当车轮沿翼轨向叉心方向滚动时,车轮逐渐离开翼轨工作边,由于车轮踏面是锥形的,车轮逐渐下降,当车轮离开翼轨完全滚到心轨后,又恢复到原来的高度;反之,当车轮由心轨滚向翼轨时,也是先降低后升高,这样就产生了垂直不平顺。为了消除垂直不平顺,并防止车轮在翼轨与心轨间过渡时产生冲击,采用了提高翼轨顶面和降低心轨前端顶面的做法,将翼轨顶面做成1:20 的横坡,使翼轨和心轨顶面之间保持必要的相对高差,如图 5.28 所示。

对高锰钢整铸辙叉,规定叉心顶宽 35 mm 及以上部分承受全部车轮压力,而在 20 mm 及以下截面则完全不受力。因此,将翼轨顶面从辙叉咽喉到叉心顶面 35 mm 一段以堆焊法加高,如图 5.29(a)所示。同时,为了防止车轮撞击心轨尖端,应使该处尖轨顶面低于翼轨顶面 33 mm

以下,如图 5.29(a)所示。

图 5.28　可动翼轨式辙叉

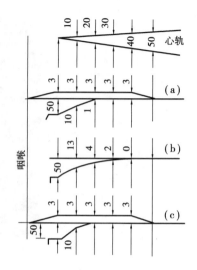

图 5.29　辙叉翼轨与心轨顶面

对钢轨组合式辙叉,规定叉心顶宽 40 mm 及以上部分承受全部车轮压力,而在 30 mm 及以下部分则完全不受力。由于工厂制作时堆焊翼轨有困难,因此,设计中未将翼轨轨面抬高,而只将心轨轨面降低,如图 5.29(b)所示。但对磨耗的辙叉进行焊修时,可将翼轨顶面焊高,如图5.29(c)所示。

3)护轨

护轨设置在辙叉两侧,是固定型辙叉的重要组成部分。其作用是控制车轮运行方向,使之正常通过"有害空间"而不错入轮缘槽,防止轮缘冲击或爬上辙叉心轨尖端,保证行车安全。

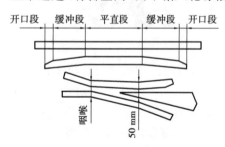

图 5.30　护轨的防护范围

护轨由中间平直段、两段缓冲段和开口段组成,如图5.30 所示。护轨平直段是起防护作用的主要部分,缓冲段和开口段呈折线形,起着将车轮平顺地引入护轨平直段的作用。缓冲段的冲击角应按列车允许的通过速度设置。一般护轨的防护范围为辙叉咽喉至叉心顶宽 50 mm的一段长度,并要求有适当的空余。

目前我国护轨结构的类型主要有间隔铁型、H 型和槽型 3 种。

4)连接部分

连接部分是转辙器和辙叉之间的连接线路,包括直股连接线和曲股连接线(又称导曲线),如图 5.31 所示。直股连接线与区间直线线路的构造基本相同,导曲线的平面形式可以是圆曲线、复合圆曲线、缓和曲线或变曲率曲线。我国道岔导曲线多为圆曲线,38 号道岔导曲线采用圆曲线与三次抛物线组合的形式。导曲线为圆曲线时两端不设缓和曲线。当尖轨或辙叉为曲线类型时,其本身也是导曲线的一部分。导曲线由于长度和界限的限制,一般不设超高和轨底坡,但在构造及条件允许的情况下可设置少量超高。

对于结构比较薄弱的道岔,为防止钢轨在动荷载作用下的外倾或轨距扩大,可在导曲线上设置一定数量的轨撑或轨距拉杆。同时为了减少钢轨的爬行,还可在导曲线范围内设置一定数

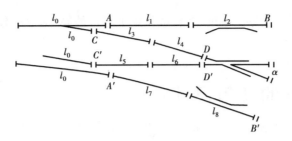

图 5.31　道岔连接部分

量的防爬器及防爬木撑。

连接部分一般配置 8 根钢轨,直股连接线 4 根,曲股连接线 4 根。配轨时要考虑轨道电路绝缘接头的位置和满足接头对接的要求,并尽量采用 12.5 m 或 25 m 长的标准钢轨。一般连接部分使用的短轨不得短于 6.25 m,在困难的情况下不短于 4.5 m。

我国标准的 9、12 及 18 号道岔连接部分的配轨如图 5.29 所示,尺寸见表 5.3。

表 5.3　标准道岔的配轨尺寸　　　　　　　　　　　　　　单位:mm

N	9	12	18	N	9	12	18
l_1	5 324	11 791	10 226	l_5	6 838	12 500	16 574
l_2	11 000	12 500	18 750	l_6	9 500	9 385	12 500
l_3	6 894	12 500	16 903	l_7	5 216	11 708	10 173
l_4	9 500	9 426	12 500	l_8	11 000	12 500	18 750

5.1.4　岔枕

道岔中铺设的轨枕称为岔枕,如图 5.32 所示。按材质岔枕分为木岔枕、混凝土岔枕和钢岔枕 3 类。过去我国道岔的岔枕以木枕为主,近些年设计的客运专线及提速线路道岔使用混凝土岔枕。

图 5.32　岔枕

木岔枕截面和普通木枕基本相同,断面高为 160 mm,宽为 240 mm,长度分为 12 级,其中最短的为 2.60 m,最长的为 4.80 m,级差为 0.2 m,采用螺纹道钉与垫板连接。混凝土岔枕断面高为 220 mm,顶宽 260 mm,底宽 300 mm,长度最短的为 2.60 m,最长的为 4.90 m,级差为 0.1 m,其有效支承面积大,扣件采用无挡肩式,岔枕顶面平直。

为了适应大型维修机械作业的需要,一些提速道岔的转辙牵引点处采用钢岔枕,以安装转辙机械。钢岔枕内腔应满足电务转换设备的安装要求,同时考虑允许尖轨或心轨 15 mm 的伸缩量。钢岔枕自身还应有足够的刚度,在轮载作用下尽可能减小挠度,保证为上部构件及转换设备提供良好的支撑条件。

5.2 单开道岔的几何尺寸

由于道岔结构复杂,平顺性差,为保证行车安全与舒适性,道岔的几何尺寸应严格按相关规定控制。一些特殊部位的尺寸也与一般轨道不同。

5.2.1 单开道岔各部分的轨距及变化率

单开道岔中直股轨道的轨距为 1 435 mm,曲线轨道应根据曲线半径、运行速度及机车车辆的通过条件等因素确定。

道岔处为了缓冲机车车辆通过道岔时对钢轨的挤压、冲撞,在道岔的尖轨尖端、尖轨跟端、导曲线部分,轨距需要适当加宽。在单开道岔上,需要重点检测的轨距加宽部位有:基本轨前接头处轨距 S_1、尖轨尖端轨距 S_0、尖轨跟端直股及侧股轨距 S_h、导曲线中部轨距 S_c 和导曲线终点轨距 S,如图 5.33 所示。

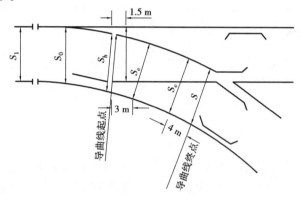

图 5.33 单开道岔各部分轨距加宽

按机车车辆以正常强制内接方式通过道岔,道岔各部位的轨距为:

$$S = q_{max} + (f_0 - f_i) + \frac{1}{2}\delta_{min} - \sum \eta \qquad (5.2)$$

式中 q_{max}——最大轮对宽度;

f_0——外轮与外轨线形成的矢距;

f_i——内轮与内轨线形成的矢距;

δ_{min}——轮轨间的最小游间;

$\sum \eta$——机车车辆轮轴的可能的横动量之和。

我国铁路标准道岔上各部位的轨距值见表 5.4。

表 5.4　标准道岔各部位的轨距尺寸

道岔号	位　置				
	S_1	S_0	S_h	S_c	S
	轨距值（mm）				
8	1 435	1 450	1 439	1 450	1 435
9	1 435	1 450	1 439	1 450	1 435
10	1 435	1 450	1 439	1 450	1 435
11	1 435	1 445	1 439	1 450	1 435
12	1 435	1 445	1 439	1 445	1 435
18	1 435	1 437	1 435	1 435	1 435

道岔各部分的轨距加宽,应有适当的递减距离,以保证行车的平稳性。尖轨尖端的轨距加宽,应按不大于6‰的递减率向尖轨外放递减。S_0 和 S_h 的差数,应在尖轨范围内均匀递减。导曲线中部轨距加宽的递减距离,至导曲线起点为3 m,至导曲线终点为4 m。尖轨跟端直股轨距 S_h 的递减距离为1.5 m。

道岔各部分的轨距应符合标准规定,如有误差,不论是正线、到发线、站线或专用线,一律不得超过相关的规定,一般在有控制的尖轨尖端处为 +1 mm 或 -1 mm,其他各处为 +3 mm 或 -2 mm。同时还需考虑道岔轨距在列车作用下将有2 mm的弹性扩张,由此可以算出道岔各部分的最小、正常和最大轨距值。

我国新设计的道岔,例如提速道岔中,除直股尖轨尖端宽2 mm处因刨切引起的轨距构造加宽外,其余各部直轨轨距均为1 435 mm。

5.2.2　道岔各部分间隔尺寸

1）转辙器部分的间隔尺寸

转辙器部分需要严格控制的几何尺寸包括尖轨的最小轮缘槽宽 t_{min} 和尖轨动程 d_0。

（1）尖轨的最小轮缘槽宽 t_{min}

因曲线尖轨在其最突出处的轮缘槽为最小,按列车使用曲线尖轨直向过岔时,保证在最不利的条件下,即轮对一侧的车轮轮缘紧贴直股尖轨,另一侧车轮轮缘能顺利通过而不撞击尖轨的非工作边,为曲线尖轨的最小轮缘槽 t_{min},如图5.34所示。要保证轮对顺利通过该轮缘槽,不使轮对的轮缘撞击尖轨的非工作边,轮缘槽宽应满足最不利组合时的值,即,

$$t_{min} \geqslant S_{max} - (T + d)_{min} \qquad (5.3)$$

式中　S_{max}——曲尖轨突出处直向线路轨距的最大值,计算时还应考虑轨距的弹性扩大和轨距公差;

　　　T——轮背内侧距离;

　　　d——轮缘厚度。

我国实际采用的 $t_{min} \geqslant 1 435 + 3 - (1 350 + 22 - 2) = 68（mm）$。同时 t_{min} 也是控制曲线尖轨

长度的因素之一,为缩短尖轨长度,根据经验,t_{min} 可减少至 65 mm。

直线尖轨的最小轮缘槽宽 t_{min} 出现在尖轨跟端,如图 5.34 所示。尖轨跟端轮缘槽 t_0 应不小于 74 mm。这时跟端支距 $y_g = t_0 + b$,b 为尖轨跟端钢轨头部的宽度。取 $b = 70$ mm,可得尖轨跟端支距 $y_g = 144$ mm。

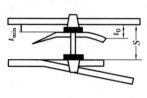

图 5.34　曲线尖轨轮缘槽

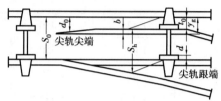

图 5.35　直线尖轨尖端与跟端

(2)尖轨动程 d_0

如图 5.35 所示,尖轨动程 d_0 为尖轨尖端非工作边与基本轨工作边之间的摆动幅度,规定在距尖轨尖端 380 mm 的第一根连杆中心处量取。尖轨动程 d_0 的值应保证尖轨扳开后,当车轮紧贴另一侧基本轨运行时,具有最小宽度的轮对对尖轨非工作边不侧向挤压。尖轨的动程由 t_{min}、曲线尖轨最突出处的钢轨顶宽、曲线半径 R 等因素确定。由于目前各种转辙机的动程业已定型,故尖轨的动程应与转辙机的动程配合,可参考《铁路线路修理规则》(见表 5.5)。

表 5.5　尖轨动程

尖轨类型		尖轨在第一拉杆中心处的最小动程 d_0(m)
直尖轨		142
曲尖轨		152
AT 型弹性可弯尖轨	12 号普通道岔	180
	12 号提速道岔	160
18 号道岔	允许速度≥160 km/h	160
	允许速度≤160 km/h	160/180

备注:其他型号道岔按标准图或设计图设置。

2)导曲线几何尺寸

在单开道岔上,导曲线支距是导曲线外轨工作边上各点距直股基本轨工作边的垂直距离。导曲线支距正确与否对能否正确设置导曲线并保证其圆顺性起着十分重要的作用。下面以圆曲线型导曲线的曲线尖轨单开道岔为例,进行计算。

如图 5.36 所示,取直股基本轨工作边正对尖轨跟端的 O 点为坐标原点(即导曲线起点),导曲线起点的横坐标 x_0 和支距 y_0 分别为:

$$x_0 = 0, y_0 = y_g \tag{5.4}$$

在导曲线终点,横坐标 x_n 和支距 y_n 分别为:

$$\left. \begin{array}{l} x_n = R(\sin \gamma_n - \sin \beta) \\ y_n = y_g + R(\cos \beta - \cos \gamma_n) \end{array} \right\} \tag{5.5}$$

式中　R ——导曲线外轨工作边半径;

γ_n——导曲线终点 n' 所对应的偏角,显然 $\gamma_n = \alpha$(辙叉角);

β ——尖轨转辙角。

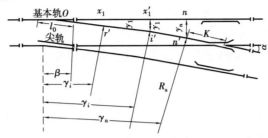

图 5.36 导曲线支距

令导曲线上各支距点 i 的横坐标为 x_i,通常 i 点距坐标原点 O 的间距为 2 m 的整数倍,则 i 点所对应的偏角 γ_i 可根据

$$x_i = R(\sin \gamma_i - \sin \beta) \tag{5.6}$$

求得

$$\gamma_i = \arcsin(\sin \beta + x_i/R)\ (i = 1,2,\cdots) \tag{5.7}$$

则 i 点相应的支距 y_i 为:

$$y_i = y_0 + R(\cos \beta - \cos \gamma_i) \tag{5.8}$$

最后计算所得的 y_n,可用式(5.9)进行校核:

$$y_n = S - K \sin \alpha \tag{5.9}$$

式中 K ——导曲线后插直线长。

5.2.3 辙叉和护轨部分的间隔尺寸

1)固定辙叉及护轨

辙叉及护轨部分需要确定的间隔尺寸主要有辙叉咽喉轮缘槽宽 t_1 及 D_1 及 D_2、护轨轮缘槽宽 t_g、翼轨轮缘槽宽 t_w 和辙叉有害空间 l_H。

(1)辙叉咽喉轮缘槽宽 t_1

固定辙叉的辙叉咽喉轮缘槽宽 t_1 应保证在最不利的条件下,即最小轮对一侧车轮轮缘紧贴基本轨时,另一侧车轮轮缘不撞击翼轨,这时

$$t_1 \geqslant S_{max} - (T + d)_{min} \tag{5.10}$$

考虑到道岔轨距容许最大误差为 3 mm,轮对车轴弯曲导致内侧距减少 2 mm,则

$$t_1 \geqslant (1\ 435 + 3) - (1\ 350 - 2) - 22 = 68(mm)$$

可动心轨辙叉与固定式辙叉不同,其咽喉宽度不能用最小轮背内侧距离和最小轮缘厚度进行计算,而应根据转辙机的参数来决定。现有电动转辙机的动程为 152 mm,调整密贴的调整杆的轴套摆度最小为 90 mm,因此,可动心轨辙叉咽喉的理论宽度不应小于 90 mm,不大于 152 mm。现已使用的 60 kg/m 钢轨 12 号可动心轨辙叉中,采用 120 mm。

(2)查照间隔 D_1

查照间隔 D_1 为护轨工作边至心轨工作边的距离,如图 5.37 所示。D_2 应保证车轮为最大轮对时,轮对一侧轮缘受护轨的引导,而另一侧轮缘不撞击辙叉心轨,即应有,

$$D_1 \geqslant (T + d)_{max} \tag{5.11}$$

考虑到车轴弯曲使轮背内侧距增大 2 mm,带入具体值,取$(T + d)$较车辆轮更大的机车轮为计算标准,求得查照间隔 D_2 为护轨工作边至翼轨工作边的距离,D_2 应保证最小车轮轮对通过时不被楔住,即

$$D_2 \leq T_{\min} \tag{5.12}$$

T 取较机车轮更小的车辆的车轮为计算依据,并考虑车轴上弯后轮背内侧距的减小值 2 mm,则

$$D_2 \leq 1\ 350\ \text{mm} - 2\ \text{mm} = 1\ 348(\text{mm})$$

D_1 只能有正误差,即不得小于 1 391 mm,容许范围为 1 391 ~ 1 394 mm;D_2 只能有负误差,不得大于 1 348 mm,容许范围为 1 346 ~ 1 348 mm。

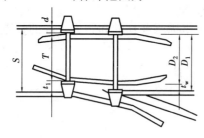

图 5.37　查照间隔 D_1 及 D_2

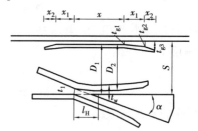

图 5.38　护轨尺寸

（3）护轨轮缘槽宽

护轨中间平直段轮缘槽宽 t_{g1} 应保证 D_1 不超出规定的容许范围,如图 5.38 所示,考虑护轨侧面磨耗限度 2 mm,则 t_{g1} 为

$$t_{g1} = S - D_1 - 2 \tag{5.13}$$

取 $S = 1\ 435$ mm,$D_1 = 1\ 391$ mm,则 $t_{g1} = 42$ mm。《铁路线路修理规则》规定:护轨平直部分轮缘槽标准宽度为 42 mm。侧向轨距为 1 441 mm 时,侧向轮缘槽标准宽度为 48 mm,容许误差为 +3 mm 或 -1 mm。

为使车轮轮缘顺利进入护轨轮缘槽内,在护轨平直段两端设置了缓冲段和开口段。缓冲段终端轮缘槽宽 t_{g2} 应保证有和辙叉咽喉轮缘槽宽 t_1 相同的通过条件,即 $t_{g2} = t_1 = 68$ mm。在缓冲段的外端,再各设开口段,开口段终端轮缘槽宽 t_{g3} 应保证最大轨距时,通过的最小宽度轮对不撞击护轨终端开口,即

$$t_{g3} = 1\ 455\ \text{mm} - (1\ 350 + 22 - 2)\text{mm} = 85(\text{mm})$$

实际 t_{g3} 利用将钢轨头部向上斜切的方法得到,因此实际取值为 90 mm。

护轨的平直段 x 是辙叉咽喉至心轨顶宽 50 mm 处间的长度,外加两侧各 100 ~ 300 mm,缓冲段长 x_1 按两端轮缘槽宽计算确定,开口段长度 x_2 一般采用 150 mm。在我国铁路上,9 号、12 号和 18 号道岔护轨全长分别为 3.9,4.5,8.0 m。

（4）辙叉翼轨轮缘槽宽 t_w

固定辙叉翼轨轮缘槽宽主要是指翼轨中部与心轨平行部分的槽宽,如图 5.38 所示,辙叉翼轨平直段轮缘槽宽 t_w 应保证具有最小轮背内侧距的轮对自由通过辙叉的平直段时,两个查照间隔不超出规定的允许范围,即

$$t_w \geq S - t_{g1} - D_2 = D_1 - D_2 \tag{5.14}$$

采用不同的 D_1、D_2 组合,得到 $t_w \geq 1\ 435 - 42 - 1\ 348 = 45(\text{mm})$,我国规定翼轨轮缘槽标准宽度为 46 mm,且从辙叉心轨尖端至心轨宽 50 mm 处,t_w 均应保持此宽度。为了减少侧向过岔

时翼轨的冲击角,也可将翼轨平直段的防护宽度放宽至心轨顶宽 20 ~ 50 mm 范围内。

辙叉翼轨轮缘槽也有过渡段和开口段。与护轨情况相同,其终端轮缘槽分别为 68 mm 和 90 mm。辙叉翼轨各部分长度及其总长,可比照护轨作相应的计算。

(5)有害空间 l_H

辙叉的有害空间 l_H 是从辙叉咽喉至心轨实际尖端之间的距离。有害空间的长度 l_H 可按下式计算:

$$l_H = \frac{t_1 + b_1}{\sin \alpha} \tag{5.15}$$

式中　b_1——为叉心实际尖端宽度,可取 $b_1 = 10$ mm;

　　　α——辙叉角,由于 α 很小,可近似地取 $\frac{1}{\sin \alpha} \approx \frac{1}{\tan \alpha} = \cot \alpha = N$。

则式(5.15)可改写为:

$$l_H \approx (t_1 + b_1)N \tag{5.16}$$

取 $t_1 = 68$ mm,则 9 号、12 号及 18 号固定辙叉的有害空间分别为 702,936 及 1 404 mm。

2)可动心轨辙叉及护轨

可动心轨辙叉的主要几何形位有辙叉咽喉轮缘槽与翼轨端部轮缘槽。可动心轨辙叉与固定式辙叉不同,其咽喉宽度不能用最小轮背距和最小轮缘厚度进行计算,而应根据转撤机的参数来确定。现有电动转辙机的动程为 152 mm,调整密贴的调整杆的轴套摆度最小可达 90 mm。因此,可动心轨辙叉咽喉的理论宽度 t_1 不应小于 90 mm,但不大于 152 mm。现已使用的 60 kg/m 钢轨提速 12 号可动心轨辙叉中,这个数值采用 120 mm。翼轨端部的轮缘槽宽度 t_2 不应小于固定式的辙叉咽喉宽度 68 mm,一般采用 $t_2 > 90$ mm。若可动心轨辙叉中设置有防磨护轨,护轨轮缘槽确定的原则为确保心轨不发生侧面磨耗而影响心轨与翼轨的密贴。

5.3　单开道岔总布置图

单开道岔的总布置图的设计要根据过岔速度及其他运营条件来选择道岔的类型、号数、导曲线半径、尖轨以及辙叉类型,并在此基础上进行单开道岔的总布置图设计。单开道岔总图计算包括以下几项主要内容:道岔主要尺寸的计算、配轨计算、导曲线支距的计算、各部分轨距的计算、岔枕布置、绘制道岔布置总图及提出材料数量表。

5.3.1　曲线尖轨、直线辙叉单开道岔的计算

1)转辙器尺寸计算

曲线尖轨大多采用圆曲线线型,曲线半径一般与导曲线半径相同。曲线尖轨尖端形式有切线型、半切线型、割线型、半割线型等。其中半切线型尖轨最为常用,是我国目前大号码道岔的标准尖轨型式,如图 5.39 所示。

半切线型尖轨曲线的理论起点 O 与基本轨相切,在尖轨顶宽为 b_1 处(通常为 20 ~ 40 mm)开始,将曲线改为切线。在尖轨顶宽为 3 ~ 5 mm 处作一斜切,以避免尖端过于薄弱。这种形式

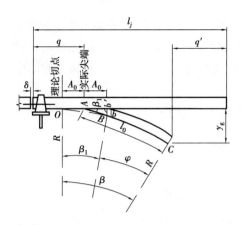

图 5.39　半切线型尖轨

的曲线尖轨比较牢固,易于加工,侧向行车条件较直线尖轨好。

曲线尖轨转辙器的主要尺寸包括:曲线尖轨长 l_0、直尖轨长 l'_0、基本轨前端长 q、曲线尖轨半径 R、尖轨尖端角 β_1、尖轨转辙角 β 和尖轨跟端支距 y_g。设侧股轨道中心线的半径为 R_0,则标准轨距道岔尖轨工作边的曲率半径为 R,则 $R = R_0 + 717.5 \text{ mm}$。

尖轨尖端角 β_1 称为始转辙角,是曲线尖轨实际起点的半径与垂直线的夹角,如图 5.40 所示,由于 b_1 很小,可近似计算为:

$$\beta_1 = \arccos \frac{R - b_1}{R} \tag{5.17}$$

理论切点 O 与 A、B 点所形成的三角形中,由于始转角极小,可近似认为尖轨实际尖端至理论起点的距离与尖轨实际尖端至尖轨顶端宽 b_1 的距离相等,AB 线为 B 点切线,即有 $OA = AB$。因此,

$$A_0 = R \tan \frac{\beta_1}{2} \tag{5.18}$$

基本轨前端(即尖轨尖端前基本轨的部分)是道岔与连接线路或另一组道岔之间的过渡段。其长度 q 值应满足:

①两组道岔对接时,道岔侧线的理论顶点能够设置在道岔前端接头处,因此,$q \geqslant A_0 - \dfrac{\delta}{2}$($\delta$ 为基本轨端部轨缝)。

②容许的轨距递变率 i 对 q 的要求,即应满足 $q \geqslant \dfrac{S_0 - S}{i}$。$S_0$ 为尖轨尖端的轨距值,S 为正常轨距值,i 不应大于 6‰。

③q 值的长短还应考虑岔枕的布置,我国 9 号和 12 号标准道岔在满足岔枕合理布置的前提下,统一采用 $q = 2\,646 \text{ mm}$。

转辙角 β 为尖轨跟部工作边的切线与基本轨工作边的夹角。

$$\beta = \arccos \frac{R - y_g}{R} \tag{5.19}$$

由图 5.40 可知,曲线尖轨的长度为:

$$l_0 = AB + BC = A_0 + \frac{\pi}{180} R(\beta - \beta_1) \tag{5.20}$$

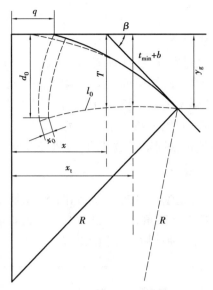

图 5.40　曲线尖轨轮缘槽

尖轨的长度还与跟部的构造有关。若尖轨跟部为间隔铁式,则 l_0 按式(5.20)计算。若是弹性可弯式跟部结构,则按式(5.20)求得的尖轨长度还需要增加 1.0~2.0 m,以作为尖轨跟部的固定部分。

曲线尖轨扳开后,与基本轨之间形成的最小轮缘槽的位置在尖轨中部的某个位置。实际所应用的尖轨长度还应满足曲线尖轨扳开时所形成轮缘槽的宽度。

如图 5.40 所示,设尖轨转辙杆安装在离尖轨尖端 x_0 处,尖轨动程为 d_0。尖轨扳开后,尖轨突出处距尖轨理论起点的距离为 x,设该处尖轨轨头顶宽为 b,此点尖轨工作边与基本轨工作边之间的距离为 T,利用曲边三角形的相似关系可得:

$$T \approx \frac{x^2}{2R} + \frac{d_0(l_0 + q - x)}{l_0 - x_0} \tag{5.21}$$

令 $\dfrac{\mathrm{d}T}{\mathrm{d}x} = 0$,则可得尖轨最突出处(即最小轮缘槽 $t_{\min}$ 位置)距尖轨理论起点的距离 x_t 为:

$$x_t = \frac{d_0 R}{l_0 - x_0} \tag{5.22}$$

则尖轨非工作边与基本轨工作边之间的最小轮缘槽宽为:

$$t_{\min} = \frac{x_t^2}{2R} + \frac{d_0(l_0 + q - x_t)}{l_0 - x_0} - b \tag{5.23}$$

l_0 的大小要根据轮缘槽宽度进行调整,可通过变更尖轨跟端支距 y_g,重新计算 l_0,并校核轮缘槽宽度,直至符合要求。

转辙器的另一根尖轨为直尖轨,直尖轨的尖端和跟部应与曲尖轨的尖端和跟部对齐。通过曲线尖轨实际尖端与跟端在水平方向的投影,可得直尖轨长 l_0' 为:

$$l_0' = A_0 + R(\sin \beta - \sin \beta_1) \tag{5.24}$$

60 kg/m 钢轨 12 号提速单开道岔的转辙器中的主要参数如下:

$R = 350\ 717.5$ mm,$q = 2\ 961$ mm,$b_2 = 2$ mm,$y_g = 311$ mm,$l_0 = 13\ 880$ mm,$l_0' = 13\ 880$ mm

尖轨尖端轨距加宽值为 2 mm,导曲线理论起点距尖轨实际尖端 886 mm,导曲线实际起点距尖轨实际尖端 289 mm。

2)锐角辙叉部分的主要尺寸计算

锐角辙叉主要尺寸包括辙叉趾距 n,跟距 m,辙叉全长($n+m$),其长度应根据给定的钢轨类型、辙叉角或辙叉号数进行计算。首先根据辙叉的构造要求,即根据我国夹板的孔型布置,能使各个夹板螺栓顺利穿入,计算辙叉的最小长度,再按岔枕的布置及护轨长度的要求来进行校核和调整,最后确定其实际长度。我国铁路标准的 9 号、12 号及 18 号道岔直线辙叉的长度参见表 5.3。60 kg/m 的 12 号提速道岔固定式辙叉的 $n=20\ 383$ mm,$m=3\ 954$ mm。

3)单开道岔整体主要尺寸计算

半切线型尖轨、直线辙叉单开道岔的主要尺寸,如图 5.41 所示。图中给出的尺寸:道岔号数 N(或辙叉角 α),轨距 S,轨缝 δ,转辙角 β,尖轨长 l_0、l_0',尖轨跟端支距 y_g,基本轨前端长 q,辙叉趾距 n,跟距 m,导曲线半径 R,导曲线后直线插入段 K。

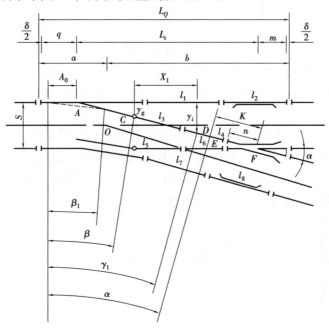

图 5.41 单开道岔总图

图中 O 点为道岔直股中心线和侧股中心线的交点,称为道岔中心。

需要计算的尺寸为:道岔前长 a(道岔前轨缝中心到道岔中心的距离),道岔后长 b(道岔中心到道岔后端轨缝中心的距离);道岔理论长 L_t(尖轨理论尖端到辙叉理论尖端的距离);道岔实际长 L_Q(道岔前后轨缝中心之间的距离);导曲线后插直线长 K。

导曲线后插入直线 K 的长度是为了减少车辆对辙叉的撞击,避免车轮与辙叉前接头相撞,并使辙叉两侧的护轨完全铺设在直线上,一般要求 K 有 2~4 m 的长度,最短不得小于辙叉趾距 n 加上夹板长度 l_H 之半,即 $K_{min} \geq n + \dfrac{l_H}{2}$。

道岔的主要尺寸应满足几何协调关系,将导曲线外股工作边投影到直股中心线的垂线上,得:

$$S = y_g + R(\cos\beta - \cos\alpha) + K\sin\alpha \tag{5.25}$$

由此得到导曲线后插直线长 K 为：

$$K = \frac{S - R(\cos \beta - \cos \alpha) - y_g}{\sin \alpha} \qquad (5.26)$$

或表示为：

$$R = \frac{S - K \sin \alpha - y_g}{\cos \beta \cos \alpha} \qquad (5.27)$$

将导曲线外股工作边 $ACDEF$ 投影到直股中心线上，得：

$$L_t = R \sin \alpha - A_0 + K \cos \alpha \qquad (5.28)$$

$$L_Q = q + L_t + m + \delta \qquad (5.29)$$

$$b = \frac{S}{2 \tan \frac{\alpha}{2}} + m + \frac{\delta}{2} \qquad (5.30)$$

$$a = L_Q - b \qquad (5.31)$$

4）道岔配轨计算

单开道岔除转辙器、辙叉及护轨外，一般有 8 根连接轨，分 4 股，每股 2 根。其中，2 股为直线，2 股为曲线。道岔配轨就是计算这 8 根钢轨的长度并确定其接头的位置。

配轨计算的原则如下：

①转辙器及辙叉的左右股基本轨长度，应尽可能保持一致，以简化基本轨备件的规格，并有利于左右开道岔的互换。

②连接部分的钢轨不宜过短，小号道岔配轨长度一般不小于 4.5 m，大号道岔不小于 6.25 m。

③应保证接头相对，便于岔枕布置，并考虑安装轨道电路绝缘接头的可能性。

④充分利用标准长度钢轨、缩短轨以及标准长度钢轨的整分数倍长的短轨，尽量做到少锯切钢轨，少废弃，选用钢轨利用率较高的方案。

单开道岔配轨计算如下：

$$\left. \begin{aligned} l_1 + l_2 &= L_Q - l_j - 3\delta \\[4pt] l_3 + l_4 &= \left(R + \frac{b}{2} \right) (\alpha - \beta) \frac{\pi}{180°} + K - n - 3\delta \\[4pt] l_5 + l_6 &= L_1 - l'_0 - n - 3\delta \\[4pt] l_7 + l_8 &= q + A_0 - S_0 \tan \beta_1 \left(R - S - \frac{b}{2} \right) (\alpha - \beta) \frac{\pi}{180°} + K + m - 3\delta - l_j \end{aligned} \right\} \qquad (5.32)$$

式中　S_0——尖轨尖端处的轨距；

　　　$S_j \tan \beta$——曲线尖轨外轨起点超前内轨起点的距离；

　　　l_j——基本轨的长度，$j = 1 \sim 8$；

　　　b——轨头宽度。

5）导曲线支距计算

导曲线支距计算起始点坐标为：$x_0 = 0$，$y_0 = y_g$。

导曲线支距计算终点坐标：$x_n = R(\sin \alpha - \sin \beta)$，$y_n = S - K \sin \alpha$。

其余导曲线上各点支距可按式（5.5），利用表 5.6 的格式进行计算。

表 5.6　导曲线支距计算表

x_i	x_i/R	$\sin \gamma_i = \sin \beta + x_i/R$	$\cos \gamma_i$	$\cos \beta - \cos \gamma_i$	$R(\cos \beta - \cos \gamma_i)$	$y_i = y_g + R(\cos \beta - \cos \gamma_i)$
x_{i+1}						
x_{i+2}						

【例题 5.1】　60 kg/m 钢轨 12 号提速道岔曲线尖轨、固定型直线辙叉式单开道岔 $N = 12$，$R = 350\ 717.5$ mm，$n = 2\ 038$ mm，$m = 3\ 954$ mm，曲线尖轨 $l_0 = 13\ 880$ mm，直线尖轨长 $l'_0 = 13\ 880$ mm，基本轨前段长 $q = 2\ 916$ mm，$S = 1\ 435$ mm，跟端支距 $y_g = 311$ mm，$\delta = 8$ mm，导曲线理论起点离尖轨实际尖端 886 mm，导曲线实际起点离尖轨实际尖端 298 mm，如图 5.42 所示。

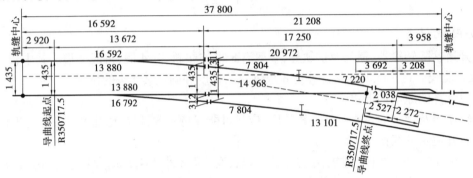

图 5.42　12 号固定型辙叉提速道岔平面主要尺寸

解：道岔主要尺寸：

$$\beta = 2°24'47'', \cos \beta = 0.999\ 113\ 26$$

$$\alpha = 4°45'49'', \cos \alpha = 0.996\ 545\ 80, \sin \alpha = 0.083\ 044\ 95$$

$$\tan \frac{\alpha}{2} = 0.041\ 594\ 31$$

$$K = \frac{S - R(\cos \beta - \cos \alpha) - y_g}{\sin \alpha}$$

$$= \frac{1\ 435 - 350\ 717.5 \times (0.999\ 113\ 26 - 0.996\ 545\ 80) - 311}{0.083\ 044\ 95} = 2\ 692(\text{mm})$$

$$L_t = R \sin \alpha - A_0 + K \cos \alpha$$

$$= 350\ 717.5 \times 0.083\ 044\ 95 - 886 + 2\ 692 \times 0.996\ 545\ 80 = 30\ 922(\text{mm})$$

$$L_Q = q + L_t + m + \delta = 2\ 916 + 30\ 922 + 3\ 954 + 8 = 37\ 800(\text{mm})$$

$$b = \frac{S}{2 \tan \frac{\alpha}{2}} + m + \frac{\delta}{2} = \frac{1\ 435}{2 \times 0.041\ 594\ 31} + 3\ 954 + 8 = 21\ 208(\text{mm})$$

$$a = L_Q - b = 37\ 800 - 21\ 208 = 16\ 592(\text{mm})$$

配轨计算：

对 60 kg/m 钢轨 12 号提速单开道岔，基本轨长 $l_j = 16\ 584$ mm。

$$l_1 + l_2 = 37\ 800 - 16\ 584 - 3 \times 8 = 21\ 192(\text{mm})$$

取 $\qquad l_1 = 7\ 770\ \text{mm}, l_2 = 13\ 422\ \text{mm}$

$l_3 + l_4 = (350\ 717.5 + 35) \times 2.350\ 556 \times 0.017\ 453\ 29 + 2\ 692 - 2\ 038 - 3 \times 8 = 150\ 20(\text{mm})$

取 $\qquad l_3 = 7\ 800\ \text{mm}, l_4 = 7\ 220\ \text{mm}$

$l_5 + l_6 = 30\ 922 - 13\ 880 - 2\ 038 - 3 \times 8 = 14\ 980(\text{mm})$

取 $\qquad l_5 = 7\ 770\ \text{mm}, l_6 = 7\ 210\ \text{mm}$

$l_7 + l_8 = 2\ 916 + 298 - 1\ 437 \times 0.000\ 337\ 7 + (350\ 717.5 - 1\ 435 - 35) \times 4.760\ 234 \times$

$0.017\ 453\ 29 + 2\ 692 + 3\ 954 - 2 \times 8 - 16\ 584 = 22\ 276(\text{mm})$

取 $\qquad l_7 = 7\ 800\ \text{mm}, l_8 = 14\ 476\ \text{mm}$

6）岔枕布置

在道岔的不同部位岔枕的长度差别很大。为减少道岔上出现过多岔枕长度级别，需要集中若干长度相近者为一组。岔枕端部伸出钢轨工作边的距离应与区间线路基本保持一致，即 $M = (2\ 500 - 1\ 435)/2 = 532.5(\text{mm})$。按 M 值要求计算的岔枕长度各不相等，集中若干长度相近者为一组时，误差不应超过岔枕标准级差的二分之一。

为使道岔钢轨的轨下基础具有均匀的刚性，便于大型维修机械作业，岔枕间距应尽可能保持一致。转辙器和辙叉范围内的岔枕间距，通常采用（1～0.9）倍区间线路的枕木间距。设置转辙杆的一孔，其间距应适当增大。同时轨缝置于应位于轨枕间距的中心。

铺设在单开道岔转辙器及连接部分的岔枕，均应与道岔的直股方向垂直。辙叉部分的岔枕，应与辙叉角的角平分线垂直，从辙叉趾前第二根岔枕开始，逐渐由垂直辙叉角平分线方向转到垂直于直股的方向。岔枕的间距，在转辙器部分按直线上股计量，在导曲线及转向过渡段按直线下股计量，在辙叉部分按角平分线计量。为了改善列车直向过岔的运行条件，新设计的道岔、岔枕均垂直于直股方向，间距均为 60 cm。

5.3.2 直线尖轨转辙器的计算

直线尖轨、直线辙叉与上述的曲线尖轨、直线辙叉单开道岔的计算方法和步骤基本一致。除此之外，还需考虑如下一些特点：

①两根尖轨都是直线型的，因此冲击角、始转辙角和转辙角都是一样的。

②尖轨的根部结构通常采用鱼尾板——间隔铁板式，尖轨非工作边与基本轨工作边之间的最小距离发生在尖轨辙跟处。

③一般在导曲线与尖轨跟端之间设置一段前插直线 k，以减小车轮对尖轨辙跟的冲击，当导曲线半径 $R \geqslant 150$ m 时，允许将导曲线起点设于尖轨跟端处，这时 $k = 0$。

④侧股线路的轨距加宽要大于曲线尖轨。

5.3.3 可动心轨辙叉的计算

(1) 主要参数

可动心轨的长心轨为弹性可弯曲的，短心轨的一端与长心轨连接，另一端为铰接式滑动接头，与连接钢轨相连。为保证辙叉部位的心轨保持直线，设置了两根转辙杆。两根转辙杆之间的心轨在转换过程中不发生弯折。从正位转换为反位时，长心轨发生弯折，承受一定的横向弯曲应力。

如图 5.43 所示,可动心轨辙叉的主要参数有:

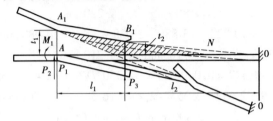

图 5.43　可动心轨辙叉

a. 心轨转换过程中不发生弯折的长度 l_1,弹性肢长 l_2;

b. 转辙机必需的扳动力 P;

c. 心轨角 β;

d. 第一、第二转辙杆处的心轨动程 t_1 和 t_2。

计算参数时,可设心轨 l_1 段为绝对刚体,l_2 段为弹性可弯且一端固定的梁,在第一、第二转辙杆处作用有 P_1 和 P_3 的力。根据这样的力学模型便可得到这些参数的一系列计算公式。但是上述参数都是相互关联的未知量,无法直接计算出来。实用的工程方法是先假定某几个值,计算其他的量,从而得到一系列曲线。在此曲线上查找合适的数据,同时考虑构造上的要求及岔枕的布置,最后定出合理的参数。

如果可动心轨只设一根转辙杆,其参数的选择主要取决于转辙设备的动程、功率的大小、心轨截面及可弯部分在心轨转换时的弯曲应力值。通常可根据实际工程经验,参照转辙器部分尖轨的转换条件进行选定。

(2)心轨摆动部分的长度

心轨实际尖端至弹性可弯曲中心的一段(图 5.44 中的 AN)为心轨摆动部分。心轨摆动部分的长短与转辙机的扳动力及摆度、心轨危险截面的弯曲应力等因素有关。心轨摆动部分的长度加长,对上述的各项指标有利。

(3)辙叉趾距 n

由于可动心轨辙叉不能采用固定式辙叉的趾端接头,因此,可动心轨辙叉的最小趾距只能按趾端的稳定性、道岔配轨及岔枕布置等因素确定。

(4)辙叉跟距 m

可动心轨辙叉跟距是指辙叉轨距线交点至辙叉跟端的距离。当辙跟不设置伸缩接头时,辙叉跟距指轨距线交点至心轨跟端间的距离,这时应满足

$$m_{\min} \geqslant L + l_n - \frac{t_1}{2\sin\dfrac{\alpha}{2}} \tag{5.33}$$

式中　L——长心轨的尖端到可弯中心的距离;

l_n——心轨可弯中心到辙叉跟端的距离,此值不应小于 2 m;

t_1——心轨尖端处的咽喉宽。

在 60 kg/m 钢轨 12 号可动心轨辙叉中,心轨摆动部分的长度为 6 041 mm,辙叉趾距为 2 548 mm,辙叉跟距为 5 861 mm。

课后习题

5.1 简述道岔的作用。

5.2 简述道岔的类型。

5.3 单开道岔主要组成部分有哪些? 并画出普通单开道岔图。

5.4 辙叉有哪些类型? 各自的特点是什么?

5.5 什么是辙叉角? 道岔号数一般如何表示?

5.6 什么是有害空间? 其大小与哪些因素有关?

5.7 道岔的几何形位包括哪些主要尺寸?

5.8 简述道岔设置护轨的意义。

5.9 什么是尖轨动程? 查照间距 D_1 和 D_2 分别指的是什么? 其对行车有何影响?

5.10 简述辙叉咽喉、有害空间、道岔中心、道岔前长、道岔后长、道岔实际全长及道岔理论全长的物理意义。

5.11 单开道岔总布置图的计算包括哪些内容? 试计算 12 号单开道岔总布置图。

5.12 影响道岔的直向和侧向过岔速度的因素有哪些?

5.13 简述提高过岔速度的措施。

6 无缝线路

本章导读：

  •**基本要求**　了解无缝线路铺设的意义和无缝线路的国内外发展现状；掌握无缝线路的类型和基本原理；掌握温度力、伸缩位移与轨温变化的关系，线路纵向阻力的内容以及温度力图；了解无缝线路稳定性的概念及其影响因素，掌握统一无缝线路稳定性的计算；掌握确定设计锁定轨温和无缝线路结构的方法。

  •**重点**　无缝线路的基本原理，稳定性的计算，无缝线路和锁定轨温的设计方法。

  •**难点**　统一无缝线路稳定性的计算。

6.1　概述

无缝线路是把标准长度的钢轨焊连而成的长钢轨线路，又称焊接长钢轨线路。它是当今轨道结构的一项重要技术，是与重载、高速铁路相适应的新型轨道结构。无缝线路在世界各国得到迅速的发展，逐渐取代普通有缝线路，目前已累计铺设了 30 多万 km。

6.1.1　铺设无缝线路的意义

在普通线路上，由于采用的标准长度钢轨，每千米线路上就要有 160（12.5 m 钢轨）或 80 个（25 m 钢轨）接头。钢轨接头是轨道的薄弱环节之一，由于钢轨接头轨缝的存在，列车通过时发生冲击和振动，并伴有打击噪声，所产生的冲击荷载最大可达到非接头区 3 倍以上。接头冲击力影响行车的平稳和旅客的舒适，并促使道床破坏、线路状态恶化、钢轨及联结零件使用寿命缩短、养护维修费用增加。线路接头区养护维修费用占养护维修总经费的 1/3 以上；钢轨因轨端损坏而抽换的数量较其他部位大 2~3 倍；重伤钢轨 60% 发生在接头区。随着列车轴重、行车速度和密度的不断增长,其缺点会更加突出,更难以满足现今高速重载运输的需要。无缝线路是轨道结构技术进步的重要标志,是当今世界高速、重载铁路轨道结构的最佳选择。

由于无缝线路消灭了大量接头,因而具有行车平稳、旅客舒适,同时机车车辆和轨道的维修费用少,使用寿命长等一系列优点。有研究资料表明,从节约劳动力和延长设备寿命方面计算,无缝线路较普通有缝线路可节约养护维修费用35%~75%。我国《铁路轨道设计规范》规定,Ⅰ、Ⅱ级铁路采用60 kg/m及以上钢轨时,应按无缝线路设计;采用50 kg/m的钢轨时,宜按无缝线路设计。

6.1.2 无缝线路的类型

焊接长钢轨因轨温变化会引起伸缩,根据处理钢轨内部温度应力方式不同,可分为温度应力式和放散温度应力式两种。温度应力式无缝线路在运营过程中,一般不必人工放散温度应力;放散温度应力式无缝线路需要定期或自动放散温度应力。

1)温度应力式无缝线路

温度应力式普通无缝线路是由一根焊接长钢轨及其两端2~4根缓冲轨或伸缩调节器组成,包括固定区、伸缩区和缓冲区。

长钢轨中间部分称为固定区,其长度根据线路及施工条件确定,最短不得短于50 m。

长钢轨两端能随轨温变化,进行一定程度的伸缩,其伸缩量可以控制在构造轨缝允许范围内,称为伸缩区,伸缩区长度根据计算确定,一般为50~100 m。

2~4根标准轨或厂制缩短轨地段,作为与下一根长钢轨或道岔等连接的过渡段,称为缓冲区。

无缝线路锁定后,由于轨温的变化,焊接长钢轨受到钢轨接头阻力、扣件和轨枕纵向阻力的抵抗,两端自由伸缩受到一定限制,中间部分完全不能伸缩,因而在长钢轨内部产生很大的温度力,其值与轨温变化幅度和钢轨截面积成正比关系。随着无缝线路技术的发展,钢轨接头被最大限度地减少,延长了长轨条的长度,发展了跨区间无缝线路。温度应力式无缝线路结构较简单,铺设维修方便,因而得到广泛应用,但由于钢轨要承受强大的温度力,钢轨的强度和稳定性必须满足设计要求。对于直线轨道50 kg/m和60 kg/m的钢轨,每千米铺设1 840根混凝土轨枕,铺设温度应力式无缝线路允许轨温差分别为100 ℃和108 ℃。

2)放散温度应力式无缝线路

放散温度应力式无缝线路,又分为自动放散式和定期放散式两种,适用于年轨温差较大的地区。

自动放散式是为了消除和减少钢轨内部的温度力,允许长轨条自由伸缩,在长轨两端设钢轨伸缩接头。

定期放散温度应力式无缝线路结构形式和温度应力式基本相同。根据当地轨温条件,把钢轨内部的温度应力每年调整放散1~2次。放散时,松开焊接长钢轨的全部扣件,使其能够自由伸缩,放散内部温度应力,应采用更换缓冲区不同长度调节轨的办法,保持一定的轨缝。定期放散温度应力式无缝线路在苏联和我国年温差较大的地区使用过,目前已很少使用。

现今世界各国主要采用温度应力式无缝线路。根据无缝线路铺设位置、设计要求不同,可分为路基上无缝线路、桥上无缝线路、岔区无缝线路等;根据无缝线路的轨条长度和是否跨越车站,可分为普通无缝线路和跨区间无缝线路;根据长钢轨接头的连接形式,可分为焊接无缝线路和冻结无缝线路;根据结构连接方式,又可分为缓冲轨连接和钢轨伸缩调节器连接。

6.1.3　国内外无缝线路发展概况

1915 年,欧洲在有轨电车轨道上开始使用焊接长钢轨,焊接轨条长度为 100~200 m。20世纪 30 年代,世界各国开始在铁路上铺设试验。到了五六十年代,由于焊接技术的发展,无缝线路得到推广和迅速发展。

德国作为无缝线路发展最早和最快的国家,早在 1926 年就在普通线路上试铺了 120 m 的焊接钢轨,1935 年正式铺设 1 km 长的无缝线路试验段,1945 年做出了以无缝线路为标准线路的规定。到 1961 年,原联邦德国铁路无缝线路总延长达到了 29 000 km,1974 年无缝线路达到52 000 km,至今已达 76 000 km,约占全部营业线路的 80%。迄今为止,德国焊成无缝道岔 10多万组,并与前后长轨条焊联在一起,构成跨区间无缝线路。

苏联 1935 年在加里宁铁路莫斯科近郊车站线路上铺设第一根焊接轨条轨道,长约600 m。由于当地大部分地区温度变化幅度较大,最大温差达到 115 ℃,影响了无缝线路的发展,直到1956 年才正式开始铺设无缝线路。苏联铺设无缝线路所用钢轨大多为全长淬火的 50 kg/m 或65 kg/m 的钢轨。长钢轨用接触焊法焊接长度为 800 m,运往工地直接铺设,长钢轨间设 2~6根缓冲轨,用普通夹板连接。到 1961 年,苏联已铺设无缝线路约 1 500 km,至今已有无缝线路50 000 km。由于地区轨温的变化幅度较大,苏联的无缝线路除采用温度应力式外,还有一部分为季节性放散应力式。

美国在 1930 年开始在隧道内铺设无缝线路,1933 年开始铺设区间无缝线路,随后时有间断,发展比较缓慢。从 1955 年开始大量铺设,1970 年以后以每年 8 000 km 以上的速度增加,最多时年铺设达到 10 000 km,至今已有无缝线路 120 000 km,是世界上铺设无缝线路最多的国家。美国铁路以重载运输为主,线路破坏比较严重,开始逐渐重视轨道结构的强化,加大曲线半径,放缓限制坡度。

法国铺设无缝线路也较早,轨下基础多为双块式混凝土枕、碎石道床,使用双弹性扣件固定钢轨。在 1948—1949 年,法国对无缝线路进行了大量的铺设试验后即开始推广应用,到 1970年有无缝线路约 12 900 km,并以每年约 660 km 的速度发展,至今法国无缝线路总长已达20 500 km,占营业线路的 59%。法国温度应力式无缝线路多使用钢轨伸缩调节器,但近年来正逐步取消区间线路的调节器。法国的钢轨焊接技术十分先进,成功解决了锰钢辙叉和钢轨的焊接技术。法国在巴黎—里昂—马赛、巴黎—莫城等高速线上,以铺设跨区间无缝线路为主,钢轨连续焊接的长度最长一段达 50 km。

日本于 20 世纪 50 年代开始铺设无缝线路,60 年代东海道新干线首次实现一次性铺设50 kg/m 钢轨无缝线路,后来薄弱环节换铺为 60 kg/m 钢轨,长轨两端连接伸缩调节器可以伸缩。日本普通线路上的无缝线路采用 60 kg/m 钢轨、混凝土轨枕,在新干线上则采用板式轨道结构。日本十分重视轨道结构的强化,同时逐步取消区间钢轨伸缩调节器,增大钢轨连续焊接的长度。

我国于 1957 年开始在京沪两地各铺设 1 km 无缝线路,次年才进行大规模的试铺,当年累计铺设超过 30 km。1961 年底我国共铺设无缝线路大约 150 km,20 世纪六七十年代开始对线路特殊地段(桥梁、隧道、小半径曲线、大坡道等)铺设无缝线路进行理论和试验研究,并取得了成功,为在铁路上连续铺设无缝线路创造了条件。1993 年开始铺设跨区间和全区间无缝线路,取消了缓冲区,形成了名副其实的"无缝"线路。到 1999 年底,我国累计铺设无缝线路达 27 310 km。在 2000—2002 年,我国顺利完成了秦沈客运专线一次铺设跨区间无缝线路的施工,京广、京沪、京哈、陇海等主要干线目前均已铺设为无缝线路。截至 2007 年,我国铁路正线无缝线路长度已达 5.2 万 km,占正线总长的 58%。各国铁路无缝线路概况见表 6.1。

表 6.1 各国铁路无缝线路铺设概况(截至 2007 年)

国家	无缝线路总长(万 km)	占营运线路比例(%)	主要钢轨类型	最大轨温差(℃)	容许铺设的最小曲线半径(m)	最大坡度(‰)	桥 上	
							线路阻力(kN/m/轨)	伸缩调节器(EJ)的设置
中国	5.2	57.8	75 kg/m、60 kg/m	102	300	33	根据设计	根据设计
德国	7.6	96(占Ⅰ级线路)	UIC60、S49、S54	90	350	25	15	温度跨度大于 90 m 需设置
日本	1.3	98(占新干线)	JIS60、50N、50T	70	600	—	5	大跨度桥、道岔前后设置
法国	2.2	65	UIC60、UIC50	70	400	—	—	距道岔前后超过 100 m 处设置
俄罗斯	4.0	32	P50、P65、P75	119	300	24	—	—
美国	12.0	43	132RE、140RE、136RE	94	170	—	—	桥长超过 153 m 设置

6.2 无缝线路的基本原理

6.2.1 温度力、伸缩位移与轨温变化的关系

由于无缝线路长轨条受到扣件阻力和道床阻力的约束,当轨温发生变化时,在长钢轨中就会产生轴向温度力,轨温上升,长轨条中产生轴向压力;轨温下降,长轨条中产生轴向拉力。为保证无缝线路安全运行,无缝线路长钢轨中的温度力必须满足强度和稳定性的要求。

1)钢轨内的温度应力和温度力

无缝线路的轨条很长,当轨温变化时,钢轨由于扣件或道床阻力的约束作用,不能自由伸缩,在钢轨内部会产生很大的温度力。为了保证无缝线路的强度和稳定,必须掌握长轨内温度

力及其变化规律。为此,首先要分析温度力、伸缩位移与轨温变化及线路阻力之间的关系。

一根长度为 l 可自由伸缩的钢轨,当轨温变化 Δt ℃时,其伸缩量为:

$$\Delta l = \alpha \cdot l \cdot \Delta t \tag{6.1}$$

式中 α——钢轨的线膨胀系数,取值为 $11.8 \times 10^{-6}/℃$;

l——钢轨长度,mm;

Δt——钢轨轨温的变化幅度,℃。

【例题 6.1】 一根 1 000 m 长钢轨在轨温变化 40 ℃时,其伸缩量为多少?

解:根据式(6.1),有

$$\Delta l = \alpha \cdot l \cdot \Delta t = 11.8 \times 10^{-6} \times 1\,000\,000 \times 40 = 472(\text{mm})$$

如果将处于自由状态的钢轨两端完全固定,使其不能随轨温的变化而自由伸缩,则钢轨内部将产生温度应力。由虎克定律可知,温度应力 σ_t 为:

$$\sigma_t = E \cdot \varepsilon_t = E \frac{\Delta l}{l} = \frac{E\alpha \cdot l \Delta t}{l} = E \cdot \alpha \cdot \Delta t \tag{6.2}$$

式中 E——钢的弹性模量,$E = 2.1 \times 10^5$ MPa;

ε_t——钢的温度应变。

将 E、α 值代入式(6.2)中,则钢轨内部的温度应力为:

$$\sigma_t = 2.1 \times 10^5 \times 11.8 \times 10^{-6} \Delta t = 2.48 \Delta t \; (\text{MPa}) \tag{6.3}$$

一根钢轨所受的温度力 P_t 为:

$$P_t = \sigma_t \cdot F = 2.48 \Delta t \cdot F(\text{N}) \tag{6.4}$$

式中 F——钢轨的断面面积,mm^2。

【例题 6.2】 50 kg/m 钢轨 $F = 65.8$ cm²,60 kg/m 钢轨 $F = 77.45$ cm²。轨温变化 1 ℃时,有

50 kg/m $P_t = \sigma_t \cdot F = 2.48 \Delta t \cdot F = 2.48 \times 1 \times 6\,580 = 16.32(\text{kN})$

60 kg/m $P_t = \sigma_t \cdot F = 2.48 \Delta t \cdot F = 2.48 \times 1 \times 7\,745 = 19.21(\text{kN})$

式(6.1)、式(6.2)、式(6.4)即为无缝线路的基本公式,由公式可知:

①在两端固定的钢轨中所产生的温度力,仅与轨温变化幅度 Δt 有关,而与钢轨本身长度无关。因此,从理论上讲,无缝线路长轨条可焊为任意长,且对轨内温度力没有影响;控制温度力的关键是如何控制轨温变化幅度 Δt。

②不同类型的钢轨在同一轨温变化幅度下产生的温度力大小不同。如轨温变化 1 ℃所产生的温度力,对于 75,60,50 kg/m 钢轨分别为 23.6,19.2,16.3 kN。钢轨断面积越大,同一轨温变化幅度下所产生的温度力也就越大。

我国各种钢轨的轨温变化 1 ℃时,钢轨内部产生的温度力值见表 6.2。

表 6.2 轨温变化 1 ℃时,钢轨内部产生的温度力值

钢轨类型(kg/m)	43	50	60	75
断面积(cm²)	57	65.8	77.45	95.04
温度力(kN)	14.14	16.32	19.21	23.57

③无缝线路钢轨自由端伸长量与轨温变化幅度 Δt、轨长 l 有关,与钢轨断面面积无关。钢轨的伸长量是钢轨伸缩应变的总和,线膨胀系数是钢轨伸缩应变对轨温的变化率,也可以说是轨温变化 1 ℃所产生的伸缩应变。

2）钢轨轨温及锁定轨温

轨温与气温有所不同,影响轨温的因素比较复杂,有气候变化、风力大小、日照强度、线路走向和所取部位等。在无缝线路计算过程中,要涉及最高轨温 T_{max},最低轨温 T_{min},中间轨温 T 和锁定轨温 T_{sf}。根据多年的实际观测,最高轨温通常取当地最高气温加 20 ℃,最低轨温等于最低气温,中间轨温是最高轨温和最低轨温的平均值。最高气温与最低气温根据当地有史以来的气象资料确定,我国主要地区的轨温资料见表 6.3。

表 6.3　全国各地区最高、最低及中间轨温表　　　　　单位:℃

地　区	最高轨温	最低轨温	中间轨温	地　区	最高轨温	最低轨温	中间轨温
北京	62.6	−22.8	17.6	库尔勒	60.0	−28.1	16.0
天津	65.0	−22.9	21.1	喀什	60.1	−24.4	17.9
石家庄	62.7	−26.5	18.1	成都	60.1	−5.9	27.4
张家口	60.9	−26.2	17.2	绵阳	57.1	−2.3	27.4
唐山	63.3	−22.6	20.4	重庆	64.0	−2.5	30.8
保定	63.3	−23.7	19.8	西昌	59.7	−6.0	26.9
太原	61.4	−29.5	16.0	广州	58.7	−0.3	29.2
大同	58.0	−30.5	13.8	拉萨	49.4	−16.5	16.5
运城	65.0	−18.9	23.1	日喀则	58.2	−25.1	16.6
呼和浩特	58.0	−36.2	10.9	贵阳	61.3	−7.8	26.8
满洲里	58.7	−46.9	5.9	济南	62.5	−19.7	21.4
包头	59.5	−32.8	13.4	德州	63.4	−27.0	18.2
沈阳	59.3	−33.1	13.1	青岛	56.6	−20.5	18.1
大连	56.1	−21.1	17.5	南京	63.0	−14.0	24.5
长春	59.5	−36.5	11.5	徐州	63.3	−22.6	20.4
哈尔滨	59.1	−41.4	8.9	上海	60.3	−12.1	24.1
齐齐哈尔	60.1	−39.5	10.3	杭州	62.1	−10.5	25.8
宜宾	59.5	−3.0	28.3	合肥	61.0	−20.6	20.2
昆明	52.3	−5.4	23.5	福州	59.8	−2.5	28.7
牡丹江	57.2	−39.7	8.8	厦门	58.5	−2.0	28.3
安达	59.5	−44.3	7.6	南昌	60.4	−9.3	25.7
嫩江	58.1	−47.3	5.4	深圳	58.7	−0.2	29.5
西安	65.2	−20.6	22.3	南宁	60.4	−2.1	29.2
汉中	58.0	−10.1	24.0	桂林	59.7	−5.0	27.4
宝鸡	61.0	−16.1	22.8	长沙	63.0	−11.3	25.9
兰州	59.1	−23.3	17.9	郑州	63.0	−17.9	22.6

续表

地 区	最高轨温	最低轨温	中间轨温	地 区	最高轨温	最低轨温	中间轨温
西宁	53.5	−26.6	13.3	洛阳	64.2	−20.0	22.1
格尔木	53.1	−33.6	9.8	南阳	63.2	−21.2	21.0
银川	59.3	−30.6	14.4	宜昌	63.9	−9.8	27.1
乌鲁木齐	60.7	−41.5	9.6	武汉	61.3	−18.1	21.6

注:无缝线路设计时,可根据需要对当地气温资料作补充调查。

　　锁定轨温,又称零应力状态的轨温和实际锁定轨温。设计、施工、运营情况不同,运用锁定轨温的概念不同。设计确定的锁定轨温称为设计锁定轨温,施工确定的锁定轨温称为施工锁定轨温,无缝线路运行过程中处于温度力为零状态时的轨温称为实际锁定轨温。这3个概念不能混淆,否则会产生误解。锁定轨温是决定钢轨温度力水平的基准,因此根据强度、稳定条件确定锁定轨温是无缝线路设计最主要的内容。锁定轨温确定后,与最高轨温之差称为最大升温幅值;与最低轨温之差称为最大降温幅值。

6.2.2　线路纵向阻力

　　无缝线路锁定后,长钢轨两端由于温度变化而引起的伸缩受到限制,并在长钢轨内部积聚巨大阻力。产生这种情况的原因是轨道具有抵抗钢轨和轨道框架纵向位移的阻力,包括接头阻力、扣件阻力及道床纵向阻力。

1)接头阻力

　　钢轨两端接头处由钢轨夹板通过螺栓拧紧,产生了阻止钢轨纵向位移的阻力,称接头阻力。接头阻力由钢轨与夹板间的摩阻力和螺栓的抗剪力共同提供。为了安全,我国接头阻力 P_H 仅考虑钢轨与夹板间的摩阻力。

$$P_H = n \cdot s \qquad (6.5)$$

式中　s——钢轨与板间对应一枚螺栓的摩阻力;

　　　n——接头一端的螺栓数。

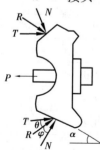

图 6.1　夹板受力图

　　摩阻力的大小主要取决于螺栓拧紧后的张拉力 P 和钢轨与夹板之间的摩擦系数 f。图 6.1 为夹板的受力情况。接头螺栓拧紧后产生的拉力 P 在夹板的上、下接触面上将产生分力。图中 T 为水平分力;N 为法向分力,它垂直于夹板的接触面;R 为 N 与 T 的合力,它与 N 的夹角等于摩擦角 φ。

　　由图 6.1 可知:$T = P/2$,则有:

$$R = \frac{P}{2\cos\theta} = \frac{P}{2\sin(\alpha + \varphi)} \qquad (6.6)$$

式中　P—— 一枚螺栓拧紧后的拉力,kN;

　　　α——夹板接触面的倾角,$\tan\alpha = i$;

　　　i——轨底顶面接触面斜率,50,75 kg/m 钢轨:$i = 1/4$;43,60 kg/m 钢轨:$i = 1/3$。

当钢轨发生位移时,夹板与钢轨接触面之间产生摩阻力 F,阻止钢轨的位移。

$$F = Nf = R \cos \varphi \cdot f = \frac{P}{2 \sin (\alpha + \varphi)} \cdot \cos \varphi \cdot f \tag{6.7}$$

一枚螺栓对应有 4 个接触面,以上所产生的摩阻力之和为 s,则有:

$$s = 4 \cdot F = \frac{2P}{\sin(\alpha + \varphi)} \cos \varphi \cdot f$$

钢与钢的摩擦系数一般为 0.25,可得:

$$\cos(\varphi) = \cos(\arctan 0.25), \sin(\alpha + \varphi) = \sin(\arctan i + \arctan 0.25)$$

将以上的相应值代入求 s 的公式,可得到:70,50 kg/m 钢轨,$s = 1.03P$;60,43 kg/m 钢轨,$s = 0.90P$,即一个螺栓产生的摩阻力接近一个螺栓的拉力。

所以,接头阻力为:

$$P_H = n \cdot s = \frac{6Pf \cos \varphi}{\sin(\alpha + \varphi)} \tag{6.8}$$

进而,接头阻力 P_H 的表达式可写为:

$$P_H = n \cdot P \tag{6.9}$$

接头阻力与螺栓材质、直径、拧紧程度和夹板孔数有关。在其他条件相同情况下,螺栓的拧紧程度就是保持接头阻力的关键。扭力矩 T' 与螺栓拉力的关系可以用如下经验公式表示:

$$T' = K \cdot D \cdot P \tag{6.10}$$

式中 T'——拧紧螺帽时的扭力矩,N·m;

      K——扭矩系数,$K = 0.18 \sim 0.24$;

      P——螺栓拉力,kN;

      D——螺栓直径,mm。

【例题 6.3】 一级螺栓直径 24 mm,它的拉力为 2×10^5 N,求扭力矩。

解:$T' = K \cdot D \cdot P = 0.2 \times 24 \times 10^{-3} \times 2 \times 10^5 = 960$ N·m

列车通过钢轨接头时产生振动,会使扭力矩降低、接头阻力值减少。国内外资料表明,最低的接头阻力可降低到静力测定值的 40% ~ 50%。因此,定期检查扭力矩,重新拧紧螺帽,保证接头阻力值在长期运营过程中保持不变,是一项十分重要的措施,应在每通过一定运量后,对螺帽全面拧紧一次。维修规则规定无缝线路钢轨接头必须采用 10.9 级螺栓,扭矩应保持在 700 ~ 900 N·m。表 6.4 所列为我国铁路计算时采用的接头阻力值。

表 6.4   接头阻力表   单位:kN

接头条件	接头扭矩 T(N·m)								备 注
	300	400	500	600	700	800	900	1 000	
50 kg 钢轨 10.9 级 φ24 螺栓	150	200	250	300	370	430	490		
60 kg 钢轨 10.9 级 φ24 螺栓	130	180	230	280	340				普通线路
						490	510	570	无缝线路

采用 10.9 级 φ27 mm 高强螺栓(扭矩 1 100 N·m 以上)连接的钢轨接头,接头阻力达 900 kN 以上,可承受 60 kg/m 钢轨轨温变化 47 ℃ 以上时的纵向温度力,钢轨接头处于冻结状态,轨缝基本不会发生变化,因而可用于构成准无缝线路。而胶接绝缘接头的阻力可达 1 500 ~ 3 000 kN,基本上可承受钢轨中的纵向力,不会拉开轨缝,因而可视为与焊接接头等强度。

2）扣件阻力

中间扣件和防爬设备抵抗钢轨沿轨枕面纵向位移的阻力,均称为扣件阻力,是阻止钢轨与轨枕之间的阻力。为了防止钢轨爬行,一般要求扣件阻力必须大于道床纵向阻力,才能保证钢轨不沿轨枕面移动,充分发挥道床纵向阻力的作用。扣件阻力是由钢轨与垫板之间的摩阻力和扣板与轨底扣着面之间的摩阻力组成。摩阻力的大小,取决于扣件系统扣压力和摩擦系数的大小。一组扣件的阻力 F 为:

$$F = 2(\mu_1 + \mu_2)P \tag{6.11}$$

式中　P——单个扣件对钢轨轨底上表面的扣压力;

　　　μ_1——钢轨与垫板之间的摩擦系数;

　　　μ_2——钢轨与扣件之间的摩擦系数。

据中国铁道科学研究院试验,如果轨下采用橡胶垫板,无论是扣板式扣件还是弹条式扣件,其摩擦系数均为 $\mu_1 + \mu_2 = 0.8$。扣压力 P 与螺栓所受拉力 $P_拉$ 的大小有关。以扣板式扣件为例,按图6.2由力矩平衡可得 P 的算式如下:

$$P = \frac{b}{a + b}P_拉 \tag{6.12}$$

式中　$P_拉$——扣板螺栓所受的拉力,与螺帽扭矩有关;

　　　a,b——扣板着力点至螺栓孔中心的距离。

代入式(6.11),扣件摩阻力 F 为:

$$F = 2(\mu_1 + \mu_2)\frac{b}{a + b}P_拉 \tag{6.13}$$

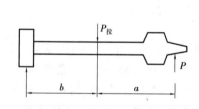

图6.2　扣板受力图

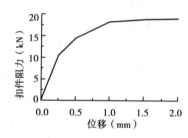

图6.3　弹条Ⅲ型扣件纵向阻力曲线

现场实测结果表明,扣件纵向阻力随钢轨位移的增大而增大。当钢轨位移达到某一定值之后,钢轨将产生滑移,阻力不再增加。弹条Ⅲ型扣件纵向阻力测试值如图6.3所示。

轨下胶垫经过长期运营后,将会产生残余压缩变形,导致扣件阻力下降。中国铁道科学研究院试验表明:当胶垫压缩1 mm后,在螺母扭矩为 $70 \sim 80$ N·m 的情况下,阻力将下降15%左右;扭矩为 $140 \sim 159$ N·m 时,阻力下降25%左右。不同扣件的扣件阻力不同,扣件阻力建议按表6.5取值。列车通过时,轨道结构的振动也会使螺帽松动,扭矩下降,致使扣件阻力下降,《铁路线路修理规则》规定弹条扣件扭矩应保持在 $80 \sim 150$ N·m。

表6.5　扣件阻力表　　　　　　　　　　　　单位:kN

扣件类型	Ⅰ型	Ⅱ型	Ⅲ型	防爬器	K型
螺母扭矩为80 N·m	9.0	9.3	16.0	15.0	7.5
螺母扭矩为150 N·m	12.0	15.0			

3）道床纵向阻力

道床纵向阻力指道床抵抗轨道框架（钢轨和轨枕组装而成，也称轨排）纵向位移的阻力。一般以每根轨枕的阻力 R，或每延厘米分布阻力 r 来表示。它是抵抗钢轨伸缩、防止线路爬行的重要参数。只要钢轨与轨枕间的扣件纵向阻力大于道床抵抗轨枕纵向移动的阻力，无缝线路长钢轨的温度应力和应变的纵向分布规律将完全由接头阻力和道床纵向阻力确定。

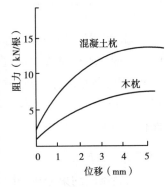

图 6.4　道床纵向阻力

道床抵抗轨道框架纵向位移的阻力由轨枕与道床之间的摩阻力和枕木盒内道砟抗推力共同组成。图 6.4 为实测得到的是正常轨道状态下单根轨枕道床纵向阻力与轨道框架纵向位移关系曲线。可以看出：道床纵向阻力值随位移的增加而增加，当位移达到一定值以后，轨枕盒内的道砟颗粒之间的结合被破坏，此时即使位移再增加，阻力也不会再增大；在正常轨道条件下，混凝土轨枕位移小于 2 mm、木枕位移小于 1 mm 时，道床纵向阻力近似呈线性增长，位移超过上述限值后，纵向阻力增长缓慢，并趋于饱和。道床处于弹性工作范围之内，混凝土枕轨道床纵向阻力明显大于木枕轨道。

在无缝线路设计中，采用轨枕位移为 2 mm 时相应的道床阻力值，具体见表 6.6。

表 6.6　道床纵向阻力表

线路特征		单枕的道床纵向阻力（kN）	一股钢轨下单位道床纵向阻力（N/cm）		
			1 667 根/km	1 760 根/km	1 840 根/km
木枕线路		7.0	—	61	64
混凝土枕线路	Ⅰ型	10.0	—	87	91
	Ⅱ型	12.5	—	109	115
	Ⅲ型	18.3	152	160	—

表 6.6 所列数据是单根轨枕的实测结果。根据国外相关资料介绍，如采用整个轨道框架进行实验，则道床纵向阻力将比单根轨枕测得的结果大得多；对钢筋混凝土枕轨道床，平均阻力可提高 80%。

道床纵向阻力与道床密实度的关系最为显著，此外还与道砟粒径、材质、道床断面、捣固质量及脏污程度有关。道床在清筛松动后纵向阻力明显下降，随着运营时间的推移，可逐渐恢复正常量值。由北京交通大学测试的道床清筛前后道床纵向阻力结果见表 6.7。

表 6.7　道床清筛前后的纵向阻力

作业项目	清筛前	筛边挖盒	枕后	枕后挖盒	综合捣固	筛后 3 d	筛后 7 d	筛后半月	筛后一月
纵向阻力（kN/根）	13.8	6.78	2.5	3.7	6.8	8.35	8.8	9.7	12.6
%	100	49.1	18.1	26.8	49.2	60.5	63.8	70.2	91.0

6.2.3　温度力图

温度力图常用来表示温度力沿长钢轨的纵向分布规律,故温度力图实质是钢轨内力图。温度力图的横坐标轴表示钢轨长度,纵坐标轴表示钢轨温度力(拉力为正、压力为负)。钢轨内部温度力和钢轨外部阻力随时保持平衡是温度力纵向分布的基本条件。焊接长钢轨温度力的分布并不是均匀的。它不仅与阻力、轨温变化幅度、施工过程等因素有关,而且还与轨温变化的过程有关。

1)约束条件

长轨条的约束分接头阻力约束条件和道床阻力约束条件。

(1)接头阻力的约束

为了简化计算,通常假定钢轨接头阻力 P_H 为常量。无缝线路长轨条锁定后,当轨温发生变化,由于接头的约束,长轨条不产生伸缩,只在钢轨全长范围内产生均等的温度力 P_t,这时有多大温度力作用在接头上,接头就提供相等的阻力与之平衡。当轨温继续变化,温度力 P_t 达到接头阻力 P_H 时,接头阻力才能克服,钢轨才开始伸缩。因此在克服接头阻力阶段,温度力等于接头阻力,即

$$P_t = 2.48\Delta t_H F = P_H$$

$$\Delta t_H = \frac{P_H}{2.48F} \tag{6.14}$$

式中　Δt_H——接头阻力所能阻止钢轨伸缩的轨温变化幅度。

【例题 6.4】　50 kg/m 钢轨,6 孔 10.9 级 ϕ24 螺栓接头阻力 400 kN,当轨温变化在什么范围内,接头阻力能阻止钢轨伸缩?

解:

$$\Delta t = \frac{P_H}{247.8 \times F} = \frac{400\ 000}{247.8 \times 65.8} \approx 26\ ℃$$

(2)道床纵向阻力的约束

接头阻力被克服后,当轨温继续变化,道床纵向阻力就开始阻止钢轨伸缩。但道床纵向阻力的产生是体现在道床对轨枕或者说轨道框架的位移阻力,随着轨枕根数的增加,相应的阻力也会增加。在计算分析中,常将单根轨枕的阻力换算为钢轨单位长度上的阻力 r,并取常量。因此,在克服道床纵向阻力阶段,钢轨会有少量的伸缩,钢轨内部还继续产生温度力,且各截面的温度力并不相等,以斜率 r 分布。假设道床单位纵向阻力为 r,且其沿钢轨长度均匀分布,则要使轨端 x 处的钢轨断面开始位移,温度力除克服接头阻力外,还必须克服 $r \cdot x$ 的道床纵向阻力。根据温度力与阻力平衡原则,有:

$$P_t = P_H + rgx$$

$$x = \frac{P_t - P_H}{r} = \frac{2.48\Delta tgF - P_H}{r} \tag{6.15}$$

式中,P_H,F,p 对一定的线路结构是常数,则 x 随 Δt 而变化,轨温继续升降,x 随之增大,当达到当地最高(低)轨温时,x 最大,这就是通常所说的实际伸缩区长度,此时温度力也达到最大值。

2) 基本温度力图

无缝线路锁定以后, 轨温单向变化时, 温度力沿钢轨纵向分布的规律, 称为基本温度力图, 如图 6.5 所示为降温情况下的基本温度力图。

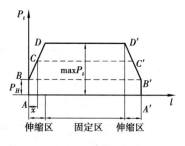

①当轨温 t 等于锁定轨温 t_0 时, 钢轨内部温度力为零即 $P_t = 0$, 如图中 A—A' 线。

②当 $t - t_0 \leq \Delta t_H$ 时, 接头阻力将发挥作用, 轨端无位移, 温度力在整个长轨条内均匀分布, $P_t = P_H$, 如图中 B—B' 线。

图 6.5　基本温度力图

③当 $t - t_0 > \Delta t_H$ 时, 道床纵向阻力开始发挥作用, 轨端开始产生收缩位移, 同时也产生温度力, 力的大小为 $P_t = P_H + rgx$, 如图中 C—C' 线。

④当 t 降到最低轨温 $T_{\min}$ 时, 钢轨内温度拉力最大, 为 $\max P_{t拉}$, 这时 x 达到最大值 l_s, 即为无缝线路伸缩区的长度。固定区温度力如图中 D—D' 线。$\max P_{t拉}$ 和 l_s 可按下式计算。

$$\max P_{t拉} = 2.48 F \Delta t_{拉 \max} \tag{6.16}$$

$$l_s = \frac{\max P_t - P_H}{r} \tag{6.17}$$

【例题 6.5】　某地区 60 kg/m 钢轨混凝土枕无缝线路, $F = 77.45 \ \text{cm}^2$, $P_H = 460\,000 \ \text{N}$, $r = 91 \ \text{N/cm}$, 最高轨温为 60 ℃, 最低轨温为 -30 ℃, 锁定轨温为 (20 ± 5) ℃, 计算伸缩区长度 l。

解: $\Delta t_{\max 压} = T_{\max} - T_{s\min} = 60 - (20 - 5) = 45 \ (℃)$

$\Delta t_{\max 拉} = T_{\max} - T_{\min} = 20 + 5 - (-30) = 55 \ (℃)$

因为　　$\Delta t_{\max 拉} > \Delta t_{\max 压}$

所以　　$\max P_{t拉} > \max P_{t压}$

$$l = \frac{2.48 \Delta t_{\max 拉} \cdot F - P_H}{r} = \frac{2.48 \times 55 \times 7\,745 - 460\,000}{91} = 6\,545 \ (\text{cm}) = 65.45 \ (\text{m})$$

3) 轨端伸缩量计算

从温度力图 6.5 中可知, 无缝线路长轨条中部承受大小相等的温度力, 钢轨不能伸缩, 称为无缝线路固定区。在两端, 温度力是变化的, 在克服道床纵向阻力阶段, 钢轨有少量的伸缩, 称为伸缩区。伸缩区两端的调节轨, 称为缓冲区。在无缝线路结构设计时要对缓冲区的轨缝进行计算, 因此需要对长轨及标准轨端的伸缩量进行计算。

(1) 长轨一端的伸缩量

由温度力图 6.6 可知, 其中阴影线部分为克服道床纵向阻力阶段释放的温度力, 从而实现了钢轨的伸缩。由材料力学可知, 长轨条端部伸缩量 $\lambda_长$ 与阴影线部分面积的关系为:

$$\lambda_长 = \frac{\Delta ABC}{EF} = \frac{r \cdot l_s^2}{2EF} = \frac{(\max P_t - P_H)^2}{2EFr} \tag{6.18}$$

式中　E——钢轨弹性模量, MPa;

F——钢轨断面面积, cm^2。

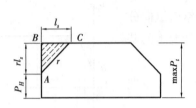

图 6.6　长轨条轨端伸缩量计算图

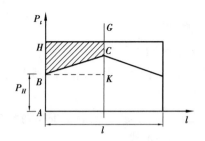

图 6.7　标准轨轨端伸缩量计算图

(2)标准轨一端的伸缩量

缓冲区标准轨轨端伸缩量 $\lambda_{短}$ 的计算方法与 $\lambda_{长}$ 基本相同。标准轨的温度力图如图 6.7 所示。由于标准轨长度较短,克服接头阻力之后,在克服道床纵向阻力阶段,由于轨枕根数有限,道床纵向阻力总和很快就被全部克服;此后,钢轨可以自由伸缩,温度力得到释放。标准轨内最大的温度力只有 $(P_H + r \cdot l/2)$(l 为标准轨长度)。标准轨一端温度力释放的面积为阴影线部分 $BCGH$。同理,可得到轨端伸缩量 $\lambda_{短}$ 的计算公式为:

$$\lambda_{短} = \frac{BKGH}{EF} - \frac{\Delta BKC}{EF} = \frac{(\max P_t - P_H) \cdot l}{2EF} - \frac{rl^2}{8EF} \tag{6.19}$$

式中　$\max P_t$——从锁定轨温到最低或最高轨温时所产生的温度力。

6.3　无缝线路的稳定性

6.3.1　稳定性概念

无缝线路最突出的问题就是在结构上限制了钢轨的伸缩。在夏季高温季节,无缝线路的钢轨内部会产生很大的温度压力,容易引起轨道横向变形。在列车动力或人工作业等的干扰下,轨道弯曲变形有时会突然增大,这一现象常称为胀轨跑道(也称臌曲),在理论上称为丧失稳定。这对列车运行的安全是极大的威胁。因此,无缝线路的稳定性分析具有重要的理论和实践意义。

无缝线路稳定性分析的主要目的是研究轨道臌曲的发生规律,分析其产生的力学条件及主要影响因素,研究它们之间的定量关系,以便对这些影响因素加以控制,并计算出保证线路稳定的允许温度压力。无缝线路稳定性分析是确定无缝线路允许升温标准、维修作业轨温条件及有关技术规定的理论依据。

从国内外大量的室内、现场稳定试验以及事故分析来看,胀轨跑道的发展过程基本上可分为 3 个阶段,即持稳阶段、胀轨阶段和跑道阶段,如图 6.8 所示。图中纵坐标为钢轨温度压力,横坐标为轨道弯曲变形矢度 $(f_0 + f)$,f_0 为初始弯曲矢度。胀轨跑道总是从轨道薄弱地段(即具有原始弯曲的不平顺)开始。

- 持稳阶段(AB),轨温升高,温度压力增大,但轨道不变形;
- 胀轨阶段(BK),随着轨温的升高,温度压力也随之增加,轨道开始出现微小的横向变形,温度压力的增加与横向变形之间呈非线性关系;

• 跑道阶段(KC),温度压力达到临界值 P_k 时,轨温稍有升高或稍有外部干扰,轨道就会突然发生臌曲,道砟抛出,轨枕裂损,钢轨发生较大变形,轨道受到严重破坏,于是稳定性完全丧失。

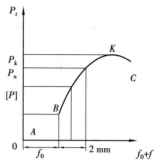

图 6.8　无缝线路胀轨跑道过程

6.3.2　影响无缝线路稳定性的因素

对无缝线路大量调查后表明,大多数的胀轨跑道事故并非温度压力过大所致,而是由于对影响无缝线路起稳定作用的因素认识不足,在养护维修中破坏了这些因素而造成的。因此,研究无缝线路必须研究丧失稳定与保持稳定两方面的因素,注意发展有利因素,克服和限制不利因素,防止胀轨跑道事故,以充分发挥无缝线路的优越性。

1)保持稳定的因素

(1)道床横向阻力

道床抵抗轨道框架横向位移阻力称道床横向阻力。它是防止无缝线路胀轨跑道、保证线路稳定的主要因素。苏联的资料表明:稳定轨道框架的力中的 65% 是由道床提供的,而钢轨、扣件分别为 25% 、10% 。

道床横向阻力是由轨枕两侧、底部与道砟接触面之间的摩阻力和枕端的砟肩阻止横移的阻力组成的。其中,道床肩部约占 30% ,轨枕两侧占 20% ~30% ,轨枕底部占 50% 。道床横向阻力可用单根轨枕的横向阻力 Q 和道床单位长度横向阻力 q 表示,$q = Q/a$(N/cm),a 为轨枕间距,单位为 cm。

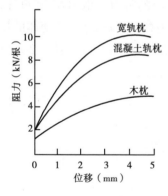

图 6.9　道床横向阻力

图 6.9 为实测得到的道床横向阻力与轨枕横向位移的关系曲线。可以看出,随着轨枕质量的增加,横向阻力不断增大;横向阻力与轨枕横向位移成非线性关系,阻力随位移的增加而增加;当位移达到一定值时,横向阻力接近常量,位移继续增大时,道床的横向支撑就会破坏。横向阻力与横向位移的相互关系通过实测得到的表达式为:

$$q = q_0 - By^z + Cy^{1/N} \qquad (6.20)$$

式中　q_0——初始道床横向阻力,N/cm;

y——轨道弯曲时,各截面轨枕横向位移,cm;

B,C,z,N——阻力系数,见表 6.8。

表 6.8　道床横向分布阻力系数

线路特征		q_0	B	C	z	$1/N$
木枕	道床肩宽 40 cm,1 840 根/km	12.4	215	296	1	2/3
	道床密实,标准断面,1 840 根/km	20.0	8.0	60	1.7	1/3

续表

线路特征		q_0	B	C	z	$1/N$
混凝土枕	Ⅰ型,道床肩宽40 cm,1 840 根/km	15.0	444	583	1	3/4
	Ⅰ型,道床密实,标准断面,1 840 根/km	22.0	38	110	1.5	1/3
	Ⅱ型,1 760 根/km	11.6	214.8	597.5	1	3/4
	Ⅱ型,1 840 根/km	12.1	225.1	624.6	1	3/4
	Ⅲ型,1 667 根/km	14.6	357.2	784.7	1	3/4
	Ⅲ型,1 760 根/km	15.4	366.6	819.7	1	3/4

无缝线路丧失稳定大多数是由于维修作业不当,降低了道床横向阻力而发生。因此,要对影响道床横向阻力的因素有所了解,以利于指导养护维修工作。影响道床横向阻力的因素很多,下面主要从道床的材料、肩宽以及维修作业方式等方面进行分析。

①道砟。道床是由道砟堆积而成的,道床的饱满程度和道砟的材质、粒径尺寸对道床的横向阻力都有影响。道床的饱满程度关系到轨枕与道砟接触面的大小及道砟之间的相互结合程度,饱满的道床可以提高道床的横向阻力。

不同的道砟材质具有不同的黏聚力和内摩擦角,提供的阻力也不一样。据国外资料,砂砾石道床比碎石道床阻力低30% ~40%。道砟粒径对横向阻力也有影响,在一定范围内,粒径较大的道砟提供的横向阻力也较大,例如粒径由25 ~65 mm 减小到15 ~30 mm,横向阻力将降低20% ~40%。

②道床肩部。适当的道床肩宽可以提供一定的横向阻力,但并不等于肩宽越宽,横向阻力就越大。轨枕端部的横向阻力是轨枕横移挤动道床肩部道砟棱体时的阻力。由图6.10 可知,轨枕挤动道床肩部,最终会形成破裂面BC,且与轨枕端面的夹角为$(45° + \varphi/2)$。滑动体的质量决定了横向阻力的大小,即在滑动体之外的道床对枕端横向阻力不起作用。道床肩宽必须覆盖破裂面BC,以保证具有较大的阻力。滑动体的宽度b可用下式计算:

$$b = H \tan\left(45° + \frac{\varphi}{2}\right) \tag{6.21}$$

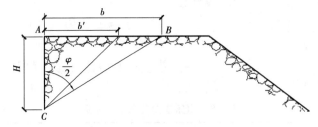

图6.10　枕端道床破裂示意图

H—轨枕端埋入道床的深度;b 或 b'—活动体的宽度

式中　H——轨枕端埋入道床的深度;

φ——摩擦角,一般 $\varphi = 35° \sim 50°$。

对于混凝土轨枕结构,若取 $H = 228$ mm,$\varphi = 38°$,则有:

$$b = 228 \times \tan\left(45° + \frac{38°}{2}\right) \approx 470(\text{mm})$$

据北京交通大学现场试验结果：混凝土轨枕线路上，道床肩宽从 300 mm 起加宽，道床横向阻力随道床肩宽的增加而增大，增加到 550 mm 达最大值，总阻力值增加 16%。若再加宽阻力值就不再增大了。道床肩部堆高石砟会加大滑动体的质量，这是提高道床横向阻力最经济有效的方法。道床肩部堆高形式如图 6.11 所示。对于提高道床横向阻力，肩部堆高比肩部加宽效果更明显，且有利于节约道砟。

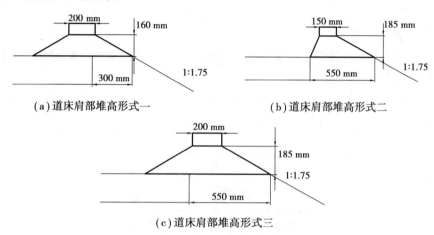

图 6.11　道床肩部堆高示意图

③线路维修作业的影响。线路养护维修作业中，凡扰动道床，如起道捣固、清筛等改变道砟间相互咬合和道砟与轨枕接触状况的情形，都将导致道床横向阻力下降，线路维修作业前后道床横向阻力的变化情况，见表 6.9。德国试验表明，起道捣固后道床阻力下降，经列车辗压后才会逐渐恢复，通过 15 万~20 万 t 运量后才能恢复正常；如起道捣固后立即夯拍道床，尤其是夯拍肩部道床，只需通过 6 万 t 运量即可恢复正常。

表 6.9　维修作业前后道床横向阻力

作业项目	作业前	扒砟	捣固	回填	夯拍	逆向拨道 10 mm
道床横向阻力(kN/根)	8.48	7.52	5.44	6.0	6.4	2.48
%	100	89	64	71	75	29

线路破底清筛后，整个道床会被扰动，道床阻力下降最大，清筛过后阻力会逐渐恢复，清筛后道床横向阻力的变化见表 6.10。

表 6.10　破底清筛前后道床横向阻力

破底清筛作业情况	清筛前	起道一遍捣固两遍	当天取消慢行后	作业后第 2 天
道床横向阻力(kN/根)	8.66	2.56	3.26	4.05
%	100	30	36	47

（2）轨道框架刚度

轨道框架刚度是反映其自身抵抗弯曲能力的参数,是抵抗轨道横向失稳的另一重要因素。轨道框架刚度越大,弯曲变形越小,因此它是保持轨道稳定的主要因素。轨道框架刚度在水平面内等于两股钢轨的水平刚度及钢轨与轨枕节点间的扣件阻矩之和。

①两股钢轨的水平刚度（即横向刚度）之和 $EI = 2EI_y$（I_y 为一根钢轨对竖直轴的惯性矩）。

②扣件阻矩与轨枕类型、扣件类型、扣压力及钢轨相对于轨枕的转角有关。扣件阻矩 M 可以表示为钢轨相对轨枕转角 β 的幂函数:

$$M = H \cdot \beta^{1/\mu} \tag{6.22}$$

式中　H,μ——阻矩系数。

图 6.12 为弹条 I 型扣件阻矩的实测值。对螺母扭矩为 100 N·m 的实测阻矩值进行回归分析,求得回归函数为:

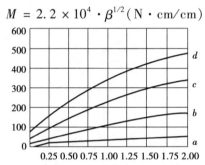

$$M = 2.2 \times 10^4 \cdot \beta^{1/2}(\text{N} \cdot \text{cm/cm})$$

图 6.12　弹条 I 型扣件阻矩实测值

注:a、b、c、d 曲线对应的扣件螺母扭矩分别为 20,50,100,150 N·m。

2）丧失稳定的因素

（1）钢轨中的温度力

无缝线路最突出的问题就是轨温有较大升高时,钢轨内积存巨大的温度压力,有可能导致轨道的臌曲,使线路丧失稳定。由温度升高引起的钢轨轴向温度压力是构成无缝线路稳定问题的根本原因。

（2）轨道初始弯曲

初始弯曲是影响稳定的直接因素,胀轨跑道多发生在轨道的初始弯曲处。因而控制无缝线路初始弯曲对提高无缝线路的稳定性有着十分重要的作用。

初始弯曲一般可分为弹性初始弯曲和塑性初始弯曲。弹性原始弯曲是在温度力和列车横向力的作用下产生的。塑性原始弯曲是钢轨在扎制、运输、焊接和铺设过程中形成的;现场调查表明,大量塑性初始弯曲矢度为 3~4 mm,测量的波长为 4~7 m。塑性初弯矢度约占总初弯矢度的 58.33%。

6.3.3　统一无缝线路稳定性计算公式

统一无缝线路稳定性计算公式的基本假定为:整个轨道框架为铺设于均匀介质（道床）中的一根细长压杆;轨道弹性原始弯曲为半波正弦曲线,塑性原始弯曲为圆曲线,在变形过程中变形曲线端点无位移,曲线长度不变;不考虑扣件系统的变形能。

1）计算图式

统一无缝线路稳定性计算公式的计算图示如图 6.13 所示。

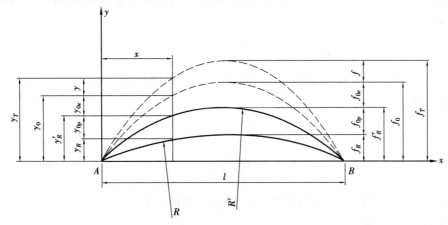

图 6.13 统一无缝线路稳定性计算公式的计算图示

假设弹性原始弯曲与温度压力作用下的变形曲线线形相同,采用正弦曲线,即:

$$y_{0e} = f_{0e}\sin\frac{\pi x}{l_0} \tag{6.23}$$

式中 f_{0e}——弹性原始弯曲矢度;

l_0——弹性原始弯曲半波长,通常取 4.0 m。

塑性原始弯曲假设为圆曲线,并采用下列公式:

$$y_{0p} = \frac{(l_0 - x)x}{2R_0} \tag{6.24}$$

式中 R_0——塑性原始弯曲半径,$R_0 = \dfrac{l_0^2}{8f_{0p}}$;

f_{0p}——塑性原始弯曲矢度。

温度压力作用下的轨道变形曲线为:

$$y_f = f\sin\frac{\pi x}{l} \tag{6.25}$$

式中 f——变形曲线矢度;

l——变形曲线弦长;

y_f——轨道横向变形量。

对于半径为 R 的圆曲线轨道,理想状态下其变形曲线为:

$$y_R = \frac{(l - x)x}{2R} \tag{6.26}$$

对于具有塑性原始弯曲的圆曲线,变形曲率为:

$$\frac{1}{R'} = \frac{1}{R_0} + \frac{1}{R} \tag{6.27}$$

总的原始变形曲线为 $y_0 = y_{0e} + y_{0p}$,总的变形曲线为 $y_T = y_f + y_0$。

2）公式推导

轨道框架总变形能为变形曲线长度 l 和变形矢度 f 的函数,由势能驻值原理,应有:

$$dA = \frac{\partial A}{\partial f}\delta f + \frac{\partial A}{\partial l}\delta l = 0 \qquad (6.28)$$

由于假定曲线在变形过程中弦长 l 是不变的,故式(6.28)第二项为 0。δf 为任意不为 0 的微小值,故需有:

$$\frac{\partial A}{\partial f} = 0 \qquad (6.29)$$

由此可得 P 和 l 之间的函数关系,求 P 的最小值可利用极值条件,从而推导无缝线路稳定性计算公式的基本公式为:

$$\frac{\partial A}{\partial f} = -\frac{\partial A_1}{\partial f} + \frac{\partial A_2}{\partial f} + \frac{\partial A_3}{\partial f} \qquad (6.30a)$$

$$\frac{\partial P}{\partial l} = 0 \qquad (6.30b)$$

式中第一项为负,表示当 δf 为正时,钢轨延长,压缩变形能减小。

(1)钢轨压缩变形能 A_1

钢轨在温度压力 P 作用下产生轴向压缩,压缩变形能为:

$$A_1 = P \cdot \Delta l \qquad (6.31)$$

式中,Δl 为曲线变形过程中,钢轨弧长的变化值,$\Delta l = \Delta l_T - \Delta l_0$,前一项为变形后的弧弦差,后一项为变形前的弧弦差。

显然有 $\quad \Delta l_0 = \int_0^l (ds - dx) = \int_0^l \sqrt{1 + (y_0')} dx - \int_0^l dx \approx \frac{1}{2}\int_0^l (y_0')^2 dx \qquad (6.32a)$

同样,$\quad \Delta l_T = \frac{1}{2}\int_0^l (y_T')^2 dx \qquad (6.32b)$

代入式(6.31)中得:

$$A_1 = P\left[\frac{\pi^2}{4l}(f^2 + 2f_{0e}) + \frac{2l}{\pi R'}\right]$$

$$\frac{\partial A_1}{\partial f} = \frac{P}{2}\left[\frac{\pi^2}{l}(f + f_{0e}) + \frac{4l}{\pi R'}\right] \qquad (6.33)$$

(2)轨道框架弯曲变形能 A_2

轨道框架的弯曲变形能 $A_2 = \int M\frac{d\theta}{2}$(式中 M 为弯矩,θ 为转角),由两部分组成:一是原始弹性弯曲内力矩 M_{0e} 所产生的变形能 $\int_0^l M_{0e}d\theta_f$;二是在变形过程中因新增加的内力矩 M_f 所产生的变形能 $\frac{1}{2}\int_0^l M_f d\theta_f$。故

$$A_2 = \frac{1}{2}\int_0^l M_f d\theta_f + \int_0^l M_{0e}d\theta_f \qquad (6.34)$$

式中,$d\theta_f = y_f'' dx$,$M_f = 2EJ_y y_f'' dx$,$M_{0e} = 2EJ_y y_{0e}'' dx$,得:

$$A_2 = \frac{EJ_y \pi^4}{l^3}\left(\frac{f^2}{2} + f \cdot f_{0e}\right)$$

$$\frac{\partial A_2}{\partial f} = \frac{EJ_y \pi^4}{l^3}(f + f_{0e}) \qquad (6.35)$$

（3）道床形变能 A_3

轨道框架变形时，由于道床具有阻力且被假定为弹性介质，因此会在道床内储存形变能。在变形范围内，道床单位横向阻力 q 随轨枕位移量大小而异，不仅在横的方向上是变量，在纵的方向上也是变量，因此：

$$A_3 = \int_0^l \int_0^{y_f} q \mathrm{d}y \mathrm{d}x \tag{6.36}$$

将式（6.22）的道床横向阻力表示式代入式（6.36）中，得：

$$A_3 = \int_0^l \left(q_0 y_f - \frac{B}{Z+1} y_f^{(z+1)} + \frac{CN}{N+1} y_f^{(1+1/N)} \right) \mathrm{d}x$$

$$= \frac{2}{\pi} l q_0 f - \frac{BC}{2(Z+1)} f^{(Z+1)} + \frac{CNC_n}{N+1} f^{(1+1/N)} l$$

$$\frac{\partial A_3}{\partial f} = \left(\frac{2}{\pi} q_0 - \frac{BC_z}{2} f^z + CC_n f^n \right) l = \frac{2}{\pi} Q l \tag{6.37}$$

式中，C_z 为常系数，是 Z 的函数，当 $Z=1$ 时，$C_z=1$；C_n 也是常系数，是 N 的函数，当 $N=1.5$ 时，$C_n=0.535$，当 $N=1.333$ 时，$C_n=0.526$。

将式（6.33）、式（6.35）、式（6.37）代入式（6.30a）中，可得：

$$P = \frac{\dfrac{EJ_y \pi^5 (f+f_{0e})}{2l^4} + Q}{\dfrac{(f+f_{0e}) \pi^3}{4l^2} + \dfrac{1}{R'}} \tag{6.38}$$

式中，分子为抵抗轨道横向变形的单位长度抗力，分母为曲率，可见曲线轨道的半径 R 越小，容许的计算温度压力也越小。利用式（6.30b）可求得：

$$l^2 = \frac{1}{Q} \left[\frac{2EJ_y \pi^2}{R'} + \sqrt{\left(\frac{2EJ_y \pi^2}{R'} \right)^2 + \frac{EJ_y \pi^5}{2} (f+f_{0e}Q)} \right] \tag{6.39}$$

式中　Q——等效道床阻力，当 $f=0.2\ \mathrm{cm}$ 时，取值见表6.11。

表6.11　等效道床阻力　　　　　　　　　　　　　　　单位：N/cm

	碎石道床、木枕		碎石道床、混凝土枕	
	肩宽30 cm	肩宽40 cm	肩宽30 cm	肩宽40 cm
1 760	—	—	76	84
1 840	54	62	79	87
1 920	56	65	—	—

当 $f=0.2\ \mathrm{cm}$ 时，由式（6.39）求取变形曲线的弦长 l，如果 l 与 $l_0=4\ \mathrm{m}$ 有较大出入，再假设 $l_0=l$，并在弹性原始弯曲曲率不变的条件下，按下式重新计算其矢度

$$f'_{0e} = l_0^2 \frac{f_{0e}}{400^2} \tag{6.40}$$

将 f'_{0e} 代入式（6.39）重新计算 l，如果 l 与最后假定的 l_0 相差不大，就可将 f'_{0e} 及相应的 l 值代入式（6.38）计算出温度力 P_N，再除以安全系数 K，就可得到轨道框架的允许温度压力为：

$$[P] = \frac{P_N}{K} \cdot \qquad (6.41)$$

式中,安全系数 K 取 1.3。

【例题 6.6】 60 kg/m 钢轨,1 840 根/km 混凝土枕,等效道床阻力为 79 N/cm,曲线半径 2 000 m,线路容许弯曲矢度 $f = 0.2$ cm,$f_{0e} = f_{0p} = 0.3$ cm,求允许温度压力 $[P]$。

解: ①换算曲率 $= 1/R' = 1/R + 1/R_0 = 2.0 \times 10^{-5}$(cm^{-1})

②$2\pi^2 E J_y = 2 \times \pi^2 \times 21.0 \times 10^6 \times 524 = 2.172\ 1 \times 10^{11}$(N·cm^2)

③$\dfrac{4}{\pi^3} = 0.129\ 0$

④由式(6.40)计算得:

$l_0^2 = 171\ 953.0$ cm^2,$l = 414.7$ cm

⑤再设 $l_0 = 414.7$ cm,重新计算 $f_{0e}' = 0.322\ 4$ cm,$l = 417.1$ cm

⑥再设 $l_0 = 417.1$ cm,重新计算 $f_{0e}' = 0.326\ 2$ cm,$l = 417.5$ cm

⑦将 $f_{0e}' = 0.326\ 2$ cm,$l = 417.5$ cm 代入式(6.38)得:

$$P_N = 2\ 491.3 \text{ kN}$$

⑧最后得 $[P] = 2\ 491.3/1.3 = 1\ 916.4$(kN)

6.4 一般无缝线路结构设计方法

普通无缝线路设计主要指区间内路基上的无缝线路设计,其主要内容为确定设计锁定轨温和无缝线路基本结构两部分。

6.4.1 设计锁定轨温的确定

无缝线路温度力的大小是以无缝线路锁定时测得的钢轨温度为基准,此时无缝线路的温度应力为零,因此把无缝线路处于零应力状态测得的钢轨温度称为锁定轨温。设计、施工、运营情况不同,使用锁定轨温的概念也会不同。根据无缝线路稳定性和强度计算得到的中和温度称为设计锁定轨温,施工确定的锁定轨温称为施工锁定轨温,无缝线路在运营过程中处于零应力状态的轨温称为实际锁定轨温。

由于长轨条锁定施工过程中轨温是不断变化着的,因而施工锁定轨温应该是一个范围,通常为设计锁定轨温 $t_e \pm 5$ ℃,实际锁定轨温为零应力状态轨温,在设计检算时为安全计,取最大升温为最高轨温与施工锁定轨温下限之差,最大降温为施工锁定轨温上限与最低轨温之差。

(1)根据强度条件确定允许的降温幅度

无缝线路钢轨应该具有足够的强度,以保证在动弯应力、温度应力及其他附加应力共同作用下不被破坏,能够正常工作。因此,要求钢轨所承受的各种应力总和不超过规定的容许值 $[\sigma]$,即:

$$\sigma_d + \sigma_t + \sigma_c \leqslant [\sigma] \qquad (6.42)$$

式中 σ_d——钢轨最大动弯拉应力,MPa;

σ_t——钢轨温度应力,MPa;

σ_c——钢轨承受的制动应力等附加应力,桥上还要考虑到伸缩或挠曲附加应力与制动应力的组合,一般按 10 MPa 计算;

$[\sigma]$——钢轨容许应力,该值等于钢轨的屈服强度 σ_s 除以安全系数 K,即 $[\sigma]=\dfrac{\sigma_s}{K}$。

对极限强度 $\sigma_b=785$ MPa 级钢轨,$\sigma_s=405$ MPa;对于极限强度 $\sigma_b=883$ MPa 级钢轨,$\sigma_s=457$ MPa;新钢轨 $K=1.3$,再用轨 $K=1.35$。

允许的降温幅度$[\Delta t_s]$由下式计算:

$$[\Delta t_s]=\frac{[\sigma]-\sigma_{gd}-\sigma_c}{E\alpha} \tag{6.43}$$

式中　σ_{gd}——钢轨底部下缘动弯应力。

(2)根据稳定条件确定允许的升温幅度

根据稳定条件求得允许温度压力$[P]$后,按下式计算允许温升幅度$[\Delta t_c]$:

$$[\Delta t_c]=\frac{[P]}{2E\alpha F} \tag{6.44}$$

(3)设计锁定轨温的确定

设计锁定轨温 t_e 按图 6.14 计算:

$$t_e=\frac{t_{\max}+t_{\min}}{2}+\frac{[\Delta t_s]-[\Delta t_c]}{2}\pm\Delta t_K \tag{6.45}$$

式中　$t_{\max},t_{\min}$——铺轨地区的历史最高、最低轨温;

Δt_K——设计锁定轨温修正值,可根据当地具体情况取 $0\sim5$ ℃。

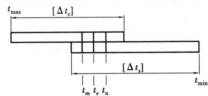

图 6.14　锁定轨温计算图

无缝线路铺设时,施工锁定轨温有一个范围,一般取设计锁定轨温 ±5 ℃。则施工锁定轨温上限为 $t_m=t_e+5$ ℃;施工锁定轨温下限 $t_n=t_e-5$ ℃;且需满足 $t_{\max}-t_n<[\Delta t_c]$,$t_m-t_{\min}<[\Delta t_s]$。

6.4.2　无缝线路结构计算

(1)伸缩区长度

无缝线路锁定后,长轨条的两端将随轨温的升降而伸缩,其伸缩范围的长度即为伸缩区长度 l_s,根据式(6.17)进行计算。

(2)预留轨缝

长轨条一端的伸缩量 $\lambda_\text{长}$ 按式(6.18)计算,标准轨一端的伸缩量 $\lambda_\text{短}$ 按式(6.19)计算。确定预留轨缝的原则与普通线路轨缝的原则相同。缓冲区中,标准轨之间的预留轨缝与普通线路相同。长轨与标准轨之间的预留轨缝的计算方法如下:

按冬季轨缝不超过构造轨缝 a_g 的条件,可算得预留轨缝上限 $a_\text{上}$ 为:

$$a_\text{上}=a_g-(\lambda_\text{长}+\lambda_\text{短}) \tag{6.46}$$

按夏季轨缝不顶严的条件,可计算其下限为:

$$a_下 = \lambda'_长 + \lambda'_短 \qquad (6.47)$$

式中 $\lambda'_长, \lambda'_短$——从锁定轨温至当地最低轨温时,长轨、短轨一端的缩短量;

$\lambda'_长, \lambda'_短$——从锁定轨温至当地最高轨温时,长轨、短轨一端的伸长量。

则无缝线路缓冲区的预留轨缝 a_0 为:

$$a_0 = \frac{a_上 + a_下}{2} \qquad (6.48)$$

【例题6.7】 上海地区最高轨温为60.3 ℃,最低轨温为 -12.1 ℃,接头阻力 $P_H = 400$ kN,道床纵向阻力 $r = 90$ N/cm,P_{50} 钢轨断面积 $F = 65.8$ cm^2,锁定轨温为 (24 ± 5) ℃。缓冲区钢轨长12.5 m,构造轨缝18 mm,求预留轨缝多大?

解:①计算最大温度力

$$\max P_{t拉} = 2.48 \Delta t F = 2.48 \times 6\ 580 \times [(24 + 5) - (-12.1)] = 670\ 686.2(\text{N})$$

$$\max P_{t压} = 2.48 \Delta t F = 2.48 \times 6\ 580 \times [60.3 - (24 - 5)] = 673\ 949.9(\text{N})$$

②计算最高温时预留轨缝的下限

由式(6.18)得长轨一端的伸长量为:

$$\lambda'_长 = \frac{(\max P_t - P_H)^2}{2EFr} = \frac{(673\ 949.9_t - 400\ 000)^2}{2 \times 2.1 \times 10^5 \times 65.8 \times 91 \times 100} = 0.298(\text{cm}) \approx 3(\text{mm})$$

由式(6.19)得短轨一端的伸长量为:

$$\lambda'_短 = \frac{(\max P_{t压} - P_H) \cdot l}{2EF} - \frac{rl^2}{8EF}$$

$$= \frac{(673\ 949.9 - 400\ 000) \times 12.5}{2 \times 2.1 \times 10^5 \times 65.8 \times 100} - \frac{9\ 100 \times 12.5^2}{8 \times 2.1 \times 10^5 \times 65.8 \times 100} = 1.1 \times 10^{-3}(\text{m})$$

$$\approx 1(\text{mm})$$

按夏季轨缝顶不严的条件,可计算其下限为:

$$a_下 = \lambda'_长 + \lambda'_短 = 3 + 1 = 4(\text{mm})$$

③计算最低温时预留轨缝的上限

由式(6.18)得长轨一端的缩短量为:

$$\lambda_长 = \frac{(\max P_t - P_H)^2}{2EFr} = \frac{(670\ 686.2 - 400\ 000)^2}{2 \times 2.1 \times 10^5 \times 65.8 \times 91 \times 100} \approx 3(\text{mm})$$

由式(6.19)得短轨一端的伸长量为:

$$\lambda_短 = \frac{(\max P_{t拉} - P_H) \cdot l}{2EF} - \frac{rl^2}{8EF}$$

$$= \frac{(670\ 686.2 - 400\ 000) \times 12.5}{2 \times 2.1 \times 10^5 \times 65.8 \times 100} - \frac{9\ 100 \times 12.5^2}{8 \times 2.1 \times 10^5 \times 65.8 \times 100} = 1(\text{mm})$$

按冬季轨缝不超过构造轨缝 a_g 的条件,可算得预留轨缝上限 $a_上$ 为:

$$a_上 = a_g - (\lambda_长 + \lambda_短) = 18 - (1 + 3) = 14(\text{mm})$$

④计算缓冲区的预留轨缝

则无缝线路缓冲区的预留轨缝 a_0 为:

$$a_0 = (a_上 + a_下)/2 = (4 + 14)/2 = 9(\text{mm})$$

（3）防爬设备的设置

线路爬行是造成轨道病害的主要原因之一。在无缝线路的伸缩区和缓冲区上,因钢轨可能有伸缩,所以必须布设足够的防爬设备,保证无相对于轨枕的纵向位移。为此,要求钢轨与轨枕间的扣件阻力大于轨枕与道床间的纵向阻力,即:

$$P_防 + nP_扣 \geqslant nR \tag{6.49}$$

式中　$P_防$——一对防爬器提供的阻力,N;

　　　　$P_扣$——一根轨枕上扣件的阻力,N;

　　　　R——一根轨枕提供的道床纵向阻力,N;

　　　　n——配置一对防爬器的轨枕数。

缓冲区的防爬设备与伸缩区相同。缓冲区为木枕时,一般应增设防爬器;为混凝土轨枕时,则不需要。

（4）轨条长度

无缝线路长轨条长度从理论上讲,是可以无限长的,这是近年来我国铁路大力发展跨区间无缝线路和全区间无缝线路的理论基础。轨条长度考虑线路平纵面条件、道岔、道口、桥梁、隧道所在位置,按闭塞区间长度设计,长度为1 000～2 000 m,最短不小于200 m。

一般要求普通无缝线路长轨条布置应符合以下基本原则:

①缓冲区、伸缩区不得设在有铺面的道口上和无砟桥上,同时,尽量避免设在缓和曲线上。

②通过长隧道的无缝线路,其缓冲区应设在道口以内。对于隧道群则可用整根长轨条通过,在每座隧道的隧道口50 m以内和隧道口之间应按伸缩区的要求加强锁定。

③长轨条和缓冲轨的接头,应距离有砟桥的桥端10 m以外。对于桥长200 m及以下,单孔桥跨24 m及以下,墩高10 m及以下的无砟桥,应位于无缝线路的固定区,桥头的两端应在伸缩区锁定。超过上述条件的无砟桥,铺设无缝线路时,应个别设计。

在长轨条之间和长轨条与绝缘接头之间,一般设缓冲区,缓冲区由一般2～4根同类型25 m钢轨组成。缓冲区和伸缩区不应设在宽度大于4.5 m的道口上;伸缩区设在桥上时,长轨条接头宜设在护轨梭头范围以外;在长轨条和道岔区之间的过渡,有时采用更多标准轨。

6.5　无缝道岔

6.5.1　无缝道岔设计理论

跨区间无缝线路中的道岔应当是没有任何轨缝的道岔,道岔中所有的钢轨接头都应焊接或胶接起来,道岔两端也需要与直股或与直股和侧股的无缝线路长轨条焊接在一起,这样的道岔称之为无缝道岔。无缝道岔是跨区间无缝线路的一个重要组成部分,它与长轨条一样要承受无缝线路温度力的作用。道岔中的钢轨不但承受巨大的温度力作用,而且里侧轨线两端受力状况不同,这种不平衡的温度力状态使无缝道岔中的钢轨受力与变形发生变化,是无缝道岔设计、铺设、维修养护中需要处理的核心问题。

欧洲已有部分国家铺设了无缝道岔,在铺设与焊接工艺上积累了许多成熟经验,并发展了一些无缝道岔计算理论,如国际铁道联盟委托欧洲铁道研究所通过研究纵向列车荷载下无缝线路的爬行机理,建立的无缝道岔有限元分析模型。但这些无缝道岔的年轨温差一般未超过90 ℃,具有局限性。日本在20世纪80年代末基于"两轨相互作用"原理分析了无缝道岔的受力变形,但未提出令人信服的计算理论。

近几年,国内专家提出了数种无缝道岔计算理论,比较有代表性的有北京交通大学的无缝道岔当量阻力系数法计算理论;中国铁道科学研究院的无缝道岔纵向力和位移的非线性阻力计算方法;中南大学基于广义变分法原理提出的无缝道岔的计算理论;兰州铁道学院建立的固定辙叉无缝道岔超静定结构二次松弛法等。

以上计算理论均是对无缝道岔受力与变形的近似模拟仿真,对无缝道岔的设计及养护维修提供了较好的指导作用。但这些理论都不同程度地存在着不足之处,如所考虑的影响因素不够全面,无法有效地仿真道岔在各种使用条件下的受力与变形等。随后,发展了基于有限单元法的无缝道岔计算理论,可用以分析多种因素对无缝道岔受力与变形的影响。该计算理论的主要思路为:采用有限单元法,以岔枕支承点划分钢轨及岔枕单元,将节点位移及钢轨节点温度力视为变量。钢轨节点两端纵向力与扣件纵向阻力相平衡,钢轨两相邻节点位移差与该钢轨单元释放的温度力成正比,岔枕视为侧向支承于弹性地基上的有限长梁,岔枕所受的扣件阻力与道床纵向阻力相平衡。尖轨跟端限位器或间隔铁、长翼轨末端间隔铁是无缝道岔中的重要传力部件,计算中其阻力与钢轨相对位移关系采用实测值,并将该作用力视为作用于钢轨中部的集中力。

6.5.2　无缝道岔受力和变形

无缝道岔的轨道结构和一般的单元轨道不同,是由正、侧两股道钢轨交会后又形成一股轨道。在温度荷载的作用下,无缝道岔的受力和变形比普通无缝线路要复杂得多。从根本上把握无缝道岔的温度力传递机理、受力和变形规律对于无缝道岔设计很重要。

1)温度力传递机理

以60 kg/m 钢轨客运专线有砟轨道18 号可动心轨无缝道岔为例来说明温度力在无缝道岔中的传递机理,该道岔纵向力、位移分布如图6.15 和图6.16 所示。该道岔直侧股及岔区前后所有接头均焊接,尖轨跟端设置两对限位器,其子母块间隙分别为7,6.5 mm,可动心轨长翼轨末端设置有四对间隔铁,直侧股钢轨的受力及变形对称。

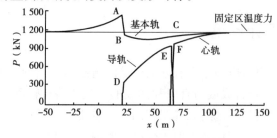

图 6.15　无缝道岔钢轨温度力分布

心轨位于岔后无缝线路伸缩区,在温度力的作用下,克服翼轨末端四组间隔铁的摩阻力、线路纵向阻力后,发生伸缩位移。间隔铁阻力的大小为 P_F,心轨跟端位移为 u_F,则心轨尖端位移

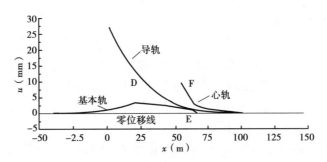

图 6.16　无缝道岔钢轨位移分布

为跟端位移与心轨自由段伸缩位移之和。心轨在伸缩过程中,通过长岔枕的纵向位移及侧向弯曲,将部分作用力传递给基本轨,因而在与心轨跟端对应位置 C 处产生一较小的附加力 P_c。

导轨前端为尖轨跟端,后端为翼轨末端。翼轨末端作用有与 P_F 大小相等,方向相反的间隔铁阻力 P_E,翼轨末端的位移为 u_E,与心轨跟端位移之差符合间隔铁的位移阻力特性。导轨相当于一根短轨条,其前端作用有限位器阻力 P_D,由于限位器子母块分别安装在尖轨、基本轨轨腰上,因而基本轨要承受与 P_D 大小相等、方向相反的作用力$(P_A - P_B)$。导轨前端伸缩位移方向与后端相反,尖轨跟端处的位移为 u_D,与基本轨在尖轨跟端 A 处的位移 u_A 之差大于限位器间隙值,表示限位器子母块将贴靠,子母块相对位移与限位器作用力 P_D 符合限位器的阻力位移特性。尖轨尖端位移为跟端位移 u_D 与自由段伸缩位移之和。

导轨前端部分在伸缩过程中,通过扣件将部分纵向力传递给长岔枕,岔枕在纵向位移和侧向变形的过程中,克服道床阻力后,将部分纵向力通过基本轨的扣件传递给两侧基本轨,导致基本轨承受了额外的附加温度力。由于导轨下的扣件阻力小于岔枕下道床阻力与外侧基本轨扣件阻力之和,因而导曲线前端的温度力变化梯度近似为扣件阻力。基本轨在尖轨跟端附近具有最大附加温度压力,较固定区温度力增加幅度为 25% ~ 35% ,最不利的情况下可达 40% 以上。

2)受力和变形的影响因素

道床、扣件、间隔铁及限位器阻力是影响无缝道岔受力和变形的最主要因素。基本轨强度和稳定性、间隔铁及限位器强度、尖轨及心轨位移检算是无缝道岔设计的核心内容。除轨温变化幅度及上述 4 个部件的阻力特性外,道岔号码大小、辙叉类型、焊接类型、道岔群的连结类型、相邻单元轨节铺设轨温差等因素均会影响无缝道岔的受力和变形。

(1)焊接类型的影响

无缝道岔焊接形式主要有:

①道岔区内钢轨全部焊接,且道岔前后钢轨与区间线路钢轨也焊接,称为全焊;

②仅道岔区内直股钢轨焊接,道岔前后也仅是直股钢轨与区间线路焊接,侧股仍为普通接头连结,称为半焊;

③介于前两种之间的焊接形式,道岔区直侧股钢轨均焊接,而道岔前后仅直股钢轨与区间线路焊接,而侧股钢轨与区间线路为普通接头连结,称道岔区全焊。

全焊形式道岔直侧股受力及伸缩位移呈对称分布,但因岔后侧股曲线将较大的温度力传递给无缝道岔,各部件受力及变形较大;半焊形式的道岔在轨温变化幅度不大时,侧股限位器受力较大,在无法保证限位器强度的情况下,不宜采用;道岔区全焊可降低无缝道岔中各部件的受力与变形,直侧股受力与位移近似为对称分布,是现场使用较多的一种焊接形式。

（2）跟端传力结构的影响

对于限位器结构，子母块间隙较小时，对限位器本身的受力及基本轨受力不利，但对限制尖轨位移比较有利，而限位器子母块间隙较大时，对限位器及基本轨受力比较有利，但对限制尖轨位移不利。因而在道岔组装时应严格控制子母块间隙。对于间隔铁结构，增加间隔铁数量、确保间隔铁螺栓扭矩、采用新型紧固机构或胶接技术，均可增大间隔铁阻力，减小尖轨及心轨伸缩位移。

（3）相邻单元轨节铺设轨温差的影响

无缝道岔与相邻线路轨温差越大，传递至无缝道岔中的温度力也越大，因此基本轨附加温度力、心轨跟端位移、限位器与间隔铁作用力均随着轨温差的增大而增大。可见，控制无缝道岔与相邻线路的铺设轨温差，对降低无缝道岔的受力与变形是十分必要的。

（4）两道岔间夹直线长度影响

两道岔对接时，将形成叠加，增加基本轨所承受的纵向力；两道岔顺接时，后一组道岔将附加温度力传递至前一组道岔，导致前一组道岔的基本轨附加温度力、尖轨及心轨的伸缩位移、传力部件所受作用力均明显增加。两道岔间插入直线段后，可减缓两道岔间相互影响。插入直线段越长，影响越小。

课后习题

6.1 简述无缝线路有哪些分类方式？

6.2 60 kg/m 钢轨，断面积为 77.45 cm²，当轨温变化 15 ℃时，钢轨内部产生的温度应力和温度力各是多少？

6.3 无缝线路钢轨温度力是如何产生和分布的？

6.4 请简单介绍无缝线路温度力、伸缩位移与轨温变化的关系。

6.5 什么是无缝线路的稳定性？

6.6 影响无缝线路稳定性的主要因素有哪些？

6.7 简述确定无缝线路设计锁定轨温范围的步骤。

6.8 无缝线路中哪部分叫固定区、伸缩区、缓冲区？其主要作用是什么？

6.9 什么是无缝线路的锁定轨温？

6.10 无缝线路涨轨跑道的含义是什么？

6.11 简述无缝线路涨轨跑道产生发展的过程。

6.12 道床横向阻力是指什么？它主要起哪些作用？

6.13 影响道床横向阻力的因素主要有哪些？

6.14 为了使无缝线路保持稳定，其轨道阻力有哪几种？

6.15 简述一般无缝线路设计的思路。

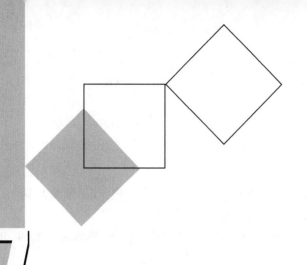

7 线路养护与维修

本章导读：

● **基本要求** 了解我国铁路线路设备维修的基本原则和管理组织方法；了解铁路轨道管理制度、相关标准以及常用的轨道检测设备，掌握线路设备质量评定方法；掌握线路设备大修和线路维修的基本内容及其组织管理方法；掌握无缝线路养护维修的技术要求，特别是轨温的控制和应力放散与调整方法，理解胀轨跑道的原因和防治措施；了解无缝线路钢轨重伤和断轨处理措施；了解铁路线路常用的修理机械。

● **重点** 掌握线路设备维修的基本原则，线路大修和线路维修的区别。

● **难点** 理解无缝线路胀轨跑道的原因与预防、维修措施。

7.1 线路设备修理

我国《铁路线路修理规则》(铁〔2006〕146号)将线路设备修理分为线路设备大修和维修。

线路设备大修的基本任务是根据运输需要及线路设备损耗规律，有计划、按周期地对线路设备进行更新和修理，以恢复轨道结构强度，全面改善轨道弹性，增强轨道承载能力。

普通线路的维修是在线路大修的间隔时期内，对线路设备进行综合维修、经常保养和临时补修活动的总称，其基本任务是经常保持线路设备状态完整和质量均衡，使列车能以规定的速度安全、平稳和不间断地运行，并尽量延长设备的使用寿命。而高速铁路养护维修分为计划维修和临时维修，并应贯彻"预防为主，防治结合，重检慎修"的原则，有效地预防和整治病害。

线路设备修理应采用新技术、新设备、新材料、新工艺和先进的施工作业方法，优化劳动组织，提高劳动生产率和施工作业质量，降低成本；改进检测方法，推行信息化技术，健全并严格执行安全管理和检查验收制度。

7.1.1　线路设备修理原则

1）线路设备大修原则

线路设备大修应贯彻"运营条件匹配,轨道结构等强,修理周期合理,线路质量均衡"的原则,坚持全面规划、适度超前、区段配套的方针,并应采用无缝线路。

线路设备大修应由大修设计和施工专业队伍承担,采用必要的施工机械和运输车辆,并安排与施工项目相应的施工天窗。

2）线路设备维修原则

线路设备维修应贯彻"预防为主,防治结合,修养并重"的原则,按线路设备技术状态的变化规律和程度,相应地进行综合维修、经常保养和临时补修,有效地预防和整治线路病害,有计划地补偿线路设备损耗,以取得较好的技术经济效益。

线路设备维修应实行天窗检修制度,并实行检修分开的管理体制。

7.1.2　线路设备修理管理组织

1）线路设备大修施工管理组织

线路设备大修应由专业施工队伍承担,并有固定的生产人员作为基本队伍。大修施工单位必须具备必要的大修基地,相应的施工机械、交通运输工具、通信设备和检修设施,还要配备用于外出施工的宿营车辆和必要的流动生活设施。大修施工单位必须具备如下设施:

①铁路局应根据近、远期规划,统筹安排,修建必要的大修基地。大修基地应有足够的配线和场地,具备必要的生产和生活设施,交通便利。

②配备与大修施工任务相适应的施工机械、交通运输工具、通信设备和相应的检修设施。

③配备宿营车辆等必要的流动生活设施。

2）线路设备大修施工组织设计

线路设备大修施工单位应依据设计文件进行现场调查和施工测量,研究制订施工方案;按工程件名及批准的施工计划编制施工组织设计。

3）线路设备大修施工管理

线路设备大修施工必须认真贯彻执行"安全第一、预防为主"的方针,严格执行各项施工作业标准,科学组织施工,确保施工安全、质量和进度。

①施工单位应按照设计文件、有关技术标准和施工工艺流程组织施工,合理控制施工和慢行长度。

②施工负责人应深入现场,加强领导,落实安全责任制。

③线路设备大修施工实行安全监督制度,负责设备管理的工务段,必须派人常驻施工工地,加强与施工单位的联系,相互配合,密切协作,协助检查施工安全和施工质量。工务段应对施工全过程进行监督,发现施工安全隐患及质量问题时应责令施工单位立即纠正,危及行车安全时有权责令其停止施工。

④施工单位必须建立以下制度：

a.施工三检制：在每次开工前、施工中和线路开通前，施工负责人应组织有关人员分别按分工地段对施工准备、施工作业方法和线路设备状态进行检查。

b.巡查养护制：施工现场应设置巡养人员，对施工地段进行巡查和养护，发现并及时消除危及行车安全的处所。

c.工序交接制：前一工序应给后一工序打好基础，在前一工序完成后，应由施工负责人组织工序负责人进行交接。

d.隐蔽工程分阶段施工制度：每阶段完成后，施工单位应会同接管单位共同检查，并填写记录，确认符合设计要求，才所以准备开始下一阶段施工。

e.岗前培训制：新工人上岗前必须经过安全教育和技术培训，经考试合格方准上岗。采用新工艺、使用新设备时，必须首先制订安全保证措施和操作规程，并对职工培训后方准进行操作和调试。

f.安全检查分析制：施工安全工作应抓早、抓小、抓苗头、抓薄弱环节，应定期加强检查，重点加强季节性、节假日和工地转移前后的检查，及时消除隐患。应组织开展事故预想活动，预防事故的发生。对事故苗头和事故应及时分析、处理，吸取教训。

4）线路设备大修施工机械管理

施工单位应建立健全各种施工、运输和装卸机械的管理制度，加强设备台账和技术档案的管理，实行岗位责任制，严格执行设备检修保养制度，保证配件储备，提高设备完好率。

5）线路设备大修材料管理

①施工单位应建立健全材料管理制度，不得使用质量、规格不符合标准或出厂证件不符合要求的材料。

②材料应及时清点入库，堆码整齐，采取必要措施防止丢失或损坏。

③下道旧料应及时回收，做到工完料净。

④应按规定办理材料的收发、运送、使用和交接手续。

6）线路设备维修管理组织

工务段的管辖范围：正线延长单线以500～700 km为宜，双线以800～1 000 km为宜，特殊情况下由铁路局规定；山区铁路或管辖范围内有编组站或一等级以上车站时，管辖正线长度可适当减少。线路车间的管辖范围：正线延长单线以60～80 km为宜，双线以100～120 km为宜。线路工区的管辖范围：正线延长以10～20 km为宜。

工务段应按检修分开的原则，下设线路车间、检查监控车间和综合机修车间，根据需要还可设机械化维修、道口、路基等车间。

线路车间下设线路工区和机械化维修工区，未设检查监控车间的工务段应在线路车间设置检查监控工区。其他车间可根据需要设置工区。

7）线路设备维修实行检修分开制度

检修分开的基本原则是实行专业检查和机械化集中修理，实现检查与维修的异体监督。

检查监控车间（工区）应按规定的项目和周期进行设备检查分析，并及时传递检查信息；线路车间负责安全生产的组织实施；线路工区主要负责线路设备巡查、临时补修、故障处理；机械化维修车间(工区)主要负责综合维修、配合大机维修作业和经常保养;综合机修车间负责钢轨、道岔焊补,养路机械的维修保养,工具制作、修理及线路配件修理等工作。

综合维修组织形式为工务机械段负责综合维修的大型养路机械作业项目,工务段配合施工,并负责其他作业项目和质量验收;当大型养路机械维修不能覆盖时,由工务段按检修分开的原则组织综合维修和质量验收。

工务段设有路基工区时,路基维修工作由路基工区负责;未设路基工区时,路基维修工作由线路工区负责,并根据路基设备数量配置相应定员。凡影响行车的线路施工、维修作业均应在天窗内进行,铁路局应安排与施工、维修相适应的天窗,施工天窗不少于 180 min,维修天窗根据维修作业需要合理安排,并应做到综合利用,平行作业。

7.2 铁路轨道检测与质量评定

轨道检测从检测内容上可分为几何形位检测、行车平稳性检测和部件状态检测;从检测方式上可分为手工静态检测和检测车动态检测。高速铁路轨道检测要坚持"动态检测为主,动、静态检测相结合,结构检测与几何尺寸检测并重"的原则。轨道检测是轨道质量状态评估并科学合理地制订维护计划的基础,同时也能为轨道结构设计、病害原因分析及维护标准制定提供重要的实测数据。

7.2.1 检测管理制度

1)线路静态检测

静态检测利用检测工具沿线路逐点进行,包括线路和道岔几何形位检测。线路几何形位检测的项目主要有轨距(含曲线轨距加宽)、水平(含曲线外轨超高、线路扭曲或三角坑)、轨向(含曲线圆顺程度)、高低及轨底坡。道岔几何形位的检测项目主要有道岔各部分轨距、水平、高低、导曲线支距、查照间距、尖轨与基本轨的密贴程度等。

静态检测即在无荷载作用情况下的线路几何状态检测,常用的检测方法为轨距尺测量、弦线测量及各类轨道几何测量检测仪。

工务段段长、副段长、指导主任、检查监控车间主任、线路车间主任和线路工长应定期检查线路、道岔和其他线路设备,并重点检查薄弱处所,具体办法由铁路局规定。检查结果应认真分析,对超过临时补修管理值的处所应及时处理。应积极采用轨道检查仪检查线路,提高线路静态检查质量,加强线路设备状态分析,指导线路养修工作。

设有检查监控车间的工务段,应由检查监控车间有计划地对工务段管辖线路设备进行月度周期性检查,线路车间参加月度周期性检查并负责检查监控车间检查内容以外的检查工作。未设检查监控车间的工务段,应由线路车间组织检查监控工区有计划地对线路车间管辖线路设备进行月度周期性检查,组织线路工区参加月度周期性检查并进行检查监控工区检查内容以外的检查工作。

线路设备检查内容及检查周期:

①正线线路和道岔,每月应检查 2 次(当月有轨检车检查的线路可减少 1 次);其他线路和道岔,每月应检查 1 次。轨距、水平、三角坑应全面检查,轨向、高低及设备其他状态应全面查

看,重点检查,对伤损钢轨、夹板和焊缝应同时检查。

②曲线正矢,每季应至少全面检查 1 次。

③对无缝线路轨条位移,每月应观测 1 次。

④对钢轨焊接接头的表面质量及平直度,每半年应检查 1 次。

⑤对严重线路病害地段和薄弱处所,应经常检查。

检查结果应作好记录。

2)线路动态检查

轨道动态检测即在荷载作用下的线路几何状态检测,主要包括轨道动态几何形位检测、走行部振动情况检测和行车平稳性情况检测。动态几何形位检测主要包括左右轨的高低、左右轨的轨向、水平、曲线外轨超高、曲线半径、轨距和三角坑,走行部振动情况主要检测左右轴箱垂直振动加速度,行车平稳性检测主要检测车体横向和垂向振动加速度。

动态检测的手段和方法包括综合检测列车、轨检车、线路检查仪(车载、便携)和人工添乘。

线路动态应通过轨道检查车的检查,了解和掌握线路局部不平顺(峰值管理)和线路区段整体不平顺(均值管理)的动态质量,指导线路养护维修工作。

轨检车对线路局部不平顺(峰值管理)检查评定标准:

①各项偏差等级扣分标准:Ⅰ级每处扣 1 分,Ⅱ级每处扣 5 分,Ⅲ级每处扣 100 分,Ⅳ级每处扣 301 分。

②线路动态评定标准:线路动态评定以千米为单位,每千米扣分总数为各级、各项偏差扣分总和,每千米线路动态评定标准是:优良——扣分总数在 50 分及以内,合格——扣分总数在 51～300 分,失格——扣分总数在 300 分以上。

③轨检车检查结果应分线、分段汇入轨检车线路评分统计报告表中。

检测周期:铁路总公司轨道检查车,对允许速度大于 120 km/h 的线路及其他主要繁忙干线进行定期检查。铁路局轨道检查车,对允许速度大于 120 km/h 的线路每月检查不少于两遍(含铁路总公司轨道检查车检查),对年通过总质量不小于 80 百万 t 的正线 15～30 d 检查 1 遍,对年通过总质量为 25～80 百万 t 以内的正线每月检查 1 遍,对年通过总重小于 25 百万 t 的正线每季检查 1 遍,对状态较差的线路可适当增加检查遍数。

铁路总公司轨道检查车检测中发现的问题,应及时通知有关单位,检查后及时将检测报告提交有关单位,每月末(或年底)向铁路总公司提报月度(或年度)检测、分析报告(含轨检车线路评分统计报告表)。铁路局轨道检查车检测中发现的问题,应立即通知工务段,检查后向有关单位通报检查结果,每月上旬(或年初)向铁路总公司提报上月(或上年度)检查、分析报告(含轨检车线路评分统计报告表)。

对线路区段整体不平顺(均值管理)动态质量指标—轨道质量指数(TQI)超过管理值的线路,应有计划地安排维修或保养。

工务段(或由工务段通知管内施工的责任单位)应对轨检车查出的Ⅲ级超限处所及时处理,对查出的Ⅳ级超限处所立即限制行车速度并及时处理。

工务段段长(或副段长)、指导主任和线路车间主任对管内正线每月应用添乘仪至少检查 1 遍。发现超限处所和不良地段,应及时通知线路车间或工区进行整修,并在段添乘检查记录簿上登记。

机车轨道动态监测装置对年通过总质量不小于 25 百万 t 或允许速度大于 120 km/h 的线

路每天应至少检查1遍。具体使用及管理办法由铁路局规定。

3）钢轨检查

铁路总公司和铁路局钢轨探伤车,对年通过总质量不小于50百万t或允许速度大于120 km/h的线路每年应至少检查两遍,对年通过总质量不小于25百万t的干线每年应至少检查1遍。特殊地段增加检查遍数由铁路局确定。钢轨探伤车检查的伤损应采用探伤仪进行复核。

铁路总公司钢轨探伤车检查中发现问题,应及时向有关单位发出通知,并于每月末(或年底)向铁路总公司提报月度(或年度)检测、分析报告。铁路局钢轨探伤车检查中发现问题,应立即通知工务段处理,检查后向有关单位通报检查结果,每月上旬(或年初)向铁路总公司提报上月(或上年度)检查、分析报告。

钢轨探伤检查应实行定期检查制度,依据年通过总重、轨型等条件确定钢轨探伤周期,见表7.1。

表7.1 正线、到发线线路和道岔钢轨探伤周期

年通总质量(百万t)	年探伤遍数		
	75 kg/m、60 kg/m轨	50 kg/m轨	43 kg/m及以下轨
≥80	10		
50～80	8	10	
25～50	7	8	9
8～25	6	7	8
<8	5	6	7

注:冬季应缩短探伤间隔时间。

其他站线、专用线的线路和道岔每半年应检查1遍。

下列情况应适当增加探伤遍数:a.冬季;b.在桥梁上、隧道内、小半径曲线、大坡道及钢轨状态不良地段;c.伤轨数量出现异常,连续两个探伤周期内都发现疲劳伤损(如核伤、鱼鳞伤、螺孔裂纹、水平裂纹等)地段;d.大修换轨初期(75 kg/m、60 kg/m钢轨为累计通过总质量50百万t,50 kg/m钢轨为累计通过总质量25百万t)、超过大修周期地段、钢轨与运量不匹配地段。

无缝线路和道岔钢轨的焊缝除按规定周期探伤外,应用专用仪器对焊缝全断面探伤,每半年不少于1次。

对钢轨、道岔磨耗情况,每年结合秋检应全面检查1次。对磨耗接近轻伤和重伤的钢轨和道岔,每季至少应组织检查1次。发现重伤钢轨应立即通知线路车间和工务段调度。

工务段每月应将钢轨探伤进度及结果和其他方法检查发现的钢轨伤损情况经分析后报铁路局。铁路局应每月汇总分析后报铁路总公司。

4）春秋季检查

每年3～4月应由铁路局组织工务段进行一次春季设备检查,检查内容和要求由铁路局根据具体情况规定。每年9月末以前,按铁路总公司规定的秋季设备检查内容,由铁路局组织工务段进行一次秋季设备检查,并结合设备检查进行线路设备状态评定。铁路局应于10月20日前汇总并分析秋季设备检查结果,报铁路总公司。

5）量具检查

铁路轨距尺、支距尺必须按《铁路轨距尺检定规程》（JJG 219）和《铁路支距尺检定规程》[JJG（铁道）186]进行检定。轨距尺、支距尺应由工务段（大修段）负责检定，轨距尺检定周期为一个季度，支距尺检定周期为半年。无专用检具的大修段的轨距尺、支距尺应在附近工务段检定。

接头螺栓扭矩扳手和扣件扭矩扳手每年应至少检定 1 次，容许误差不得大于 4%。

钢轨温度计每年应按照《钢轨测温计检定规程》[JJG（铁道）140]的要求至少检定 1 次。轨道检查仪每季度（或累计运行里程达到 1 000 km）应检定 1 次。

7.2.2　检测管理标准

1）轨道静态几何尺寸容许偏差管理值

轨道静态几何尺寸容许偏差管理值中，作业验收管理值为线路设备大修、综合维修、经常保养和临时补修作业的质量检查标准；经常保养管理值为轨道应经常保持的质量管理标准；临时补修管理值为应及时进行轨道整修的质量控制标准。线路和道岔轨道静态几何尺寸容许偏差管理值分别见表 7.2 和表 7.3。

表 7.2　线路轨道静态几何尺寸容许偏差管理值

项　目		$v_{max} > 160$ km/h 正线			160 km/h$\geq v_{max} > 120$ km/h 正线			$v_{max} \leq 120$ km/h 正线及到发线			其他站线		
		作业验收	经常保养	临时补修	作业验收	经常保养	临时补修	作业验收	经常保养	临时补修	作业验收	经常保养	临时补修
轨距（mm）		+2 −2	+4 −2	+6 −4	+4 −2	+6 −4	+8 −4	+6 −2	+7 −4	+9 −4	+6 −2	+9 −4	+10 −4
水平（mm）		3	5	8	4	6	8	4	6	10	5	8	11
高低（mm）		3	5	8	4	6	8	4	6	10	5	8	11
轨向（直线）（mm）		3	4	7	4	6	8	4	6	10	5	8	11
三角坑（扭曲）（mm）	缓和曲线	3	4	4	4	5	6	4	5	7	5	7	8
	直线和圆曲线	3	4	6	4	6	8	4	6	9	5	8	10

注：①轨距偏差不含曲线上按规定设置的轨距加宽值，但最大轨距（含加宽值和偏差）不得超过 1 456 mm；
　　②轨向偏差和高低偏差为 10 m 弦测量的最大矢度值；
　　③三角坑偏差不含曲线超高顺坡造成的扭曲量，检查三角坑时基长为 6.25 m，但在延长 18 m 的距离内无超过表列的三角坑；
　　④专用线按其他站线办理。

表 7.3 道岔轨道静态几何尺寸容许偏差管理值

项 目		$v_{max} > 160$ km/h 正线			160 km/h$\geqslant v_{max} >$ 120 km/h 正线			$v_{max} \leqslant 120$ km/h 正线及到发线			其他站线		
		作业验收	经常保养	临时补修	作业验收	经常保养	临时补修	作业验收	经常保养	临时补修	作业验收	经常保养	临时补修
轨距(mm)		+2 −2	+4 −2	+5 −2	+3 −2	+4 −2	+6 −2	+3 −2	+5 −3	+6 −3	+3 −2	+5 −3	+6 −3
水平(mm)		3	5	7	4	5	8	4	6	9	6	8	10
高低(mm)		3	5	7	4	5	8	4	6	9	6	8	10
轨向 (mm)	直线	3	4	6	4	5	8	4	6	9	6	8	10
	支距	2	3	4	2	3	4	2	3	4	2	3	4
三角坑(扭曲) (mm)		3	4	6	4	6	8	4	6	9	5	8	10

注:①支距偏差为现场支距与计算支距之差;
　②导曲线下股高于上股的限值:作业验收为0,经常保养为2 mm,临时补修为3 mm;
　③三角坑偏差不含曲线超高顺坡造成的扭曲量,检查三角坑时基长为6.25 m,但在延长18 m的距离内无超过表列的三角坑;
　④尖轨尖处轨距的作业验收的容许偏差管理值为±1 mm;
　⑤专用线道岔按其他站线道岔办理。

2) 轨道动态不平顺管理值

轨道检查车对轨道动态局部不平顺(峰值管理)检查的项目为轨距、水平、高低、轨向、三角坑、车体垂向振动加速度和横向振动加速度7项。各项偏差等级划分为4级:Ⅰ级为保养标准,Ⅱ级为舒适度标准,Ⅲ级为临时补修标准,Ⅳ级为限速标准。各级容许偏差管理值见表7.4。

表 7.4 轨道动态质量容许偏差管理值

项 目	$v_{max} > 160$ km/h 正线				160 km/h$\geqslant v_{max} >$ 120 km/h 正线				$v_{max} \leqslant 120$ km/h 正线			
	Ⅰ级	Ⅱ级	Ⅲ级	Ⅳ级	Ⅰ级	Ⅱ级	Ⅲ级	Ⅳ级	Ⅰ级	Ⅱ级	Ⅲ级	Ⅳ级
轨距(mm)	+4 −3	+8 −4	+12 −6	+15 −8	+6 −4	+10 −7	+15 −8	+20 −10	+8 −6	+12 −8	+20 −10	+24 −12
水平(mm)	5	8	12	14	6	10	14	18	8	12	18	22
高低(mm)	5	8	12	15	6	10	15	20	8	12	20	24
轨向(mm)	5	7	10	12	5	8	12	16	8	10	16	20
扭曲(三角坑) (mm) (基线2.4 m)	4	6	9	12	5	8	12	14	8	10	14	16

项　目	$v_{\max} > 160$ km/h 正线				160 km/h≥$v_{\max}$> 120 km/h 正线				$v_{\max} \leq 120$ km/h 正线			
	Ⅰ级	Ⅱ级	Ⅲ级	Ⅳ级	Ⅰ级	Ⅱ级	Ⅲ级	Ⅳ级	Ⅰ级	Ⅱ级	Ⅲ级	Ⅳ级
车体垂向加速度（g）	0.10	0.15	0.20	0.25	0.10	0.15	0.20	0.25	0.10	0.15	0.20	0.25
车体横向加速度（g）	0.06	0.10	0.15	0.20	0.06	0.10	0.15	0.20	0.06	0.10	0.15	0.20

注：①表中各种偏差限值为实际幅值的半峰值；

②高低、轨向不平顺按实际值评定；

③水平限值不含曲线上按规定设置的超高值及超高顺坡量；

④三角坑限值包含缓和曲线超高展坡造成的扭曲量；

⑤固定型辙叉的有害空间部分不检查轨距、轨向。其他检查项目及检查标准与线路相同。

轨道检查车检查线路区段整体不平顺（均值管理）的动态质量用轨道质量指数（TQI）评定。轨道质量指数管理值见表7.5。

表7.5　轨道质量指数（TQI）管理值

项　目		高　低	轨　向	轨　距	水　平	三角坑	TQI
管理值	$v_{\max} \leq 160$ km/h	2.5×2	2.2×2	1.6	1.9	2.1	15.0
	$v_{\max} > 160$ km/h	1.5×2	1.6×2	1.1	1.3	1.4	10.0

7.2.3　轨道检测设备

轨道检测常用设备如下：

1）轨距尺

轨距尺（见图7.1）或数字道尺是检测铁路轨道轨距、水平和超高的主要测量工具。数字道尺是基于计算机的轨道几何形位智能化测量工具，其特点是测量精度高、速度快、自动化程度高、显示清晰直观、检查方便快捷、节省维修费用。

图7.1　轨距尺

2) 轨道检查仪

轨道检查仪也称轨检小车(见图 7.2),是一种用于测量轨道静态几何参数的小型推车。配有各种高精度的传感器、无线电通信设备和户外计算机,借助专业软件控制测量和数据存储管理,数据采集速度快、数量大,对采集到的数据能及时地进行分析与报警,用于现场指导维修、复核和验收作业。

图 7.2 轨道检查仪

3) 弦线

在铁路轨道静态检测中,由于轨距尺无法直接测量出轨向(包括曲线)、高低的大小,因此可以采用人工拉弦线的方法进行测量,称为弦线测量。弦测法获取的轨向和高低结果仅能满足普通铁路的检测要求。高速铁路的轨向和高低的平顺性指标有短平和长平两个标准,短平的指标是 30 m 弦,长平的指标是 300 m 弦,应通过控制网 CPⅢ 和轨道几何状态测量检测仪完成。弦线用于检测轨道的高低和方向,如图 7.3 所示。有 10,20,40 m 长标准弦线。图 7.4 是用弦线测量轨道的方向,图 7.5 是用弦线测量轨道的高低。

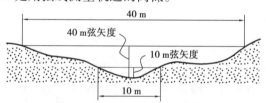

图 7.3 弦线测量原理(中弦法)

图 7.4 测量轨道方向

图 7.5 测量轨道高低

4）基尺和电子平直尺

对钢轨波磨等不平顺，以往通常采用基尺和塞尺进行测量。塞尺厚度为 0.1~1.0 mm 不等，可随意组合成各种厚度。基尺通常是不易变形的钢板尺或特制钢尺，长度为 50~120 cm。在钢轨顶部放置基尺，在波磨波谷或低接头处试塞各种厚度的塞尺。这种检测方法的精度低，但简便易行。

电子平直尺（见图 7.6）是目前使用的较为精确的静态测量钢轨平顺性、焊缝及波磨的检测设备。它能测量各种钢轨运行表面平直程度，侧面平直程度和它们的轨距边角。它能测量钢轨表面的波纹，并与以前的数据对比。设备可以显示绝对数值、最大值和最小值，并把数据储存在内置计算机中。测量以后，设备还可以打印报告，并把数据输出到外部设备以便进行进一步分析评估。平直尺长为 1~3 m。

图 7.6　电子直平尺

图 7.7　GJ-4 型轨检车

5）无缝线路爬行观测设备

进行无缝线路维修必须掌握轨温，观测钢轨位移，分析锁定轨温变化。当长轨条铺设锁定之后，即在与观测桩相对应的钢轨上做好标记，作为观测钢轨爬行的观察点。在日常管理中，要对爬行观测桩和轨长标定的设标点进行定期观测，并相互核对。如发现两观测桩之间有位移时，则进一步对两观测桩之间的设标点进行取标测量，仔细检查发生位移的实际段落。核定后进行局部应力调整，使之均匀。一般使用光学准直仪和对中器来进行观测。

6）轨检车

线路动态检查主要通过轨检车进行。轨检车（见图 7.7）由检测装置和数据处理系统两大部分组成。检测装置包括：惯性基准轨道不平顺测量装置、光点轨距测量装置和多功能振动测量装置等。数据处理系统包括模数转换器、计算机和打印机等。目前也使用添乘仪、车载动态检查仪等辅助检测手段。

我国轨检车可检测 13 项内容，包括：左右轨的前后高低、左右轨的轨向和水平、左右轨的不平顺、曲线外轨超高、曲线半径、轨距、线路扭曲、车体水平和垂直振动加速度、左右轴箱垂直振动加速度等。除检测轨道几何形位外，还可以从轮轨相互作用和行车平稳性等方面对轨道状态作出综合评价。

我国铁路现役轨检车按检测系统类型划分为 4 类：G-J3 型、GJ-4 型、GJ-4G 型、GJ-5 型；按车辆速度等级划分为：120，140，160 km/h 等级。200 km/h 等级轨道检测车也已研发成功，适用于高速铁路 400 km/h 等级的 GJ-6 也研制成功并投入使用。

7) 钢轨探伤设备

常用的钢轨探伤装置为钢轨探伤仪。钢轨探伤仪习惯上称为钢轨探伤小车,是指能在一股钢轨上推行并能同时对钢轨中的各种缺陷进行检测的小型超声波探伤设备,分模拟式和数字式两种。探伤小车采用超声波原理,由超声波发射器、接收器及波形显示器等组成。钢轨内部核伤或裂纹处固体与空气界面上产生发射波,反射波被接收后,可根据发射和反射的时间间隔和超声波的传播速度,计算并显示有无伤损以及伤损的位置和尺寸。

我国的钢轨探伤基本建立了部、局两级探伤体系,铁路局也建立了局、段两级探伤网络。铁路总公司、铁路局分别配置钢轨探伤车(见图 7.8),工务段则用小型钢轨探伤仪(见图 7.9)进行探伤或对探伤车的探测结果进行复核。

图 7.8　钢轨探伤车

图 7.9　钢轨探伤仪

钢轨探伤车对探测速度和精度有着更高的要求,检测内容主要有 3 个方面:钢轨伤损检测、钢轨断面测量、波浪磨耗检测。而小型钢轨探伤仪主要用来检测钢轨核伤及钢轨裂纹。

7.2.4　线路设备质量评定

1) 线路设备状态评定

线路设备状态评定,是对正线线路设备质量基本状况的检查评定,是考核各级线路设备管理工作和线路设备状态改善情况的基本指标。线路设备状态评定结合秋检资料分析,是安排线路大、中维修计划的主要依据。线路设备状态评定应以千米为单位(评定标准见表 7.6),满分为 100 分,85~100 分为优良,60~85(不含)分为合格,60 分以下为失格。

表 7.6　线路设备状态评定评分标准

编号	项目	扣分条件	计算单位	扣分(分)	说　明
1	慢行	线路设备不良(不含路基)	处	41	检查时现存慢行处所
2	道床	翻浆冒泥	每延长 10 m	4	
		道床不洁率大于 25%(在枕盒底边向下100 mm 处取样)	每延长 100 m	8	道床不洁率指通过边长 25 mm 筛孔的颗粒的质量比

续表

编号	项目	扣分条件	计算单位	扣分（分）	说　明
3	轨枕	木枕失效率超过8%	每增1%	8	
		混凝土枕失效率超过4%	每增1%	8	
4	钢轨	一年内新生轻伤钢轨(不含曲线磨耗)	根	2	长轨中2个焊缝间为1根
		现存曲线磨耗轻伤钢轨	每延长100 m	4	按单股计算
		一年内新生重伤钢轨(不含焊缝)	根	20	长轨中2个焊缝间为1根
		无缝线路现存重伤钢轨(不含焊缝)	根	20	同上
		无缝线路现存重伤焊缝	个	20	

2)线路设备保养质量评定

线路、道岔保养质量评定,是考核线路、道岔养护质量的基本指标,也是安排维修计划的主要依据之一。正线线路和正线、到发线道岔的保养质量评定应由工务段组织,采取定期抽样的办法进行。具体组织办法由各铁路局制订。

线路保养质量评定应以千米为单位(评定标准见表7.7),道岔保养质量评定应以组为单位(评定标准见表7.8),满分为100分,85~100分为优良,60~85(不含)分为合格,60分以下为失格。

表7.7　线路保养质量评定标准

项目	编号	扣分条件	抽查数量	单位	扣分（分）	说　明
轨道几何尺寸	1	超过经常保养标准容许偏差	轨距、水平、三角坑连续检测100 m;轨向、高低全面查看,重点检测	处	4	选择线路质量较差地段检查。曲线正矢全面检测。曲线正矢超过容许偏差,每处扣4分
	2	超过临时补修标准容许偏差		处	41	
	3	允许速度大于120 km/h线路轨距变化率大于1‰,其他线路大于2‰(不含规定的递减率)		处	2	
钢轨	4	钢轨接头顶面或内侧面错牙大于2 mm	全面查看,重点检测	处	4	错牙大于3 mm时,每处扣41分
	5	轨缝大于构造轨缝或连续3个及以上瞎缝。普通绝缘接头轨缝小于6 mm	全面查看,重点检测	处	8	轨缝在调整轨缝轨温限制范围以内时检查"未及时"是指钢轨折断后超过一天未进行临时处理或进入设计锁定轨温季节超过一个月未进行永久处理
	6	轨端肥边大于2 mm	全面查看,重点检测	处	4	
	7	无缝线路钢轨折断未及时进行临时处理或插入短轨未及时进行永久性处理	全面查看	处	16	

续表

项目	编号	扣分条件	抽查数量	单位	扣分（分）	说明
轨枕	8	钢轨接头或焊缝处轨枕失效，其他处轨枕连续失效	全面查看，重点检测	处	6	
	9	每处调高垫板超过 2 块或总厚度超过 10 mm	连续查看，检测100头	头	1	使用调高扣件，每头超过 3 块或总厚度超过 25 mm
联结零件	10	铁垫板、橡胶垫板、橡胶垫片道钉、扣件缺少	连续查看 100 头	块、头	1	一组扣件的零件不全，按缺少一个扣件计算
	11	道钉浮离或扣件前、后离缝大于 2 mm 的超过 12%	连续检测 50 头	每增 2%	1	
	12	扣件扭矩（扣压力）不符合规定或弹条扣件中部前端下颚离缝大于 1 mm 者超过 12%	同上	每增 1%	1	
	13	接头螺栓缺少/松动或扭矩不符合规定	全面查看，抽测 4 个接头扭矩	个	8/2	
防爬设备	14	防爬器、支撑缺损或失效	连续查看，检测防爬器、支撑各50个	个	2	
	15	爬行量超过 20 mm，观测桩缺损、失效，无缝线路位移观测无记录	全面检测	km	16	爬行超过 30 mm 扣41分
道床	16	翻浆冒泥 $v_{max} > 160$ km/h	全面查看	孔	5	
		160 km/h $\geq v_{max} > 120$ km/h	全面查看	孔	3	
		$v_{max} \leq 120$ km/h	全面查看	孔	1	
	17	肩宽不足、不饱满、有杂草	全面查看	每 20 m	2	单侧计算
路基	18	排水沟未疏通	全面查看	每 10 m	1	单侧计算
	19	路肩冲沟未修补	全面查看	每 10 m	1	单侧计算
	20	路肩有大草	全面查看	每 10 m	1	单侧计算
道口	21	铺面缺损、松动，护桩缺损	全面查看	块、个	4	
	22	护轨不符合标准	全面检测	处	16	
标志	23	线路标志缺少或不规范、不清晰或错误	全面查看	个	1	

表7.8　道岔保养质量评定标准

项目	编号	扣分条件	抽查数量	单位	扣分（分）	说　明
轨道几何尺寸	1	轨距、水平、轨向、支距、高低超过经常保养标准容许偏差	轨距、支距、水平全面检测；轨向、高低全面查看，重点检测	处	4	同时检测线间距小于5.2 m的连接曲线，用10 m弦测量，连续正矢差超过4 mm，每处扣4分
	2	轨距、水平、轨向、支距、高低超过临时补修标准容许偏差		处	41	
	3	查照间隔、护背距离、尖趾距离超过容许限度	全面检测	组	41	
钢轨	4	钢轨接头顶面或内侧面错牙超过2 mm	全面查看，重点检测	处	4	错牙大于3 mm时，每处扣41分
	5	存在《铁路线路修理规则》第3.9.7条一、三、五、六项病害之一	全面查看，重点检测	组	41	
	6	存在《铁路线路修理规则》第3.9.7条二、四、七项和《铁路线路修理规则》第3.9.8条病害之一	全面查看，重点检测	组	16	
	7	轨缝大于构造轨缝或有连续3个及以上瞎缝，普通绝缘接头轨缝小于6 mm	全面查看，重点检测	处	4	
	8	轨端肥边大于2 mm	全面查看，重点检测	处	4	含胶接绝缘钢轨
岔枕	9	接头岔枕失效，其他处岔枕连续失效	全面查看，重点检测	处	6	
联结零件	10	尖轨、可动心轨与滑床板间缝隙大于2 mm	全面检测	块	2	一组扣件的零件不全，按缺少一个扣件计算
	11	连杆、顶铁、间隔铁及护轨螺栓缺少，顶铁离缝大于2 mm	全面检测	个、块	8	
	12	心轨凸缘螺栓缺少、松动	查看检测	个	41	
	13	长心轨与短心轨联结螺栓缺少/松动	查看检测	个	41/16	
	14	接头螺栓缺少/松动或扭矩不足	全面查看	个	8/2	
	15	其他螺栓缺少、松动	全面查看	个	1	
	16	垫板、道钉、胶垫、扣件缺少	全面查看	个、块	1	
	17	道钉浮离、扣件扭矩（扣压力）不符合规定或弹条扣件中部前端下颚离缝大于1 mm者、轨距挡板前、后离缝大于2 mm，不良者超过12%	各连续检测50个	每增1%	1	

续表

项目	编号	扣分条件	抽查数量	单位	扣分（分）	说　明
轨道加强设备	18	转辙和辙叉部分轨撑离缝大于2 mm,其他部分轨撑或轨距杆损坏、松动	全面查看、检测	个、根	1	
	19	防爬器、支撑缺损或失效	全面查看	个	2	
	20	道岔两尖轨尖端相错量大于20 mm、无缝道岔位移超过10 mm或无观测记录	全面查看	组	16	
道床	21	翻浆冒泥 $v_{max} > 160$ km/h	全面查看	孔	5	
		160 km/h $\geqslant v_{max} > 120$ km/h	全面查看	孔	3	
		$v_{max} \leqslant 120$ km/h	全面查看	孔	1	
	22	肩宽不足,不饱满,有杂草	全面检测	组	4	
警冲标	23	损坏或不清晰	全面查看	组	8	缺少或位置不对,扣41分
标记	24	缺少、不清晰或错误	全面查看	处	1	

7.3　线路设备修理基本内容

我国铁路对线路设备的修理,划分为线路大修和线路维修两种修程。

7.3.1　线路大修的基本内容

线路设备大修的主要内容包括全面更换新钢轨、全面清筛、补充道床以及更换失效轨枕。线路大修一般根据钢轨磨耗伤损情况周期性地进行,也可根据要求(如几次大面积提速)对不适应运输的设备进行大修改造,如成段更换钢轨类型、成组更换道岔或新岔枕等;同时,可根据现场的需要对某一地段设备进行单项大修。因此,线路大修又可细分为综合性线路大修和单项大修。

当线路上的钢轨出现疲劳伤损、轨型不符合要求,不能满足铁路运输需要时,必须进行综合性线路大修,以彻底消灭线路永久变形,使线路完全恢复到原有标准或达到更高标准。包括普通线路换轨大修和无缝线路换轨大修,无缝线路换轨大修按施工阶段可分为铺设无缝线路前期工程和铺设无缝线路。

在线路大修周期内,道床严重板结或脏污,其弹性不能满足铁路运输需要时,应进行线路中修。石灰岩道砟应结合中修有计划地更换为一级道砟。中修与大修的区别在于中修并不全面更换新钢轨。

在无路基病害、采用一级道砟和道床污染较轻、使用大型养路机械按周期进行修理的区段,在有计划地进行边坡清筛的情况下,应取消线路中修。线路大修、线路中修可统称为线路设备大修。

单项大修包括成段更换再用轨(整修轨)、成组更换道岔和岔枕、成段更换混凝土枕、道口大修、隔离栅栏大修、其他大修(以上未涵盖的线路设备大修项目列其他大修)。因线路设备大修引起其他设备变动时,应由铁路局在相应的大修计划中统一安排。

7.3.2 线路维修的基本内容

线路维修分为综合维修、经常保养和临时补修。

1)综合维修

综合维修指根据线路变化规律和特点,以全面改善轨道弹性、调整轨道几何尺寸和更换、整修失效零部件为重点,以大型养路机械为主要作业手段,按周期、有计划地对线路进行的综合性维修,以恢复线路完好技术状态。

2)经常保养

经常保养指根据线路变化情况,以养路机械为主要作业手段,对全线进行有计划、有重点的经常性养护,以保持线路质量处于均衡状态。

3)临时补修

临时补修指以小型养路机械为主要作业手段,及时对线路几何尺寸超过临时补修容许偏差管理值及其他不良处所进行的临时性整修,以保证行车安全和平稳。

7.3.3 线路设备维修的组织管理

1)线路设备维修管理组织

我国铁路线路维护管理的部门在铁路总公司是运输局基础部,各铁路局设有工务处,下设若干工务段。工务段下辖重点维修车间、线路车间和桥梁车间。

线路设备日常维修工作主要由路局下设的工务段组织承担,路局工务处作为指导、监督、协调单位。工务段应按检、养、修分开的原则,设立检查工区、线路工区和综合养护工队。检查工区的职责是在线路车间领导下,主要履行"检"的职能,确保设备检查及时、真实、可靠、受控,做到不失检、不失控。线路工区主要履行"养"的职能,以确保行车安全和设备的完整为重点,对设备进行全方位管理和养护,对管内设备负安全畅通的主要责任。综合养护工队主要履行"修"的职能。以确保轨道结构强度和提高轨道平顺度为重点,实施专业修、周期修、预防修和综合修,确保设备不失修。

2）线路设备维修计划

线路设备维修计划应根据线路设备条件和状态,结合季节特点,合理编制综合维修、经常保养和维修重点工作。各项技术指标、劳力和主要材料计划。日常应全面掌握线路状态,根据线路动静态检查、设备病害和其他质量情况,安排经常保养和临时补修。工务段也可在不同季节根据线路具体情况,对经常保养的重点要求和工作进度以及检查办法临时作出规定。

3）线路设备维修组织管理

为适应高速度、高密度的行车条件,落实天窗条件下的"集中修、专业修、机械修"的原则,线路设备维修实行检、养、修分开的维修管理模式。

7.4　无缝线路的养护维修技术

为保持无缝线路有足够的强度、稳定性,防止胀轨跑道和钢轨折断,确保列车安全运行,其养护维修工作除必须遵守有关规定外,还要根据线路状态、季节特点、实际锁定轨温等合理安排作业内容。

7.4.1　无缝线路养护维修技术要求和计划安排

1）基本技术要求

无缝线路设备质量应符合下列要求:

①锁定轨温要准确、均匀,符合设计规定;

②线路方向经常保持良好状态,钢轨有硬弯时要及时矫直;

③防爬设备安装方式、数量应按设计规定配置齐全,作用良好;

④接头夹板螺栓必须使用不低于 10.9 级的螺栓,螺栓扭矩应保持在 $700 \sim 1\,100\ \mathrm{N \cdot m}$,并经常保持紧固状态;

⑤混凝土枕扣件要位置正确,作用良好;

⑥每段无缝线路设 $5 \sim 7$ 对位移观测桩,观测桩应保持齐全、牢固,标记明显、可靠;

⑦道床应保持饱满、密实、均匀、整齐、排水良好,并采取堆高砟肩的办法来提高道床阻力;

⑧路基翻浆下沉,以及其他影响线路稳定的病害应及时整治。

2）计划安排

在安排维修计划时,应考虑以下几点:

①应根据季节特点、锁定轨温和线路状态,合理安排全年维修计划。在气温较低的季节,应安排在锁定轨温较低或薄弱地段进行综合维修;在气温较高的季节,应安排在锁定轨温较高地段进行综合维修。

高温季节不应安排综合维修和影响线路稳定的作业。如果必须进行综合维修或成段保养时,应有计划地先放散后作业,并适时重新做好放散和锁定线路工作。其他保养和临时补修,可采取调整作业时间的办法进行。

一些维修重点工作和工作量较大的单项工作,应结合季节特点、生产组织等具体情况合理统筹安排,如高温季节可安排矫直钢轨硬弯、钢轨打磨、焊补等作业,而更换钢轨或夹板可在低温季节进行。

②无缝线路综合维修计划,宜以单元轨条为单位安排作业。遇有跨工区分管的无缝线路,需由双方协同安排计划。

③每年春、秋季应在允许作业轨温范围内逐段整修扣件及接头螺栓,整修不良绝缘接头,对接头螺栓及扣件进行除垢涂油,并复紧至达到规定标准。使用长效油脂时,按油脂实际有效期安排除垢涂油工作。

7.4.2　维修作业的轨温条件及注意事项

1)维修作业的轨温条件

无缝线路作业,必须遵守下列作业轨温条件:

①混凝土枕(含混凝土宽枕)无缝线路维修作业轨温条件见表7.9和表7.10。

②混凝土枕(含混凝土宽枕)无缝线路,当轨温在实际锁定轨温减30 ℃以下时,伸缩区和缓冲区禁止进行维修作业。

③木枕地段无缝线路作业轨温按表7.9和表7.10规定减5 ℃,当轨温在实际锁定轨温减20 ℃以下时,禁止在伸缩区和缓冲区进行维修作业。

表 7.9　混凝土枕无缝线路维修作业轨温条件

作业项目及作业量 作业轨温范围 线路条件	连续扒开道床不超过 25 m,起道高度不超过 30 mm,拨道量不超过 10 mm	连续扒开道床不超过 50 m,起道高度不超过 40 mm,拨道量不超过 20 mm	扒道床、起道、拨道与普通线路相同
直线及 $R \geqslant 2\ 000$ m	+20 ℃	+15 ℃ -20 ℃	±10 ℃
800 m $\leqslant R <$ 2 000 m	+15 ℃ -20 ℃	+10 ℃ -15 ℃	±5 ℃
400 m $\leqslant R <$ 800 m	+10 ℃ -15 ℃	+5 ℃ -10 ℃	

注:作业轨温范围按实际锁定轨温计算。

表 7.10　混凝土枕无缝线路维修作业轨温条件

序号	作业项目	按实际锁定轨温计算				
		-20 ℃以下	-20 ~ -10 ℃	-10 ~ +10 ℃以内	+10 ~ +20 ℃	+20 ℃
1	改道	与普通线路同	与普通线路同	与普通线路同	与普通线路同	禁止

续表

序号	作业项目	按实际锁定轨温计算				
		-20 ℃以下	-20 ~ -10 ℃	-10 ~ +10 ℃以内	+10 ~ +20 ℃	+20 ℃
2	松动防爬设备	同时松动不超过 25 m	同时松动不超过 25 m	与普通线路同	同时松动不超过 12.5 m	禁止
3	更换扣件或涂油	隔二松一,流水作业	隔二松一,流水作业	隔二松一,流水作业	隔二松一,流水作业	禁止
4	方正轨枕	当日连续方正不超过 2 根	隔二方一,方正后捣固,恢复道床,逐根进行(配合起道除外)	与普通线路同	隔二方一,方正后捣固,恢复道床,逐根进行(配合起道除外)	禁止
5	更换轨枕	当日不连续更换	当日连续更换不超过 2 根(配合起道除外)	与普通线路同	当日连续更换不超过 2 根(配合起道除外)	禁止
6	更换接头螺栓或涂油	禁止	逐根进行	逐根进行	逐根进行	禁止
7	更换钢轨或夹板	禁止	禁止	与普通线路同	禁止	禁止
8	不破底清筛道床	逐孔倒筛夯实	逐孔倒筛夯实	逐孔倒筛夯实	逐孔倒筛夯实	禁止
9	处理翻浆冒泥(不超过 5 孔)	与普通线路同	与普通线路同	与普通线路同	禁止	禁止
10	矫直硬弯钢轨	禁止	禁止	禁止	与普通线路同	与普通线路同

④在跨区间无缝线路上的无缝道岔尖轨及其前方 25 m 范围内综合维修,作业轨温范围为实际锁定轨温 ±10 ℃。

2) 维修作业注意事项

进行无缝线路维修作业,必须掌握轨温,观测钢轨位移,分析锁定轨温变化,按实际锁定轨温,根据作业轨温条件进行作业,严格执行"维修作业半日一清、临时补修作业一撬一清"和"作业前、作业中、作业后测量轨温"制度,并注意做好以下各项工作:

①在维修地段按需要备足道砟;

②起道前应先拨正线路方向;

③起道、拨道机不得安放在铝热焊缝处;

④列车通过前,起道、拨道应做好顺坡、顺撬;

⑤扒开的道床应及时回填、夯实。

在进行无缝线路维修作业时,要坚持做到:作业不超温,扒砟不超长,起道不超高,拨道不超量,扒开道床未回填不走,作业后道床未夯拍不走,未组织回检不走,线路质量未达到作业标准不走,发生异常情况未处理好不走。

7.4.3　应力放散与调整

1)应力放散与调整的基本概念

无缝线路的应力放散是指在轨温适当时,将接头夹板、中间扣件和防爬设备松开,采取措施使钢轨伸缩,释放内部应力,再重新锁定。无缝线路的应力调整是指在固定区的温度应力不均匀的情况下,为使其均匀,需在固定区或局部地段松开扣件及防爬设备,对钢轨内部应力进行调整,然后再重新锁定。

2)应力放散与调整的前提条件

无缝线路的锁定轨温必须准确、均匀,有下列情况之一的,必须做好放散或调整工作:

①实际锁定轨温不在设计锁定轨温范围以内,或左右股轨条的实际锁定轨温相差超过5 ℃;

②锁定轨温不清楚或不准确;

③跨区间和全区间无缝线路的两相邻单元轨条的锁定轨温差超过5 ℃,同一区间内单元轨条的最低、最高锁定轨温相差超过10 ℃;

④铺设或维修作业方法不当,使轨条产生不正常的伸缩;

⑤固定区或无缝道岔出现严重的不均匀位移;

⑥夏季线路轨向严重不良,碎弯多;

⑦通过测试,发现温度力分布严重不均匀;

⑧因处理线路故障或施工改变了原锁定轨温;

⑨低温铺设轨条时,拉伸不到位或拉伸不均匀。

3)应力放散与调整的基本方法

目前进行应力放散的主要方法有机械拉伸、列车碾压等。这些方法应根据需要配合使用。无缝线路的应力调整,宜采用列车碾压法。

(1)机械拉伸法

目前主要使用液压拉伸器。在遇到如下情况时,可以使用液压拉伸器进行拉伸作业:

①低温铺设的无缝线路,可一次拉伸到施工锁定轨温;

②高温铺设的锁定轨温,在当年的低温季节,先让其收缩,然后再拉伸到施工锁定轨温;

③低温时对无缝线路进行中修后可拉伸到施工锁定轨温;

④锁定轨温不明或不准时,可让其伸缩后再拉伸到规定的锁定轨温。

(2)列车碾压法

列车碾压法是指在一定的轨温下,适当松开扣件及防爬器,在列车慢行条件下,同时利用温度变化和列车作用,达到放散应力的目的。此方法是以长度控制放散量,无须更多的其他工具设备,且干扰行车少。

碾压线路的列车运行速度越高,应力放散越快,因此在保证行车安全的情况下,应尽量提高碾压运行速度,一般以 60 km/h 为宜。过去该方法常用于木枕或扣板扣件地段,由于弹条扣件的阻力比较大,只能解开,不易松开,现在很少应用。

钢轨经过应力放散必然发生位移,解决放散量的方法多种多样,可以在缓冲区换入标准的缩短轨,可以根据位移值插入任意长度的钢轨,还可以切开长钢轨伸缩区端部附近的铝热焊接头,切去放散量后再复焊。

无缝线路应力放散和调整施工前,应制订施工计划及安全措施,组织人力,备齐料具,充分做好施工准备。应力放散时,应每隔 50～100 m 设位移观测点观测钢轨位移量,及时排除影响放散的障碍,总放散量应达到计算数值,钢轨全长放散均匀,锁定轨温应准确。无缝线路应力放散或调整后,应按实际锁定轨温及时修改有关技术资料和位移观测标记。

7.4.4　胀轨跑道原因及防治措施

胀轨跑道是轨道钢轨在温度力作用下发生横向弯曲变形的过程。胀轨是轨道横向弯曲变形的初始阶段,而跑道则是轨道横向弯曲变形的最终阶段。胀轨阶段虽已具有危及行车安全的苗头,但变形的弯曲矢度在 12 mm 以内,尚不至于颠覆列车。而跑道就不同了,一经发生,如有列车通过,势必颠覆导致严重的行车事故。

1)胀轨跑道产生的原因

无缝线路的稳定性是建立在温度压力与线路各种阻力的相互平衡基础上的。随着温度压力的增大,轨道的原始不平顺较大,道床横向阻力降低,扣件松动扣压力不足及轨道框架刚度下降等都可能导致胀轨跑道。其主要诱发因素有:

(1)轨道原始弯曲

钢轨原始弯曲包括塑性弯曲和弹性弯曲。资料证明胀轨跑道多发生在原始弯曲处,因为原始弯曲矢度越大,临界失稳应力越小。此外,线路方向严重不良,钢轨碎弯多,增加了轨道不平顺,也可能造成线路的胀轨跑道。

(2)线路爬行

由于列车动力作用使扣件扭矩降低以及列车对钢轨的纵向作用力使钢轨发生爬行,导致钢轨不正常收缩,产生较大的不均匀纵向位移,使钢轨实际轨温降低,从而提高了钢轨最大温度压力。

(3)轨道框架刚度

轨道框架自身具有抵抗失稳的能力,重型轨道框架要比一般轨道框架的刚度大,混凝土枕轨道框架比木枕轨道框架的刚度要大。当扣件扣压力不足或失效后以及道钉浮起都会降低轨道框架的整体性,从而使线路易于发生胀轨失稳。

(4)道床横向阻力

测试结果表明,砟肩宽度越大,道床横向阻力越大,但宽度增加到一定数值后道床阻力趋于常数。此外,其他道床病害如连续空吊板和翻浆冒泥,道砟捣固、清筛等作业后也会降低道床横向阻力。还应注意线路设备状态不良,尤其是道床密实度、断面尺寸等不符合标准,轨道约束阻力严重下降。

（5）维修作业不当

在进行线路修理时,超温、超长、超高等违章作业,或是作业后的道床阻力、结构强度未能恢复到应有程度,例如,在低温时焊复断轨后,未采取拉伸钢轨措施,导致该处实际锁定轨温偏低,由此造成高温时线路承受过高的温度应力;又如,在养护维修作业轨温超过允许作业轨温的条件下进行起道、拨道和扒砟等减小道床阻力的维修作业后,会在线路薄弱地段发生胀轨跑道现象;冬季违规在低于允许作业轨温的条件下进行类似维修作业,由于道床纵向阻力的减小,线路发生收缩变形,整治扣件后即降低了锁定轨温,可能会产生失稳隐患。

据统计分析,70%以上的胀轨跑道事故都发生在作业中或作业后的当天或第二天。

2）胀轨跑道的防治

①道床横向阻力可以有效防止钢轨发生胀轨跑道现象,要保持道床几何尺寸符合设计标准,注意夯拍肩部道砟保证密实。

②铺设无缝线路后要进行必要的复查,对有原始弯曲的钢轨进行必要的矫正。按照维修计划定期检查扣件的扭矩是否符合技术要求,减小线路爬行量。

③进行线路大中修时,对于影响线路稳定性的作业必须要在锁定轨温范围内进行,否则必须先放散应力再施工。维修养护作业要做到"两清三测四不超"。复线地段要逆列车运行方向进行作业。

④无缝线路发生胀轨跑道有一个渐变过程,通过观测和检查可以及时发现胀轨跑道的先兆进而及早采取措施。因此,在温差变化较大或高温季节时,需要增加巡道班次。检查时要把方向变化作为观察重点,并要认真检查钢轨爬行量。

⑤特别要加强无缝线路单元轨条交界处、桥涵两侧、过渡段、曲线地段和变坡点附近等易产生钢轨内力峰值或钢轨受力变化频繁地段的线路养护。

工务部门应备齐工(机)具和材料,加强技术培训和演练,提高胀轨应急处理能力。

3）胀轨跑道后的处理

当线路连续出现碎弯并有胀轨迹象时,必须加强巡查或派专人监视,观测轨温和线路方向的变化。若碎弯继续扩大,应设置慢行信号防护,进行紧急处理。线路稳定后,恢复正常行车。

作业中如出现轨向、高低不良,起道、拨道省力,枕端道砟离缝等胀轨迹象时,必须停止作业,并及时采取防胀措施。

无论作业中或作业后,发现线路轨向不良,用10 m弦测量两股钢轨的轨向偏差。当平均值达到10 mm时,必须设置慢行信号,并采取夯拍道床、填满枕盒道砟和堆高砟肩等措施;当两股钢轨的轨向偏差平均值达到12 mm,在轨温不变的情况下,过车后线路弯曲变形突然扩大时,必须立即设置停车信号防护,及时通知车站,并采取钢轨降温等紧急措施,消除故障后放行列车。

发现胀轨跑道时必须立即拦停列车。有条件时可采取浇水或喷洒液态二氧化碳等办法降低钢轨温度,整正线路,夯拍道床,按5 km/h放行列车。现场派人监视线路,并不间断地采取降温措施,待轨温降至接近原锁定轨温时,再恢复线路和正常行车速度。

无降温条件或降温无效时,应立即截断钢轨(普通线路应拆开钢轨接头)放散应力,整正线路,夯拍道床,首列放行列车速度不得超过5 km/h,并派专人看守、整修线路,逐步提高行车速度。

无缝线路作业,必须遵循作业轨温条件。无缝线路发生胀轨跑道时,应对胀轨跑道情况按规定内容做好登记。

7.4.5　无缝线路钢轨重伤和断轨处理

1）钢轨重伤的处理

①发现钢轨重伤时,应立即采取无损夹板进行加固处理,并应及时切除重伤部分,实施焊复。

②进行焊复处理时,应保持无缝线路锁定轨温不变,并如实记录两标记间钢轨长度在焊复前后的变化量。

③实施原位焊复的允许作业轨温在实际锁定轨温减 20 ℃的范围内。作业时,在重伤钢轨的部位切除长度不超过 50~60 mm,并在其前后 250~300 m 范围内拆除扣件,每隔 5~10 m 将轨条搁置在滚筒上,用钢轨拉伸器张拉钢轨,撞轨器辅助撞轨,当切口达到预留焊缝,则可用铝热焊实施原位焊复。

2）钢轨折断的处理要求

(1)紧急处理

当钢轨断缝不大于 50 mm 时,应立即进行紧急处理。在断缝处上好夹板或臌包夹板,用急救器固定,在断缝前后各 50 m 拧紧扣件,并派人看守,限速 5 km/h 放行列车。如断缝小于 30 mm时,放行列车速度为 15~25 km/h。有条件时应在原位焊复,否则应在轨端钻孔,上好夹板或臌包夹板,拧紧接头螺栓,然后可适当提高行车速度。

(2)临时处理

钢轨折损严重或断缝大于 50 mm,以及紧急处理后,不能立即焊接修复时,应封锁线路,切除伤损部分,两锯口间插入长度不短于 6 m 的同型钢轨,轨端钻孔,上接头夹板,用 10.9 级螺栓拧紧。在短轨前后各 50 m 范围内,拧紧扣件后,按正常速度放行列车,但不得大于 160 km/h。

临时处理或紧急处理时,应先在断缝两侧轨头非工作边作出标记,标记间距离约为 8 m,并准确丈量两标记间的距离和轨头非工作边一侧的断缝值,作好记录。

(3)永久处理

对紧急处理或临时处理的处所,应及时插入短轨进行焊复,恢复无缝线路轨道结构。

①采用小型气压焊或移动式接触焊时,插入短轨长度应等于切除钢轨长度加上 2 倍顶锻量。先焊好一端,焊接另一端时,先张拉钢轨,使断缝两侧标记的距离等于原丈量距离减去断缝值加顶锻量后再焊接。

②采用铝热焊时,插入短轨长度等于切除钢轨长度减去 2 倍预留焊缝值。先焊好一端,焊接另一端时,先张拉钢轨,使断缝两侧标记的距离等于原丈量距离减去断缝值后再焊接。

在线路上焊接时,气温不应低于 0 ℃。放行列车时,焊缝温度应低于 300 ℃。

进行焊复处理时,应保持无缝线路锁定轨温不变,并如实记录两标记间钢轨长度在焊复前后的变化量。

7.5　铁路线路修理机械

目前,铁路线路修理工作针对不同的线路条件,使用小型和大型机械进行作业。大型养路机械的特点是结构复杂、价格昂贵、生产效率高,要求施工"天窗"比较长,施工时需要严密组织。大型养路机械主要包括:综合捣固车、道床清筛车、道床配砟整形车、钢轨打磨车、动力稳定车、路基面整治机械等。

7.5.1　综合作业捣固车

综合作业捣固车能够对轨道进行拨道、起道抄平、石砟捣固及道床肩部石砟的夯实作业,利用车上的检测系统,可以对作业前、作业后线路的几何形位参数进行测量及记录,并可通过控制系统进行调整,使轨道方向、左右水平和前后高低均达到线路设计标准或线路维修规则的要求,提高道床石砟的密实度,增加轨道的稳定性,保证列车安全运行。

捣固车的种类很多:按作业对象不同,可分为线路捣固车和道岔捣固车;按作业方式不同,可分为步进式捣固车和连续走行式捣固车;按作业功能不同,可分为多功能捣固车和单功能捣固车;按同时捣固的轨枕数不同,又可分为单枕捣固车、双枕捣固车、三枕捣固车以及四枕捣固车等。

D08-32型抄平起拨道捣固车(见图7.10)就是多功能双枕步进式线路捣固车,左右捣固装置共带有32把捣固镐,能同时对两根枕木的枕底石砟进行捣固、夹持,达到增大枕底石砟密实度的目的。

图 7.10　D08-32 型抄平起拨道捣固车

D09-32型自动抄平起拨道捣固车为双枕连续走行式捣固车,具有操作简便,性能良好,作业高效等特点,是我国目前最先进的线路捣固机械。

7.5.2　路基面整治、道床更新机械

路基面整治、道床更新机械(见图7.11)可加强路基承载能力,主要功能有铺设土工织物、铺设路基面保护层、回收旧道砟,能回收道床顶面 20 ~ 25 cm 的旧砟并粉碎,粉碎后的石粒与新砂、卵石混铺于路基面并碾压平实,然后在路基上铺纤维布,再铺新砟。

7.5.3　道床清筛机

道床清筛是一项工作量大、劳动强度高的作业项目。目前,我国铁路的线路大修主要依靠的是大型养路机械"开天窗"进行施工作业,已越来越多地采用道砟清筛机来完成,所使用的道

砟清筛机主要有 QS-650 型全断面清筛机(见图 7.12)。

图 7.11 AHM 800 R-CH 路基面整治、道床更新机械

图 7.12 QS-650 型全断面清筛机

QS-650 全断面道砟清筛机主要由转向架、车架、牵引装置、前后司机室、挖掘装置、筛分装置、道砟输送装置、污土输送装置、提轨装置、液压系统、电气系统、气动系统、动力传动系统及制动系统等部分组成。它是一种结构复杂、先进的自行式线路机械,集机、电、液、气于一体,具有操作简便、性能良好、作业高效等特点。

QS-650 全断面道砟清筛机是柴油发动驱动、全液压传动的轨行式大型养路机械。在封锁线路上,清筛机作业时,机器在线路轨道上低速行驶,通过穿过轨排下部、呈五边形封闭的挖掘链,靠扒指将道砟挖起并经导槽提升到筛分装置上。脏污道砟通过振动筛的筛分后,符合标准、清洁的道砟,经道砟溜槽导板及回填输送带回填到线路上;碎砟及污土经主污土输送带、回转污土输送带输送至线路两侧或卸到污土车上。

QS-650 清筛机的主要功能有:

①通过穿入轨排下的挖掘链运动,实现道床全断面上道砟的挖掘,将脏污的道砟从轨枕底下挖出,经筛分装置筛分后,清洁道砟回填至道床,污土抛至规定区域。

②对线路翻浆冒泥地段的污染道砟可进行全抛作业。

③在标准挖掘链的基础上,采用水平导槽加长节来加宽挖掘宽度。使得清筛机既适用于标准线路,又可清筛道床断面较宽的特殊线路区段。QS-650 清筛机的最大挖掘宽度可达5 030 mm。

④筛分装置采用多层可更换筛网尺寸的振动筛,可适用于多种粒径的道砟。

⑤清筛机设有前起道、拨道装置和后拨道装置。作业时,前起道、拨道装置对钢轨进行起道

和拨道,可以减少挖掘阻力和避开障碍物;后拨道装置则将拨过的轨道放回原位或指定位置。

⑥道砟分配装置是分配直接落到道床上或落到回填输送带后再撒落到道床上的道砟量清洁的道砟输送到挖掘链后部,并均匀撒布到两钢轨外侧的道床上。

⑦平砟器及道砟清扫装置可以将回填到轨枕上下的道砟推刮平整,并清除回填时落到钢轨、轨枕上的道砟。

7.5.4 道床配砟整形车

配砟整形车是一种大型养路机械,用以完成道床的抛砟、配砟、整形和清扫轨枕面等工作。我国目前广泛使用的是 SPZ-200 型双向道床配砟整形车(见图 7.13),其结构如图 7.14 所示。

图 7.13 SPZ-200 型双向道床配砟整形车

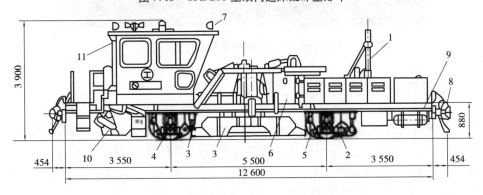

图 7.14 SPZ-200 型配砟整形车结构简图

1—发动机;2—动力传动系统;3—工作装置;4—走行装置;5—制动系统;6—液压系统;
7—电气系统;8—车钩缓冲装置;9—车架;10—清扫装置;11—驾驶室

配砟整形车的主要功能有:

①根据捣固作业的要求将卸在线路两侧的道砟通过侧犁分配到钢轨外侧;

②通过侧犁构成门字形,可将道床边坡上的多余道砟按需要作近距离搬移;

③通过侧犁和中犁的配合使用可将道砟按需要进行搬移,如道砟从线路的左侧移运到线路右侧,从线路的右侧移运到线路的左侧;

④通过中犁将线路中心的道砟移运到线路两侧或往前推移;

⑤通过中犁将轨枕端部的道砟移运到轨枕内侧;

⑥位于机器后部的滚刷和横向运输皮带装置可将残留在轨枕面和扣件上的道砟收集并提升送到皮带上,再通过改变皮带的输送方向,将皮带上的道砟送到线路的左右边坡上;

⑦通过适当调整侧犁的转角,可按工务维修规则的要求,使道床断面按1:1.75成型。

DPZ-440型单向配砟整形车(见图7.15)是我国铁路自行研制的具有自主知识产权的大型养路机械设备,整车全液压驱动,技术先进,安全可靠。主要用于新建线路的整修和繁忙干线的大修和维修。既具有高速自行和联挂运行性能,又能满足线路修理规范和标准的要求,是集机械、电气、液压、气动、激光、计算机和自动控制等专业技术于一体的高新技术产品,系统集成性强、技术难度大,属铁路重大技术装备。该车采用两级减振转向架,提高了自行、联挂速度及道岔通过能力,使运行安全得到保障;车架强度和刚度通过静强度加载试验,能够满足大列联挂高速走行要求。该车通过中犁、侧犁等工作装置完成道床的配砟整形作业,使道床布砟均匀;具有枕面、轨侧和垂直3种清扫装置,可有效将作业时残留于轨枕和扣件上的道砟清扫并收集至砟斗,达到道砟的合理利用及线路外观的整齐美观;采用先进的激光避障系统、激光扫描系统及IPC工控机作业控制系统,可对侧犁、中犁的作业效果进行有效测量并显示。

图7.15　DPZ-440型单向配砟整形车

7.5.5　大修铺设无缝线路作业车

大修铺设无缝线路作业车(见图7.16)可用于更换钢轨和轨枕,拆除旧钢轨、旧轨枕,推平道床,铺设新钢轨、新轨枕。由株洲新通铁路装备有限公司研制的我国首台"无缝线路快速换轨作业车"标志着我国铁路换轨大修机械化作业进入国产化阶段。换轨速度可达每小时900 m以上,同时新轨落槽、轨距控制、扣件回收均可一步到位,作业效率大幅度提高。

图7.16　无缝线路快速换轨作业车

7.5.6 钢轨打磨车

钢轨打磨的目的在于消除钢轨的波形磨耗和控制钢轨的接触疲劳,防止因接触疲劳而产生片状剥落、开裂等病害。钢轨打磨技术的应用,能有效改善轮轨关系,减少由于轮轨关系恶化而引起的换轨、捣固、镟轮、转向架维修等大量费用,同时还可改善列车行车条件,减小噪声振动,增加乘客乘坐的舒适度。

目前,我国铁路部门常用的钢轨打磨机械有 PGM-48 型钢轨打磨车(见图 7.17)、GMC96 型钢轨打磨车、CMC-16 型道岔打磨车(见图 7.18)等。

图 7.17 PGM-48 型钢轨打磨车

图 7.18 CMC-16 型道岔打磨车

PGM-48 型钢轨打磨列车由 3 辆车组成,前、后为动力车,中间一辆为生活车。动力车部分全部为进口设备,可靠性强,技术性能处于世界先进水平。打磨效率高,每节车装有两个打磨小车,每个打磨小车装有 8 个打磨头,全车共有 48 个打磨头。打磨精度高,由计算机控制自动检测和调整打磨量。

CMC-16 型道岔打磨车能进行各类线路道岔的连续打磨作业。其作业精度能够满足 300 km/h 高速线路的技术要求,具有世界同类产品先进水平的作业效率。整车的电气、液压、气动、制动、动力传动和水系均由主控计算机进行监控,作业和运行操作在执行计算机的显示屏上进行。打磨砂轮由电机驱动,具有很好的防火和经济维修性能。

为了适应城市近郊线路的作业要求,CMC-16 型道岔打磨车配有功能齐全的消防、喷洒水系统;每个打磨小车均配有一个用于收集打磨粉尘的集尘装置;整车配有线路纵平测量小车,用于作业前、后线路的纵平精度测量。随车还配有手动式线路横向轮廓测量仪。

7.5.7　移动闪光接触焊列车

移动式闪光接触焊轨车主要解决铁路线路高速重载行车条件下对钢轨焊缝的高要求和目前现场焊轨质量不稳定的问题。

YHG-1200 移动式闪光焊轨车(见图 7.19)为现场钢轨焊接作业提供了良好的环境,减轻了现场作业的劳动强度,使现场钢轨焊接质量达到或接近厂焊钢轨的水平,能满足高速铁路、客运专线等线路无缝化的要求。该焊轨车采用 LR 1200 焊机,满足线上焊、线下焊、锁定焊等几种工况;整车左右两侧设置拉轨对正系统,用于钢轨焊接时钢轨的拉伸与对位;走行系统采用液压驱动,达到最大自行速度 100 km/h;车架采用上弦梁设计,动力学性能稳定,达到最高连挂速度 120 km/h;制动系统采用单元制动器,制动可靠。它是无缝线路理想的焊接作业车。

图 7.19　YHG-1200 移动式闪光焊轨车

7.5.8　动力稳定车

动力稳定车主要对新建及维修后的铁路线路进行动力稳定作业,以恢复道床阻力,提高捣固作业后的线路质量。

WD-320 轨道动力稳定车(见图 7.20)通过两个激振装置,强迫轨排及道床产生横向水平振

图 7.20　WD-320 轨道动力稳定车

动并向道床传递垂直静压力。使道砟流动重新排列,互相填充达到密实,实现轨道在振动状态下有控制地均匀下沉而不改变线路原有的几何形状和精度,以提高作业线路的横向阻力和道床的整体稳定性,可有效降低线路维修作业后列车限速运行的限定条件。

7.5.9　CPH 型道岔铺换机组

CPH 型道岔铺换机组是用于高速铁路、新线铁路和既有铁路道岔铺换的设备,如图 7.21 所示。

图 7.21　CPH 型道岔铺换机组

该机组由若干上位机、下位机、临时轨道和辅助系统组成,每台上、下位机均由 1 台进口柴油发动机为各自的液压系统提供动力,还配备了先进的无线电遥控和完备的安全监控系统。该机组作业时,通过对道岔组件的升降、横移、纵移及控制,完成对道岔的更换和铺设。以 1 台上位机和 1 台下位机为 1 组计算,2 组即可进行联合作业,可实现多达 12 组联合作业,可一次完成长达 80 m 左右道岔的铺换任务。通过 2 个频段的设置还可以将整个机组分成 2 个小机组在同一地点同时施工而不互相干扰。

机组根据作业时多机联合作业特点,动力、液压及电器系统主要元器件选用世界先进产品。与国外同类机型比较具有增加两机联机作业功能:机组可自行装运、辅助卸料;增加高度补偿小车,上位机可自行移动到预铺道岔上;遥控系统的可扩充性、可互换性、可调整性较高,有利于实现机器功能的软升级。

课后习题

7.1　简述胀轨跑道的含义,胀轨跑道产生的原因是什么?

7.2　防治胀轨跑道的关键措施有哪些?

7.3　胀轨跑道发生后一般应如何处理?

7.4　无缝线路钢轨折断应如何处理?

7.5　无缝线路的应力放散和应力调整有何不同?

7.6　哪些情况下应进行应力放散或调整?

7.7　简述无缝线路的应力放散步骤。

7.8　简述无缝线路的应力调整思路。

7.9　无缝线路的维修计划一般怎样安排？

7.10　无缝线路维修作业应注意做好哪些事项？

7.11　线路设备大修的基本任务是什么？

7.12　线路设备大修的原则是什么？

7.13　线路设备维修的基本任务是什么？

7.14　线路设备维修的原则是什么？

7.15　简述目前国内线路修理使用的大型机械类型、用途及其特点。

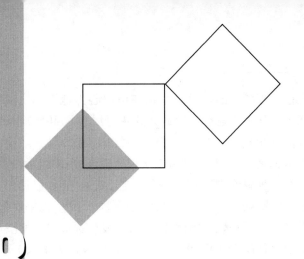

8

城市轨道交通轨道结构

本章导读:

● **基本要求**　掌握常见的地铁轨道结构形式及其特点;理解直线电机轮轨交通轨道结构的工作原理,了解其对轨道的要求,掌握直线电机轨道结构的特点;了解独轨交通系统的技术特征及适用范围,掌握独轨交通轨道结构组成及特点;理解磁悬浮轨道结构的工作原理,掌握磁悬浮轨道结构的结构特点;了解轻轨、城市铁路等其他城市轨道交通轨道结构。

● **重点**　区分地铁、直线电机、独轨交通、磁悬浮轨道这几种城市轨道交通轨道结构形式的异同点。

● **难点**　理解直线电机轮轨交通轨道和磁悬浮轨道交通轨道的工作原理。

8.1　普通地铁轨道交通结构

8.1.1　地铁轮轨交通系统概述

地铁是城市快速轨道交通的先驱。地铁不仅具有运量大、速度快、安全、准时、节省能源、不污染环境等优点,而且可以在建筑群密集、不便于发展地面和高架轨道交通的地区大力发展。

严格地讲,地铁已是一个历史名词,如今其内涵与外延均已有相当大的扩展,并不局限于运行在地下隧道中这一种形式,而是地下、地面、高架运行线路三者结合的一种大容量轨道交通系统。根据我国《地铁设计规范》,单向每小时客运量3 万~7 万人次的轨道交通系统,称为地铁。地铁的走行模式始终是传统的钢轮双轨系统。

纽约、旧金山以及中国香港也称其为"大容量轨道交通系统"(Mass Rail Transit)或"快速交通系统"(Rapid Transit System)。这种轨道交通系统的建设规律是在市中心为地下隧道线,市区以外为地面线或高架线。如汉城在1978—1984年建造的地铁2、3、4号线总长105.8 km,其中地下线路83.5 km,高架部分长22.3 km,占全长的21%。

目前的地铁技术不断发展,但总的来讲都是电力牵引,都可以实现车辆连挂、编组运行。地铁车辆不同于干线铁路车辆的主要特征,在于地铁车辆具有较好的加速、减速性能,启动快、停车制动距离短,平均运行速度高;具有较大的载客容量,车门数多,便于乘客上下车,以缩短停站时分;车型小,适合隧道内运行;车辆采用难燃或不易燃材料制成,不容易发生火灾;自动化程度较高。为了提高速度,地铁车辆供电电压由以往的750 V、第三轨供电居多,改造为1 500 V、采用架空接触导线供电(因为地铁往往要延伸到地面)。为增加行车密度,保证安全,地铁已广泛使用列车自动控制系统(ATC)。

在我国台湾地区,地铁的含义则是指台北铁路地下化,即随着台北经济的发展,城区也在扩展,使得原来的一段铁路从新市区中穿越,为了避免与地面其他交通方式的干扰,这段市区铁路改建到地下,台湾称之为"铁路地下化",简称"地铁"。而城市轨道交通系统在台湾称为"捷运"(城市里的快捷运输系统)。图8.1至图8.6分别为各国(地区)地铁。

图8.1　北京地铁13号线东直门线路

图8.2　上海地铁2号线

图8.3　中国台湾捷运

图8.4　法国巴黎地铁

图8.5 德国地铁

图8.6 西班牙马德里地铁

城市地铁与国家铁路干线相比,地铁行驶的列车轴重轻,运行速度较低,一般为40~70 km/h,站间距离短,列车密度高,行车间隔时间短、客流量大,因此列车运行对轨道结构的破坏随着使用年限的增加而加剧。地铁由于隧道断面比较小,照明条件不佳,一般采用750 V三轨供电系统,巡道工作和线路日常维修只能在夜间停运停电后短时间内进行,这给维修作业带来很大困难。

地铁隧道内湿度大,对金属设备及轨道结构均有较大的腐蚀作用。加之三轨供电系统,利用列车走行轨作为回流线使用,由于绝缘欠佳、导致产生迷流(漏泄电流),对地铁隧道内外部管线设备及轨道金属部件产生电腐蚀。

地铁线路一般穿越城市居民区,列车在运行时轮轨接触,撞击产生剧烈的振动,影响了地铁本身和附近的建筑物,同时对居民环境出现了噪声污染。除在车辆结构采取措施及修建声屏障外,轨道结构也相应采取减振措施。

地铁轨道结构必须从经济、技术上进行综合分析比较,以做到强度高、稳定性强、有足够的弹性、导电可靠,对周围物体有较高的绝缘性能。同时,还要考虑轨道结构具有减振、防噪、防迷流的措施,并做到最大限度地减少养护维修工作量。

8.1.2 常见的地铁轨道结构特点

1)钢轨选型

地铁钢轨一般应采用50 kg/m及以上的钢轨,当远期客运量增长较大时,考虑更换重轨受地铁隧道断面净空的限制往往存在一定困难,因此常采用60 kg/m的重轨。采用重轨可有效地提高耐疲劳性,并可延长换轨周期,减少钢轨损伤。

由于钢轨断面大,减少了对道床的冲击作用和振动加速度,在减噪防振方面有明显效果,同时可减少维修工作量20%~40%。由于钢轨断面大,增加了钢轨的导电率,可减少迷流途径。采用60 kg/m钢轨,还可以使接头与中间扣件通用,简化了扣件类型。

因此,近年来设计和施工的北京地铁复八线、上海地线1号线、广州地铁1号线以及正在进行筹建的青岛、天津、南京、深圳等地铁均采用60 kg/m钢轨。

采用重型钢轨可以有效抑制钢轨的垂向振动,实测结果表明:将50 kg/m钢轨换成60 kg/m

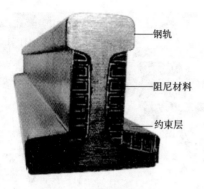

钢轨——

阻尼材料——

约束层——

图 8.7 减振降噪型钢轨

钢轨后,钢轨的垂向刚度增加,可以把列车的冲击振动降低 10%。采用无缝线路,可以减少钢轨接头数量,进而减少接头处轮轨冲击引起的振动与噪声。无缝线路减少了轮轨间的冲击力和脉冲型激扰源,实测结果表明,无缝线路较普通线路可以降低噪声 10 dB 左右。

目前还使用一种减振降噪型钢轨,当列车车轮通过钢轨顶面时,由于轨腰的厚度较薄,其产生的振动向空气辐射而产生噪声,可以在轨腰处粘贴减振橡胶进行振动衰减。一般是在轨腰上粘橡胶后再粘一层钢板,以增加参振质量,达到减振降噪的目的,如图 8.7 所示。

2)扣件选型

铺设在地铁的钢轨扣件还应具有减噪防振、防迷流等性能。并且结构应简单,易于铺设和更换,有较长的使用寿命。

我国在 20 世纪 70 年代建成的北京地铁 Ⅰ、Ⅱ 期工程均采用弹性扣件,经过十几年的运营效果较好。20 世纪 80 年代建设的天津地铁南北线(已建成段)采用刚性扣件加弹性垫层。目前,我国各城市正在建设和筹建的地铁均拟采用弹性扣件。

钢轨扣件根据扣件与钢轨、轨枕的连接方式不同可分为不分开式和分开式两种。不分开式扣件主要优点是结构简单,便于铺设和维修,但是轨道的绝缘性能及减噪防振性能不佳,稳定性较差。分开式扣件其性能优于不分开式,但是目前地铁铺设的弹性分开式扣件,结构复杂、零件繁多,并且弹条与铁垫板连接形式也存在一定问题。

目前,有关单位正在研制无螺栓、无挡肩的新型弹性分开式扣件,以满足地铁建设的需要。

扣件除了能固定钢轨,减小钢轨的纵向和横向位移,防止钢轨的倾覆外,还能提供适当的弹性,具有较好的减振效果。目前城市轨道交通常用的高弹性扣件主要有轨道减振器扣件、LORD扣件、双层垫板减振扣件和 Vanguard 扣件。

(1)轨道减振器扣件

德国是最早研究轨道减振器扣件的国家,它最初是应用在德国科隆地铁中,该工程把广泛用于机械的减振器引入地铁,因为减振器外形呈椭圆形,俗称科隆蛋扣件。这种扣件的外部形状就是利用橡胶将位于轨下的椭圆形承轨铁垫板和连接轨枕的底座铁垫板硫化在一起,橡胶可以承受剪切力,承轨板上安装扣件,底座用螺栓与轨枕相连接。轨道减振器扣件可以取得 10 ~ 12 dB 的减振效果,如图 8.8 所示。

(2)LORD 扣件

洛德(LORD)扣件,也称为钢轨固定器,是美国 LORD 公司生产的减振降噪型扣件,如图 8.9所示。这种扣件将弹性材料粘合在金属垫板表面,从而明显提高抗疲劳强度,延长结构的使用寿命。LORD 扣件的生产材料比较特殊,扣件具有更好的电绝缘性能和抗腐蚀性能,养护维修方便,具有良好的轨距保持能力和轨面调整能力。采用中低刚度的 LORD 扣件,可最大限度降低轨道交通的振动噪声。

(3)双层垫板减振扣件

双层垫板减振扣件采用非线性分离式结构设计,由轨下胶垫、上铁垫板、中间橡胶垫板、下铁垫板和自锁机构等组成,如图 8.10 所示。扣件利用两层橡胶垫板的非线性压缩变形实现扣件减振,橡胶垫板与铁块分离,可实现独立部件单独更换。扣件节点静刚度为 9 ~ 13 kN/mm,动静刚度比约为 1.25。

图 8.8　轨道减振器扣件

图 8.9　LORD 扣件

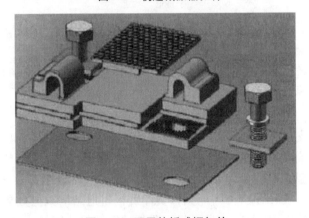

图 8.10　双层垫板减振扣件

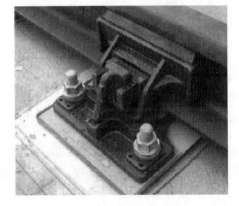

图 8.11　Vanguard 扣件

（4）Vanguard 扣件

Vanguard（先锋）扣件与传统扣件最大的不同在于,钢轨通过弹性部件(橡胶楔块)支承轨头下及轨腰两侧,而普通扣件通过扣压轨底来控制钢轨的横向位置,这种方式使钢轨工作时处于悬空状态,如图 8.11 所示。利用这一特点形成较小的动态刚度,列车通过时的垂向位移大于 3 mm,从而达到减振的目的。Vanguard 扣件与轮轨之间的相互作用更靠近轮轨接触线,因而能将钢轨的扭动降低到最低程度。

3)道床结构选型

地铁铺设的道床基本上分为碎石道床和整体道床两大类,各有其特点。

整体道床具有线路平顺、稳定性好、整体性强等优点,与碎石道床相比可减少维修工作量,节省维修费用 30% ~ 50%,在地铁隧道内铺设,能最大限度地减少维修工作量,改善劳动条件,但整体道床刚度大,其线路弹性主要依靠扣件的弹性垫板来提供,因此对扣件性能要求较高。

由于碎石道床具有良好的弹性,并具有减振降噪效果,造价较低,但是养护工作量大,且需大型养路机械与之配合。因此限制了碎石道床的应用。同时碎石道床的轨道建筑高度较大,增加了隧道的开挖面积,增加了坞工量,相应提高了工程造价。

在碎石道床的基础上,可以在轨枕下和道砟底下加设橡胶材料的轨枕垫和道砟垫。这种减振措施在欧洲地铁和日本地铁中得到了广泛的使用。日本新干线实测结果表明,在高架桥上铺设道砟垫可以使得振动加速度减少 1/3 ~ 1/2,减振效果较为明显。

已建成的北京、天津、上海等城市地铁均铺设支承块式整体道床,使用效果良好。正在建设和筹建中的地铁也准备铺设支承块式整体道床。道床混凝土的强度应通过应力计算及动力测试来确定。道床混凝土强度等级宜采用 C30。根据经验,道床内设适量钢筋,可起到防迷流作用,同时还可加强混凝土道床的整体性,防止道床产生裂纹,提高道床的可靠性和耐久性。钢筋的配置一般按最小配筋率考虑。常见的地铁道床结构有以下几种类型:

(1)浮置板轨道结构

浮置板轨道是通过弹性体将轨道结构上部建筑与基础完全隔离开来,使其处于悬浮状态,建立弹簧—质量系统,它的减振原理是在轨道上部建筑和基础之间插入一个固有频率很低的线性谐振器,防止由钢轨传来的振动传递到基础。根据隔振介质的不同,目前使用的主要有橡胶浮置板和钢弹簧浮置板两种,分别如图 8.12、图 8.13 所示。

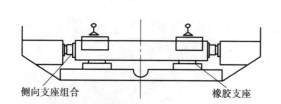

图 8.12　橡胶浮置板轨道结构　　　　图 8.13　钢弹簧浮置板轨道结构

橡胶浮置板是浮置板位于可调的橡胶支座上,由于采用橡胶支座,隔振效果一般在 10 ~ 15 dB,缺点是橡胶容易老化,在后期的运营中需要不断更换,它根据支承类型的不同,可以分为整体表面支承、线性支承、分布式支承 3 种类型。

钢弹簧浮置板其固有频率很低,只有 4 ~ 8 Hz 左右,因此钢弹簧浮置板轨道结构减振效果比橡胶浮置板更加明显。其缺点是浮置板较重,列车通过时引起浮置板的振动加速度较小,因此浮置板支承阻尼作用对路基的影响较小。一般可以安装与螺旋弹簧并联的粘滞阻尼器,利用阻尼减小浮置板的振动,此时的减振效果将会更好。钢弹簧浮置板根据弹簧安装的位置分为内置式和外置式两种。

(2)梯形轨枕轨道结构

梯形轨枕轨道结构是日本铁道综合技术研究所开发的,曾在美国的 FAST 线上进行了 36.2 t 大轴重试验并取得了成功。梯形轨枕轨道系统的轨枕是由两根钢筋混凝土纵梁及 3 根钢管材料的横向连接杆构成,外形类似扶梯,因而得名梯形轨枕,如图 8.14 所示。梯形轨枕下设有弹性减振装置,弹性垫层有板形、球形、角形等多种类型。它采用了轻量级质量—弹簧系统的概念,利用减振材料等间隔支承结构,使其浮于混凝土整体道床上,从而实现了低振动、低噪声。这种轨道结构形式是在钢筋混凝土轨枕、法

图 8.14　梯形轨枕轨道结构

国双块式轨枕、普通板式轨道、框架式板式轨道的基础上研发出来的一种轨道结构,既能在有砟轨道上铺设,也能与基础结合成为无砟轨道。

（3）弹性支承块轨道结构（LVT）

弹性支承块轨道由弹性支承块、道床板和混凝土底座及配套扣件构成,弹性支承块即在支承块下加上一层弹性橡胶套靴,轨道的垂向刚度 10～30 kN/mm。LVT 结构的垂向弹性由轨下和块下双层弹性橡胶垫板提供,最大限度地模拟了传统有砟轨道结构的动力响应特征,使得轨道纵向单性点支承刚度趋于一致。橡胶套靴可以提供轨道的纵、横向弹性变形,使轨道结构在承载、动力传递和振动能量吸收等方面更加接近有砟轨道道床,从而使轨道结构的振动噪声降到最低。

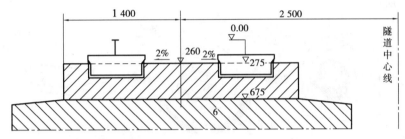

图 8.15　我国秦岭隧道内弹性支承块轨道断面图

弹性短轨枕式整体道床与普通短轨枕整体道床基本相同,为了提高道床的减振性能,短枕底部设计为平面,可以通过双层弹性垫板刚度的合理匹配,使轨道结构的组合刚度接近有砟轨道的刚度,这种轨道结构形式的减振效果可达 6～8 dB,能满足中等减振地段的要求。

图 8.16　弹性短轨枕式轨道结构

8.2　直线电机轮轨交通轨道结构

8.2.1　直线电机轮轨交通概述

直线电机牵引技术成熟,是目前最先进的牵引方式之一。由于直线电机系统具有加减速性能好、牵引力大、维修量小等突出优点,它已在加拿大温哥华空中列车线、马来西亚吉隆坡 PU-TRAⅡ线、日本大阪 7 号线（鹤见绿地线）、东京地铁 12 号线（大江户线）、纽约肯尼迪机场线至少 4 个国家等 9 条轨道交通线中得到应用,目前建成的线路总里程超过 180 km。我国广州地铁的 4 号线,北京机场线均采用直线电机牵引模式。

8.2.2 直线电机轨道系统的工作原理及对轨道的要求

1)基本原理

电动机一般是旋转式的。圆筒形的转子被定子围绕着,定子构成磁场,利用转子中流过的电流,在转子上产生旋转力。直线电机则是把定子和转子这两个圆筒展开成板状,并相对合在一起,转子沿定子的长度方向移动。以某种方式支撑转子,使转子与定子间维持一定的间隙。原理如图 8.17 所示。

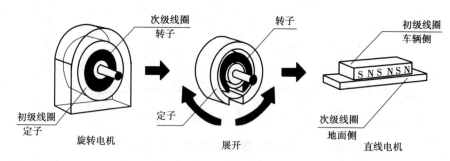

图 8.17 旋转电机与直线电机原理对比图

直线电机产生推进力的原理与电动机转矩产生的原理一样,安装在地铁车辆转向架上的直线电机在前进方向上产生移动的磁场,与该磁场相对的地面位置上放着相当于 2 次侧线圈的反作用板,在其中产生 2 次电流(涡流),由该 2 次电流切割磁场而产生的力就是反作用力,它使转向架上的直线电机获得推进力。

2)直线电机的特点

直线电机牵引方式有其明显的优点,主要包括:车轮尺寸可缩小,车厢地板面降低,车体断面尺寸缩小,使隧道断面可减小;车辆不受轮轨之间粘着条件的限制,爬坡能力强;采用径向转向架,可在曲线半径较小的线路上运行;驱动系统没有旋转部分,运行噪声可维持在较低水平等。但是,直线电机牵引方式也有缺点,例如要做出像旋转电机那样小的间隙很困难,而且直线电机是有端部的(旋转电机则是循环无端头的),因此直线电机漏磁通量多,机电能量变换的效率低,在相同输出功率下,直线电机要求逆变器的容量比旋转式电机的大;因为不依赖粘着,牵引可在陡坡道上进行,但由于某种原因电气制动失效时,则必须依靠机械制动;而且小半径车轮因其磨耗快,踏面研磨频繁,必须调整其角度和空隙。

直线电机轨道交通系统,是采用线性感应电机驱动技术,介于磁悬浮与轮轨系统之间的轨道系统,区别于传统轨道交通牵引模式。轨道结构与一般的地铁线路不同,感应板要安置在轨道道床上,其与钢轨、道床以及三轨的尺寸链关系至为重要,间隙尺寸关系如图 8.18 所示。

(1)感应板安装的影响

直线电机轨道交通系统的感应板安装有多种形式,加拿大技术的感应板安装如图 8.19 所示。在道床或轨枕上预埋螺栓,感应板固定在螺栓上,易调整,板端头可悬空,感应板的铺装方便。

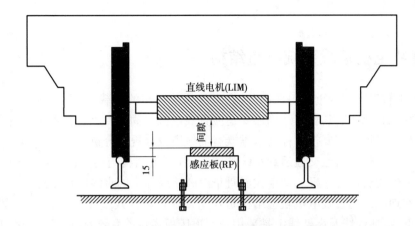

图 8.18　直线电机、感应板和钢轨之间的关系

图 8.19　加拿大技术感应板安装

图 8.20　日本技术感应板安装

日本技术的感应板安装如图 8.20 所示。在轨枕上预埋螺栓,采用扣压件扣压感应板,感应板稳定性较好,缺点是感应板的调整量很小,对轨道的要求过高,感应板规格极少且端头不能悬空,给轨道铺设带来极大困难。

(2)对轨道受力的影响

直线电机轨道交通系统的轨道荷载较普通轨道更复杂,在走行轨上承受轮轨垂直动荷载、横向水平荷载、纵向轮轨滚动摩擦力、梁轨纵向附加力。装有感应板的轨道上,承受列车牵引力或制动力。牵引力的作用点在轨道中心,而不是在走行轨上。供电轨安装在轨道上,使轨道受到一个附加外弯矩。

直线电机轨道结构在车辆运行时要满足间隙的要求,所以对感应板的安装精度要求较高,这就需要提高轨道的施工精度。为保证轨道平顺性,需满足良好的调整能力。直线电机系统的线路存在小半径曲线和较大坡道,因此对轨道稳定性的要求更高。

总体来说,直线电机轨道交通系统的轨道结构是直线电机车辆行车的基础,其结构非常复杂。从受力角度看,一方面轨道结构承受来自车辆的随机动荷载作用,在载荷反复作用下,轨道强度方面会受到影响,钢轨在轮轨接触处,由于巨大的接触应力可能会导致钢轨的损伤,在制动力和曲线侧向切削力的作用下又会使这种损伤加剧;由于温差、坡道及小半径的影响,无缝线路还会发生失稳、断轨等问题。另一方面,作为直线电机运载系统这种新型城市轨道交通形式,轨道结构与感应板之间还存在着一定的相互作用,除了感应板会对轨道结构的形式、设计参数等有一定的影响外,轨道结构的性能也会对直线电机正常、安全的使用有重要的影响。因此,轨道结构的形式、设计参数、设计方法及安装工艺、养护维修水平等将成为影响该系统能否正常使用的关键。

8.2.3　直线电机运载系统轨道结构

　　轨道是城市轨道交通的重要组成部分,它直接承受列车的荷载,并引导列车安全运行。由于直线电机系统的特殊性,其轨道结构还要适应直线电机车辆的要求。在考虑直线电机特性的基础上,轨道结构设计和主要技术标准依据既有的轨道设计规范分析确定。

　　目前,采用直线电机轨道交通运载系统的国家,其轨道结构与传统的轨道结构形式基本相同,但要在道床中间安设感应板。加拿大温哥华以高架线为主的直线电机轨道系统采用直联式轨道结构;日本地下线的直线电机轨道结构是采用预埋长轨枕式整体道床;在马来西亚吉隆坡地铁,正线地下线、地面线及高架线上是采用预制道床板式轨道系统,在地面车场线上采用了传统的碎石道床结构。随着直线电机运载系统在城市轨道交通的应用,其轨道结构也会不断发展、完善。

1)直线电机轨道交通系统的道床形式

　　加拿大温哥华的 Skytrain 线、马来西亚吉隆坡的 PUTRA 线以及日本东京、大阪的线路,其采用的轨道类型主要有以下几种。

　　(1)预制混凝土道床板

　　该道床主要由钢轨、扣件、预制混凝土道床板、板下垫层和基础底座等组成,应用于马来西亚吉隆坡的 PUTRA 线,如图 8.21 和图 8.22 所示。

图 8.21　道床板式轨道系统结构组成　　　图 8.22　吉隆坡 PUTRA 线高架线轨道

　　预制混凝土道床板铺装、固定在粗糙的路桥、隧道底面或其他具有混凝土基础的轨道区间。基础为平面,线路曲线地段采用坡度不同的预制混凝土道床板。

　　预制板在具有环境控制的预制工厂实行精确浇筑,并使用高效组装生产线提高预制板的成品质量。在预制板浇筑过程中,预埋基础螺栓,并在出厂前预装扣件的弹性垫板和铁垫板。待预制板铺装完成后,就可直接安装钢轨扣件。

　　马来西亚吉隆坡 PUTRA 线的高架线、地下线、地面线部分采用预制道床板。图 8.22 为吉隆坡 PUTRA 线高架轨道。

　　预制道床板铺设方法是根据实测的隧道底面或路桥基础表面高程曲线与轨道设计高程曲线之差,得出每块道床板在各控制点坐标点的浇筑厚度。对号入座安装每一块预制板,实现轨道的一次性快速精确定位。每块预制板的固定是采用抗剪定位销定位。预制板与基础表面的缝隙用特制的砂浆以高压灌浆方式进行封堵。

道床板式轨道系统的特点是结构整体性强、稳定性好,轨道施工质量高,与其他工法相比,施工效率高,铺轨进度可达到 200 m/d。但这种结构的工程造价偏高。

道床板式轨道系统要求板下基础相对比较坚实、稳定,可施工作业空间要能方便各工序的交叉作业流程。因此道床板式轨道系最适用于高架桥上,或路基条件较好,施工条件比较好的线路地段。

（2）直联式轨道系统

这种轨道是将钢轨和扣件直接与道床混凝土连接,加拿大温哥华 Skytrain "空中列车" 高架线路采用此种轨道。

在预制混凝土梁铺轨表面设有预埋螺母,将钢轨直接固定在扣件垫板上,用扣件及螺栓紧固在箱形梁上。用于直联扣件的预埋螺母在箱梁预制时预先设置好,梁体内预埋的螺母将实现轨道的定位精度和施工精度。

马来西亚吉隆坡 PUTRA 线道岔地段采用直联式轨道,为二次浇筑混凝土,如图 8.23 所示。

图 8.23　吉隆坡 PUTRA 线道岔地段直联式轨道　　图 8.24　日本直线电机系统长轨枕整体道床

（3）长枕式整体道床

长枕式整体道床是把预制的混凝土枕用二次混凝土与道床浇筑成整体,日本东京的直线电机轨道交通系统采用了这种道床,如图 8.24 所示。

长轨枕为预应力混凝土结构,轨枕预留横向圆孔,每一单元道床设纵向钢筋贯穿,以加强与道床的连接;长轨枕上先设置预留安装钢轨、感应板的位置,而后将钢轨、感应板固定在长轨枕上。该道床的优点为:感应板安装调整快;道床厚度较大,有利于减轻隧道仰拱的变形;可采用轨排架法施工,利于轨道几何状态的调整和保持。其缺点为:长枕式道床排水方式单一,只能在道床两侧设排水沟;长枕式道床与短枕式整体道床相比,造价偏高。

（4）碎石道床轨道

这种轨道系统在马来西亚的吉隆坡 PUTRA 线的车场线采用,如图 8.25 所示。

与传统的碎石道床结构基本相同,在轨枕中间安置感应板结构,在钢轨外侧轨枕端部预留三/四轨安装位置。

碎石道床技术成熟,结构简单,施工容易,成本较低。但碎石道床的稳定性相对较差,不利于轨道状态的保持,在排水不好的地段更易出现道床病害,会带来较大的维修量。轨枕中间安置感应板,钢轨外侧轨枕端部安装三/四

图 8.25　PUTRA 线的车场线碎石道床

轨,在养护时捣固比传统的碎石道床结构困难。因此,这种结构适用于车场线或软土地基线路。

2)国内城市轨道交通已有轨道结构形式

国内的城市轨道交通主要采用短枕式整体道床、长枕式整体道床和有砟轨道,同时国铁还试铺了板式轨道。

(1)直联式轨道系统

直联式轨道系统虽然结构简单、轨道高度低,但由于对施工精度要求较高,施工进度慢,国内城市轨道交通很少采用,只有大连城市有轨电车工程采用了这种道床,扣件与道床的连接采用后锚固技术,如图8.26所示。

图8.26 大连现代有轨电车用道床　　图8.27 上海地铁1号线长枕式整体道床

(2)短枕式整体道床

这是目前我国城市地铁普遍采用的轨道结构形式,在北京、广州、深圳及南京地铁均有应用,设计、施工技术成熟,结构简单,造价较低,施工作业方便,但需要架设钢轨、扣件及短轨枕组成的轨排支架,调好钢轨,再进行混凝土浇筑,该方式施工进度相对较慢。

这种轨道结构用于直线电机轨道时,感应板的安装不便,若采用预埋件,则需要其在现场精确预埋,对施工精度要求较高,若采用后锚固技术,则安装工作量较大,进度慢且造价较高。

(3)长枕式整体道床

国内上海地铁1、2号线采用长枕式整体道床,枕长2.1 m,如图8.27所示。此外,国铁在秦沈客运专线的桥上试验了长枕式整体道床。

(4)板式无砟轨道

国内城市轨道交通还没有采用板式道床,只有国铁在秦沈客运专线的双河特大桥上试铺了日本的板式无砟轨道。此后,随着我国高速铁路、客运专线的修建,在遂渝线无砟轨道综合试验段、武广线等多条线上铺设了板式无砟轨道。

(5)有砟轨道

有砟轨道的优点是施工简便,防噪性能较好。但轨道建筑高度高,从而增大地铁隧道开挖断面,同时轨道维修工作量也较大。一般在城市轨道交通系统中应用不多。

3)我国直线电机轨道交通系统轨道结构选型

我国的直线电机城市轨道交通系统,轨道结构的选型应充分考虑直线电机列车的使用要求,上述轨道类型结构方案的比较见表8.1。

表 8.1 轨道类型结构方案的比较

项 目	有砟轨道	短枕式整体道床	板式轨道	长枕式整体道床	直联式道床
结构特点	结构简单、弹性好、技术成熟、道床稳定性差、日常维修量大	技术成熟、结构简单、施工安装定位工作量大	整体性好、部件安装精确、施工质量好、进度快	结构整体性好、轨道状态好、施工进度快	结构简单、轨道高度低、曲线超高设置困难
直线电机适应性	轨枕预留感应板螺栓孔	感应板安装在道床上,调整工作量大	预留感应板螺栓孔	预留感应板螺栓孔	感应板直接安装,调整工作量大
可实施性	施工简单	施工简单、调整工作量大	施工快、现场调整工作量小	轨排法施工、调整方便	施工精度要求高
适应性	地面线、车场线	道岔、高架桥调节器	高架桥道床	地下线道床	部分特殊地段
经济指标	0.67	1	1.27	1.05	0.95
实践应用性	吉隆坡直线电机车场线、国内地铁、国铁	国内地铁	吉隆坡直线电机高架、秦沈线高架桥	日本直线电机地铁、上海地铁地下线	加拿大温哥华直线电机高架线、大连轻轨

其中,短枕式道床虽然结构简单、造价低,但不便于感应板的安装,需采用现场精确预埋或后锚固式安装感应板,施工繁杂,安装精度难以保证,不太适用于直线电机轨道。

直联式轨道系统虽然轨道高度低,结构简单,但其对施工精度要求较高。如道床的平整性、超高的设置、扣件的定位精度及调整要求高,采用直线电机运载系统后,感应板的安装要求则更高(尤其是日本的感应板安装方式),必须满足直线电机间隙控制的要求,给施工带来了难度。

直线电机运载系统要求感应板与钢轨的相对位置要精确,在道床上预埋螺栓(或孔)容易达到施工精度,长枕与道床板都是在工厂内预制,定位精度可以保证,因此,长枕式道床和板式道床更适合。

高架线若单从轨道设计来考虑,长枕式道床和板式道床都可采用;从高架桥桥梁设计综合考虑,长枕式轨道高度需 580 mm,板式道床轨道高度为 450 mm,长枕式轨道高度高于板式道床。轨道高度高使高架桥荷载增加,长枕式轨道高度是板式道床的 1~1.5 倍,对桥梁设计不利,会加大桥梁的投资。板式道床轨道结构高度较低,当曲线设置超高时可通过铺设不同厚度的预制道床板,直接在道床板上实现超高,利于桥梁制造的特点。在高架桥上进行板式道床施工可提前预制不同规格的道床板,在铺设安装道床时也不受空间限制,可以进行多点施工,施工进度快。因此,高架线采用板式道床较为适合。

土质路基工后沉降大,采用整体道床时,路基需要加固处理,整体道床设计也要加强,造价较高,同时当地基出现不均匀沉降时,整治相当困难,然而,由于地面线不受轨道高度限制,养护条件相对较好,为此地面线及车辆段线可采用碎石道床,以节省投资。

8.3 独轨交通轨道结构

8.3.1 独轨交通概述

独轨交通,国外也称为独轨铁道,是指车辆在一根轨道上运行的一种轨道交通系统。按其走行模式和构造的不同,分为跨座式(Straddle Monorail)和悬挂式(Suspended Monorail)两种,跨座式是车辆跨坐在轨道梁上行驶,悬挂式是车辆悬挂于轨道梁下方行驶,如图 8.28 和图 8.29 所示。

图 8.28 跨座式独轨交通　　　　　图 8.29 悬挂式独轨交通

跨座式和悬挂式独轨交通,轨道梁的支柱通常采用 T 形、倒 L 形和门形。跨座式独轨交通的支柱一般为钢筋混凝土柱,悬挂式独轨交通的支柱通常采用钢柱。

独轨交通的车辆与传统型城市轨道交通车辆相比,两者之间除车厢内部设置相似外,车辆的体形、走行机构都有很大的不同。供电、信号、通信等设备系统的技术措施和布设方式,由于土建工程构造上的差别,在一些方面也不尽相同。

独轨交通属于中运量城市轨道交通,其轨道结构体形简洁,易融入城市景观环境,线路又具有大坡度、小半径等特点,其普及采用的范围正在日益扩大。

1)国外独轨交通的发展

独轨交通历史悠久,早在 1821 年,英国 P. H. Palmer 就开始设计了独轨铁路,并因此获得发明专利。1824 年,他在伦敦船坞为运送货物修建了世界上第一条独轨铁路,这比 1825 年开通的蒸汽机车牵引的铁道线路还早。当时采用木制轨道,用马来牵引着前进。

1888 年,法国人在爱尔兰铺设了约 15 km 的跨座式独轨铁路,最高速度达到 43 km/h,平均时速 29 km/h,由两台锅炉组装成的蒸汽机车牵引列车,从此有动力的独轨走向实用化阶段。但由于车辆摇摆、噪声大等原因,在 1924 年这条线路停止运营。

1893 年,德国人 Langen 发明了悬挂式独轨车辆。它是世界上最早的、也是历史最悠久的悬挂式独轨交通,于 1898—1901 年建在德国著名的"悬车之城"——伍佩尔塔尔市。

第二次世界大战后,随着科学技术的进步,独轨铁路的技术逐渐成熟,1958 年出生在瑞典的德国工业家 Axel Lennart Wenner-Gren 研制出跨座式、混凝土轨道和橡胶充气轮胎的独轨交通制式,即目前所称的 ALWEG 型。后来,美国、日本、意大利等国家都建设了这种形式的独轨铁路。

世界各地独轨交通发展简况见表8.2。

表8.2 世界各地独轨交通发展简况(1985—2004)

建成年份	国 家	地 点	形 式	长 度	动 力	用 途	备 注
1985	日本	北九州	跨座式	8.9 km	电力	客运	4辆编组
1988	日本	千叶市山手线	悬挂式	13.5 km	电力	客运	4辆编组
1988	日本	大阪	跨座式	24.3 km	电力	客运	4辆编组
1988	澳大利亚	悉尼	跨座式	3.6 km	电力	客运	6辆编组
1995	美国	拉斯维加斯	跨座式	1.2 km	电力	客运	6辆编组
1998	日本	多摩	跨座式	16.2 km	电力	客运	4辆编组
1998	美国	杰克逊威尔	跨座式	4.0 km	电力	客运	2辆编组
2003	日本	琉球那霸市	跨座式	13.1 km	电力	客运	2~4辆编组
2003	马来西亚	吉隆坡	跨座式	16.8 km	电力	客运	2~6辆编组
2004	中国	重庆	跨座式	14.35 km	电力	客运	4~8辆编组

2)我国独轨交通的发展

我国第一条跨座式独轨交通系统是位于重庆的较新线,如图8.30所示。它起自商业中心较场口,西至钢铁基地新山村,线路纵贯长江和嘉陵江间狭长的渝中半岛,穿行于中梁山至真武山之间的低丘地带,全长19 km(地下2.5 km),设18座车站,含3座地下车站。线路跨越3个行政区,辐射9个片区,衔接主城的6大行政区的重要交通干线、桥梁和客流集散枢纽。全线通车之后,可以形成单向2.8万人次/h的客运能力,年客运量可达到2亿人次,能够较大程度地改善目前重庆城市交通拥挤的状况。

图8.30 重庆跨座式独轨交通　　　　图8.31 Disney World 跨座式单轨

重庆位于中国的西南部,是长江上游的经济文化和水陆交通中心。同时,重庆也是中国著名的山城。城区内地势起伏不平,道路曲折而狭窄、坡度大,适合采用独轨式交通方式。

此外,中国运用跨座式独轨交通系统的城市还有深圳。深圳建设了2条游乐园跨座型独轨线,长度分别为1.7 km和4.4 km,如图8.31所示。

8.3.2　独轨交通的技术特征及适用范围

1)独轨交通的优点

作为城市客运交通工具的独轨交通与城市一般客运交通相比,具有以下优点:

(1)行驶速度快、运量适中

独轨交通是立体型交通,不会受地面其他交通工具和行人的干扰,因此可以快速行驶,车辆运行的最高速度可达 80 km/h,平均运速为 30~45 km/h,约为地面公共电、汽车的 1 倍,相当于地铁及轻轨等城市轨道的交通速度。

独轨交通单向每小时运量为 10 000~30 000 人次,介于公共电车、汽车和地铁运量之间,与轻轨交通一起弥补了城市客运交通中运量运输空间的不足。

(2)能够爬陡坡、转急弯,适应地形能力强

独轨交通由于使用橡胶轮胎和特殊转向架,对于陡坡、急弯适应性强,对地形无严格要求。列车具有较强爬坡能力(最大坡度可达 100‰),能通过较小弯道(最小曲线半径可达 30 m),这是一般轮轨交通轨道无法达到的。它可以很好地适应城市多变的地形、地貌和复杂地理环境,可避开既有建筑物,以避免不必要的拆迁,从而大大降低工程造价和缩短工期。独轨交通在规划和选线上的优越性也是其他城市轨道交通无法比拟的。

(3)施工简便,建设工期短,造价低

独轨交通结构构造比较简单。跨座式独轨交通的混凝土支柱通常都采用现场浇筑,但主要部件轨道梁则可在工厂预制、现场拼装;悬挂式独轨交通的工程结构基本为钢结构,更便于工厂预制、现场组装,因此建设速度快、施工周期短。

独轨交通通常是全部或基本采用高架结构,而且主体结构仅为支柱支承的两条带形的轨道梁。因此无论是工程材料用量,还是施工安装费用,与其他城市轨道交通相比都比较低。独轨交通的工程造价仅为地铁造价的 1/3~1/2。

(4)占地面积少,空间体形小,能有效利用城市空间

独轨交通高架结构的支柱,柱径一般为 1.0~1.5 m,占地面积不大,通常又设置在城市道路中央隔离带内,对地面交通和景观影响都比较小。独轨交通区间双线轨道结构宽度,跨座式约为 5 m,悬挂式约为 7 m,而地铁与轻轨高架桥结构的宽度为 9.0~10.0 m,墩柱直径一般不小于 2 m,独轨交通的工程量与之相比相对较小。

(5)运行安全,舒适

跨座式独轨交通的车辆由于有稳定轮夹行于轨道梁上,悬挂式独轨车轮走行于箱形梁内,均无脱轨危险。在轨道梁上行驶的城市独轨车辆转向架上装有 3 种轮胎:走行轮、导向轮和稳定轮。它的走行机理与钢轮钢轨系统完全不同,在列车运行过程中,走行轮始终与轨道梁顶面接触,轮胎的弹性主要缓冲车辆竖向振动,导向轮和稳定轮则起到缓冲车辆横向振动的作用,因此充分保障了系统的运营安全。走行轮、导向轮和稳定轮均配有辅助车轮,当充气轮胎爆裂或泄气时,可保证车辆行驶安全。此外,独轨交通车辆和道岔系统均有保证安全的自动保护和自动控制系统,可严防意外发生。由于车辆采用充有惰性气体的橡胶车轮,转向架配有空气弹簧,因此乘客感觉很舒适。

（6）对环境污染少，环境效应优越

独轨交通的车辆由于采用橡胶轮胎和空气弹簧转向架，因此获得了理想的减振降噪效果，其噪声低，振动小。据日本小仓线实测，当列车时速为 60 km/h 时，距轨道中心线 10 m、离地面高 1.2 m 处的噪声值为 74 dB（A）；由于采用电力牵引，列车运行中无排气污染，有利于保护城市环境；且由于独轨交通采用的轨道结构窄、梁柱细、对城市日照和景观影响小，与其他高架轨道交通和高架道路相比，其遮挡日光照射的影响要小得多，在市区不会造成遮阳和压抑感；由于列车走行平稳，乘车舒适；乘客在车上视野宽广，眺望条件好，能起到游览观光的作用。

（7）对居民正常生活干扰少

许多城市交通的高架桥，由于大型的实体结构遮挡日光，以及车辆运行产生的电磁波和夜间车头灯强光照射等都会给沿线居民的正常生活带来影响，而独轨交通在这些方面的影响相对都很小。

2）独轨交通的缺点

①列车在空中行驶，在区间万一发生故障，虽然事故列车可采用其他动力车牵引至临近车站，或采用本线或相邻线路列车将乘客接走等方式疏散乘客，但相比轻轨和地铁，其救援工作复杂，乘客只能被动等待。

②独轨交通的道岔系统构造比较复杂，特别是跨座式独轨道岔形体比较笨重，转换一次道岔的时间一般都需 10 s 以上，而且列车需减速通过道岔，降低了列车平均运速，延长了折返时间，使行车密度增加受到制约。一般情况下，独轨交通的行车间隔很难低于 2.5 min，只能通过加大列车编组增加运量。

③独轨交通受轮胎承载力的限制，每一橡胶车轮的承载力不超过 5.5 t，每轴双轮承载力为 11 t，而通常采用四轴车，总载量为 44 t，载客量和车辆长度均受到一定的限制。同时，胶轮耐磨性差，使用寿命比钢轮短。

此外，跨座式独轨交通的车站，站台面距轨道梁底板较高，为防止乘客失足跌落摔伤，需要采取安全保护措施。

3）独轨交通的适用范围

独轨交通是一种组成比较灵活、完全或基本行驶在地面以上的轨道交通方式，其系统规模可以实现从小型到大型的各种尺寸，从采用简易的装备到复杂的现代化设备系统，具有爬陡坡、转急弯等独具的特点。独轨交通分为跨座式与悬挂式两种形式，能够满足各类城市的不同交通量需求，适应不同地形及道路条件，是可实现最佳效率的交通工具。因此，它的适应范围比较广，从使用功能方面来分，大体可归纳为两大类，即中运量城市客运交通系统和短途、低运量的客运交通系统。

（1）中运量客运交通

独轨交通是多节车辆编组成列运行的立体型轨道交通，因此运量和平均运速均高于在地面行驶的公共汽车和公共电车。但是，独轨交通由于走行系统采用充气橡胶车轮，承载力受到一定的限制，又因其基本沿城市街道上方空间走行，车站长度不宜过长，以免对城市景观环境带来较大的负面影响。在日本规定，高架车站站台长度不得超过 100 m，这样列车编组的车辆节数就会受到限制，加之道岔转换时间较长，制约了行车密度，因此在运量与平均运速上无法与大运量地铁系统相媲美。

依据独轨交通的运送能力,可以作为大城市轨道交通网络中的中运量交通线路,如日本东京的多摩线、中国重庆的较新线、马来西亚吉隆坡的独轨交通线。在中等城市则可作为主要交通干线,如德国伍珀塔尔市的悬挂式独轨交通、日本琉球那霸市的跨座式独轨交通。

作为城市中运量客运交通工具的独轨交通,跨座式较悬挂式具有更多的优势,因为跨座式独轨车辆行驶于轨道梁顶面,高架桥结构下部净空满足地面车辆安全通过即可,结构一般无须像悬挂式抬得更高,且轨道梁体相对也小;工程结构材料基本为钢筋混凝土,维修量小,使用寿命长;以及运量潜能相对要大等,这是目前城市客运交通采用的独轨交通多为跨座式的主要原因。

(2)短途、低运量客运交通

由于独轨交通可采用一般设备,也可采用先进设备,加以土建工程建造相对简单,规模大小可控,因此在城市短途、低运量客运交通中也得到广泛的应用。

①市区通向机场、码头等对外交通枢纽的专用线,或范围较大的机场内部的交通线。这种交通路线通常不长,一般为几千米,机场的内部联络的线路则会更短,且客流较小、性质比较单一,基本是两点间交通,但要求服务质量高,一般乘客都期望出行安全、有效率、准时、舒适,而独轨交通以其独特的走行方式能很好地满足这些要求。

②大型游乐场所、博览会等内部客运专用线。大型游乐场所和博览会,场地范围一般都很大,而且这些场所的景点和展馆多而分散,许多地方为满足游客和参观者的交通需求和增加观光游览的乐趣,都采用了这种系统较简单规模相对较小的独轨交通。

日本东京的上野公园、名古屋东山动物园、向丘游乐园,都分别建有长度为 0.5 km 或 1 km 左右的独轨交通。美国 Disney World 建有长度为 23.5 km 的跨座式单轨,如图 8.31 所示。我国深圳"世界之窗"游乐园也建有游览兼代步的简易独轨交通。

4)专用的交通工具

在一些范围较大和地面交通不便的校园和医院等场所,也有采用规模较小的独轨交通作为内部的交通工具。

德国多特蒙德大学,建了一条悬挂式独轨交通,全天交通量约 5 000 人次。德国的兹根海因一所医院内也建有一条专用的悬挂式独轨交通解决内部交通需求,该线一辆车单行,每辆车可载客 42 人。

8.3.3　独轨交通轨道结构组成

独轨交通系统基础设施包括车辆、轨道梁、支柱(包括托梁与基础)、道岔、车站等。

独轨交通由于走行系统有别于传统的轮轨交通,因此车辆和轨道结构均具有独特的构造形式,同时跨座式和悬挂式独轨交通由于走行的具体方式不一样,两者之间也有许多差别。

跨座式独轨交通在技术系统组成中,有别于其他城市轨道交通。其主要包括 PC 轨道梁、道岔和车辆的转向架,这是这种交通制式中构造复杂、精度要求高、制作难度大 3 项关键技术。

1)轨道

(1)悬挂式独轨的轨道

悬挂式独轨的轨道,一般系钢制,轨道梁采用箱形中空断面,内含集电轨、通信缆线、导向轨、走行轨,并包含车厢的转向架,以悬挂并使列车沿导轨运行。

轨道梁的跨径,在直线路段为 30~35 m,但在弯曲路段则折减为 25 m。

墩柱亦为钢制,可根据路线状况采用标准 T 形、倒 L 形或门架形式。

悬挂式独轨的转辙主要可分为"连接"(2-way Switch)及"交叉"(Crossing Switch)两种,转辙操作借助于通信设备联锁实现,转辙时间约需要 10 s,为了防止断电影响,在转辙地点另装设有手动转辙设备。

车辆改变行驶方向,通过箱形轨道梁内可动轨的水平移动实现。

(2)跨座式独轨的轨道

跨座式独轨的轨道一般由混凝土(PC)梁构成,支柱采用钢筋混凝土(RC)构造,宽约 1.5 m。PC 梁的跨距通常为 20 m,标准断面(宽×高)为 850 mm×1 500 mm,通常由一根 PC 梁、RC 柱组合的双车道轨道断面,约需 7.57 m 宽的空间(指车厢外缘至另一车厢外缘的距离)。当长跨距或特殊地形状况需要跨径大于 20 m 时,则采用钢梁—钢柱组合构成轨道结构,柱可采用 T 形或倒 L 形。若轨道需要分叉时,则通过水平移动轨道梁中的一段(称为转辙梁 Switching Beam)完成列车的转辙运作,转辙梁系钢制,内附马达用以驱动转辙,一般转辙时间约需要 10 s,如图 8.32 和图 8.33 所示。

图 8.32　跨座式独轨转辙梁

图 8.33　跨座式独轨转辙设备

跨座式独轨交通的轨道梁,不仅是承受列车载荷的承重结构,同时是车辆运行的轨道,又是供电、信号、通信等缆线的载体,构造比较复杂。为保证行车安全和乘客乘坐舒适的需要,梁体的制作和施工安装的质量及精度要求都很高。受车辆跨骑的控制,梁的截面形状要求采用同一标准形式。在日本均采用工形截面,西方国家采用矩形截面。梁标准截面尺寸的确定,随荷载不同有所改变,在日本几个大城市作为城市交通的跨座式独轨交通的轨道梁截面宽度采用为 0.80 m×1.4 m 或 0.85 m×1.5 m。

为使轨道梁能够做到截面小和跨度大,以及保证较高的质量与精度,除少量特大梁跨外,都采用在工厂预制的预应力钢筋混凝土梁(PC梁),考虑到道路运输条件,梁跨一般不宜超过20 m。在车场内的地面线路等地段,由于行驶的是空车,速度慢,对行车的舒适度要求相对较低,通常采用精度略低的现场浇筑的钢筋混凝土梁(RC梁);在正线上桥跨很大的地方,如河流和交叉路口,常采用钢梁和组合梁。

在简支情况下,梁的标准跨度根据技术经济比较,采用20 m左右比较合适。重庆较新线的梁跨,在直线和平面曲线半径大于700 m时,采用22 m,在车站和线路平面曲线半径小于或等于700 m时,采用20 m。为减小柱的纵向密度,改善景观条件,我国有关单位最近通过技术经济分析和试验检验发现,梁跨可以增至25 m,这在重庆其他新建线路中将有可能采用。有些独轨交通,如马来西亚吉隆坡的独轨交通,除简支梁外还大量采用了多跨连续的轨道梁,梁跨为30~40 m,减少了柱的数量,一定程度上优化了景观效果。

2)支柱

跨座式独轨交通支托轨道梁的支柱,通常采用钢筋混凝土柱。支柱有T形、倒L形、门形以及叠式T形等。

当线路中线与道路中线重合时,支柱可沿道路中心隔离带带内设置;在比较开阔地段设立时,采用T形支柱,即在立柱顶端设一个横梁支托上下行线的轨道梁。对于2.98 m宽的车辆,两线间距为3.7 m,横向托梁的长度,一般在直线地段为5 m左右。

当线路中线偏离道路中心不大时,可采用倒L形支柱。当线路中线偏离道路中心较大或上下行线由于设岛式站台等原因间距较大时,可用门形支柱。若要在道路中央同时建独轨交通和高架道路时,为考虑节约用地和节省造价,以及在多层车站结构中,通常均采用叠式T形支柱。

在标准梁跨情况下,支柱的柱宽(或直径)一般为1.0~1.5 m,而柱的高度要保证结构下净空满足地面行驶车辆的限高要求,尤其是当独轨交通沿城市道路设立时,一般在8 m以上。也有的支柱受地形、地物影响,柱身往往会很高,实际工程中,曾有的柱身高达30 m以上,高柱的设计要慎重考虑柱顶偏移影响。支柱的桩基一般采用柱桩,尤其是高度超过20 m的支柱,应根据地质情况尽可能扩大基础或采用大直径嵌固桩基础。

3)道岔

(1)道岔结构类型

跨座式独轨交通的道岔,其道岔区的轨道梁同时也是道岔的部件,称道岔梁。转辙时一端位置不动另一端转辙对位,使车辆转换行驶线路。

跨座式独轨交通的道岔,从结构上可分为关节型道岔和关节可挠型道岔。关节型道岔是由几节短钢制轨道梁铰接形成的折线形道岔,由于车辆通过折线部位时冲击力较大,故不适合用于高速过岔地段,只用于车辆低速运行的车场线和辅助线;关节可挠型道岔是由几节短钢制轨道梁铰接组成,并在梁的两侧导向轮和稳定轮走行面配一套曲板装置的曲线形道岔,构造相对复杂,但因车辆在较圆滑的曲线上通过,运行平稳、舒适性好,这类道岔适用于车辆载客行驶的正线。

(2)道岔的形式

跨座式独轨交通的道岔因其基本形式的不同,有单开道岔、双开道岔、三开道岔及五开道岔等。而这些不同形式的道岔可依据不同的行车组织设计,组合成单渡线、交叉渡线等多种不同的形式。

①单渡线道岔。供上下行线间设置单渡线使用的道岔是由两组可移动的短轨道梁组成。道岔区长度约为40 m,如图8.34所示。

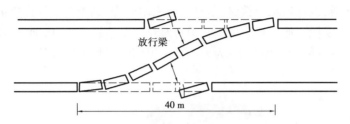

图8.34 单渡线道岔示意图

②交叉渡线道岔。

交叉渡线道岔分为两种形式,如图8.35所示。其中形式Ⅰ用于上下行线交叉渡线处,中间两节短道岔梁为固定式,另有两组活动道岔梁,通过不同组合连接,可构成4条通路。道岔区长约40 m,列车通过速度为25 km/h。

形式Ⅱ也是用于上下行线交叉渡线处,但其在道岔区上下行线中部及线间中部各设一节固定道岔梁,另有4组活动道岔梁,通过不同组合连接可构成4条通路。道岔区长约为72 m,列车通过速度可达35 km/h。

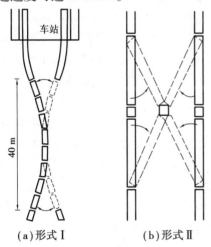

(a)形式Ⅰ　　　(b)形式Ⅱ

图8.35 交叉渡线

图8.36 五开道岔

③多开道岔。这种道岔用于车场内行车线与多条停车线的连接,如图8.36所示。根据连接线路的多少,道岔采用单开、双开、三开或五开形式,道岔区长度一般为20~30 m。

8.4 磁浮轨道交通轨道结构

8.4.1 磁悬浮轨道交通概述

1)磁悬浮轨道交通的发展

传统的铁路列车之所以能前进,主要是因为钢轨与车轮之间具有粘着力,借助列车动力车头加速产生的向前牵引力克服阻力而前进;列车速度越快,车轮与钢轨间的粘着力越小,列车加速造成的牵引力便越小,列车受到的空气阻力就越大。

磁悬浮轨道交通,也称磁悬浮铁路,是根据电磁学原理,利用电磁铁产生的电磁力使车辆悬浮,并推动其前进的现代交通工具。由于它运行时悬浮于轨道之上,因而没有轮轨摩擦,可以突破轮轨粘着极限速度的限制。图 8.37 为德国慕尼黑国际机场大厅外的一节磁悬浮车厢。

图 8.37   德国慕尼黑国际机场大厅外的一节磁悬浮车厢

德国是最早研究磁悬浮铁路的国家。1934 年,德国人海曼·肯波(Hermann Kemper)就获得磁悬浮列车的发明专利。1979 年,世界第一辆采用长定子、同步线性电机提供推力的磁悬浮列车在汉堡 900 m 长示范线首次展出,并做了运行表演。1983 年,在德国的 Emsland 修建了一条全长 22 km 的试验线,列车最高时速达 412 km。1989 年,在柏林广场和地铁站之间修建了一条 1.6 km 的磁悬浮铁路。目前,德国在常导磁悬浮铁路研究方面的技术已趋成熟。

日本于 1962 年开始研究常导磁悬浮铁路。此后由于超导技术的迅速发展,从 20 世纪 70 年代初开始转而研究超导磁悬浮铁路。1972 年,首次成功地进行了 2.2 t 重的超导磁悬浮列车实验,其速度达到 50 km/h。1977 年 12 月,在宫崎磁悬浮铁路试验线上,最高速度达到了 204 km/h,到 1979 年 12 月又进一步提高到 517 km/h。1982 年 11 月,磁悬浮列车的载人试验获得成功。1995 年,载人磁悬浮列车试验时的最高时速达到 411 km/h。为了进行东京至大阪间修建磁悬浮铁路的可行性研究,于 1990 年日本又着手建设山梨磁悬浮铁路试验线,首期 18.4 km 长的试验线已于 1996 年全部建设完成。

我国从 20 世纪 80 年代初开始对磁悬浮技术进行了跟踪研究。1987 年,完成中国科技馆的直传列车展示模型。1991 年,国家科委正式下达"八五"重点攻关课题。2001 年 2 月,由西南交通大学主持的国家"863"计划课题"高速超导磁悬浮试验车"通过验收。2002 年,由我国和德国合作共同修建的我国第一条商用磁悬浮列车在上海浦东落户。

上海磁悬浮铁路东起上海浦东机场,西至龙阳地铁站,全长约 30 km,设计时速 450 km/h,总投资约 90 亿元。单程只需 8 min,每列车上有 464 个座位。在交通高峰期,上海磁悬浮列车每 10 min 一班。它的到发站时间准确率高达 99.7%,这是其他任何交通系统所无法比拟的。

北京地铁 S1 号线是全国首条以中低速磁悬浮列车运行的轨道交通,它于 2010 年开工建设,S1 号线东起十号线慈寿寺站连接 6 号线,途径海淀、石景山西到门头沟区石门营(进入门头沟后会分叉运行大台支线),2015 年开通试运营。中低速磁悬浮列车的最高速度可达到 160 km/h,其速度会高于普通的市区地铁,但出于安全的考虑,真正行驶时的速度在40 ~ 60 km/h,

每节车厢容纳乘客在百人左右。为了保证其运输效率，S1 号线的站间距相对于其他地铁要长一些，其站间距会拉长到 1.5 ~ 2 km。北京地铁 S1 线磁浮车型如图 8.38 所示。

图 8.38　北京地铁 S1 号线磁浮车型

2)磁悬浮铁路的类型

（1）按照运行速度划分

根据列车的最高运行速度，磁悬浮铁路可以分为低速（常速）磁悬浮、中速磁悬浮、高速磁悬浮和超高速磁悬浮。目前一般不严格按照此标准来进行区分。一般将低速和中速磁悬浮统称为中低速磁悬浮，而将高速和超高速磁悬浮统称为高速磁悬浮。

（2）按照是否使用超导材料划分

根据直线电机线圈绕组是否使用超导材料，磁悬浮铁路还可以划分为超导磁悬浮和常导磁悬浮。其中超导磁悬浮的线圈绕组使用超导材料，它在周围环境温度低于其临界温度后就处于超导状态，即超导绕组内的电阻几乎为零。超导电磁铁能产生强大的磁场，具有极高的工作效率，因此可以使列车获得较大的悬浮高度和更快的运行速度。但是，超导磁铁结构复杂，体积庞大，并且为了使超导绕组始终处于超导状态，在列车上还要配置制冷装置。日本的 ML 技术属于超导磁悬浮的范畴。常导磁悬浮使用普通材料制成线圈绕组，采用普通导体通电励磁，产生电磁悬浮力和导向力。该种直线电机具有结构简单、养护维修方便等优点。其主要缺点是线圈绕组中电阻较大。因此，这种直线电机的功率损失较大，并且线圈绕组容易发热，列车的运行速度也会受到一定的限制。德国的运捷 TR、日本的 HSST 及我国的大部分磁悬浮研究都属于常导磁悬浮的范畴。

（3）根据定子长度不同划分

根据直线电机的定子长度的不同，直线电机可以划分为长定子直线电机和短定子直线电机。据此，磁悬浮也分为长定子直线电机磁悬浮和短定子直线电机磁悬浮。其中长定子直线电机的定子设置在导轨上，其定子绕组可以在导轨上无限长地铺设，故称为"长定子"。长定子磁悬浮一般采用导轨驱动技术，列车的运行速度和运行工况由地面控制中心直接控制。长定子直线电机通常用于高速磁悬浮铁路中。短定子直线电机的定子设置在车辆上。由于其长度受列车长度的限制，故称为"短定子"。短定子磁悬浮一般采用列车驱动技术，列车的运行速度和运行工况由司机直接控制。短定子直线电机通常用在中低速磁悬浮铁路中，适用于城市轨道交通领域。

（4）按照导轨结构形式划分

磁悬浮铁路所使用的导轨结构有多种形式，常用的有"T"形"U"形和"一"形导轨。

①T 形导轨。导轨梁的横断面为 T 形。直线电机的驱动绕组及悬浮绕组均安装在导轨梁两侧翼的下方，导向绕组安装在两侧翼的外端。导轨梁直接安装在桥墩上。德国高速磁悬浮运捷和日本中低速 HSST 系统采用这种导轨结构形式。

由于这种磁悬浮列车"抱"着导轨运行，故遇突发事故时的安全性更好，并且线路设计中的最小曲线半径也可以更小。但它对轨道梁的加工精度和列车的悬浮及导向的控制要求很高。

②U 形导轨。

导轨梁的横断面为 U 形，列车在 U 形槽中运行。地面的驱动、悬浮及导向绕组均安装在 U

形槽的内侧壁。这种导轨梁可以采用高架结构架设在桥墩上,也可以采用无砟轨道形式铺设在路基上。与 T 形导轨的要求相比,U 形轨道梁的加工精度及对列车的悬浮控制、导向控制的要求较低,但要求最小曲线半径更大一些。日本的 ML 目前采用这种导轨结构形式。

③一形导轨。

这种导轨梁的横断面为一形,地面绕组均安装在导轨梁的正上方,车辆绕组均安装在车辆的正下方,列车在导轨梁上方运行。这种导轨梁一般架设在桥墩上,采用高架结构,特点是结构简单,但导向功能稍差一些,因此主要适用于中低速磁悬浮。我国西南交通大学研制的"世纪号"高温超导磁悬浮采用这种导轨结构形式。

3)代表性磁悬浮系统

几种具有代表性的磁悬浮系统包括:日本低温超导超高速磁悬浮系统(ML);德国常导超高速磁悬浮系统(TR);日本中低速磁悬浮系统(HSST);中国高温超导中低速磁悬浮系统(世纪号)。

几种磁悬浮系统的分类特征见表 8.3。

表 8.3　几种典型磁悬浮系统的分类特征表

项　目	日本 ML	德国 TR	日本 HSST	中国世纪号
应用范围	干线、城际	干线、城际	城际、市内	市内
速度范围	超高速	超高速	中低速、高速	中低速
线圈导体	低温超导	常导	常导	高温超导
直线电机	长定子、同步	长定子、同步	短定子	短定子
驱动方式	导轨驱动	导轨驱动	列车驱动	列车驱动
悬浮方式	电动悬浮 EDS	电磁悬浮 EMS	磁吸式	磁斥式
导轨结构	U 形	T 形	T 形	一形

8.4.2　磁悬浮交通的工作原理

1)高速磁悬浮的工作原理

(1)磁悬浮原理

以德国磁悬浮铁路 TR 为例,其磁悬浮和导向系统是采用电磁悬浮磁吸电磁式(EMS)原理,即利用在车体底部的可控制悬浮电磁铁和安装在导轨底面的感应轨(定子部件)之间的吸引力工作,悬浮磁铁用吸引力保持列车浮起,导向磁铁从侧面使车辆与轨道保持一定的侧向距离,从而保持列车的运行轨迹。列车从头到尾都安装着支承磁铁和导向磁铁。每一节车辆拥有 15 个独立的悬浮磁铁和 13 个独立的导向磁铁。悬浮磁铁和导向磁铁安装在列车的两侧,沿列车全长分布。

高度可靠的电磁控制系统保证列车与轨道之间的平均悬浮间隙保持在 10 mm。轨道平面和列车底部之间的浮动距离是 15 cm,使列车在悬浮时可以翻越轨面上低于 15 cm 高的障碍物或积雪。

　　TR 磁悬浮列车的支承、导向和驱动系统是模块式的,有容许失效的冗余结构并配备自动诊断系统。这就保证个别部件的失效不会导致运行故障。

　　(2)导向原理

　　在线路两侧垂直布置有钢板,车辆两侧相应布置有导向电磁铁,它与线路的钢板形成闭合磁路,电磁铁线圈通电后产生横向导向力,两边横向间隙均为 8～10 mm。

　　车辆正好在中心线位置时,两边间隙和横向电磁力相等,而方向相反,互相平衡;通过曲线时车辆一旦产生横向位移差,位移传感器会检测其变化,通过控制系统改变左右两侧电磁铁线圈电流的大小,使间隙小的一侧电流减小,电磁吸力减小,而间隙大的一侧电流增大,电磁吸力增大,合成产生的导向恢复力与列车离心力相平衡,使得偏离中心线的车辆自动恢复到中心线位置。

　　(3)驱动原理

　　超高速磁悬浮铁路的驱动和制动均靠长定子直线同步电机 LSM 实现。这个无接触的驱动和制动系统的工作原理类似于旋转电动机,它的定子被切开并在轨道下面沿两侧向前展直延伸。列车上的悬浮磁铁相当于电动机的转子(励磁元件)。直线电机的驱动部件,即具有三相行波场绕组的铁磁定子部件,不是安装在车上而是安装在导轨上,故称为导轨驱动的长定子同步直线电动机,如图 8.39 所示。

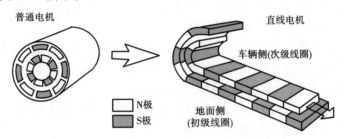

普通电机　　　　　　　　　　　　　直线电机

车辆侧(次级线圈)

□ N极
■ S极

地面侧
(初级线圈)

图 8.39　长定子直线同步电机原理图

　　在三相 LSM 电动机地面绕组里,通过三相电流产生移动电磁场,它作用于列车上的驱动磁铁,它产生的不再是旋转磁场,而是一个移动的行波磁场,从而带动列车前进。

　　导轨上的长定子直线电机由许多区段组成,每个区段的供电只是当列车经过时才被接通,两个相互独立的变电站分别将电网的电流从工作区段导轨电机两端输入,这样可避免能量损失。变电站的距离和装机功率根据需求而定。在需要巨大牵引力的路段(如陡上坡、加速或者制动阶段),分站的设计装机功率比匀速行驶的平缓路段更大。而在传统交通系统中,列车电机必须全程按其最高功率供电,这在不需要最高功率的区段是不必要且不经济的。从这个意义上讲,磁悬浮铁路比传统的轮轨接触铁路的能量利用率更高一些,限制坡度可以更陡一些。

　　悬浮和导向系统以及车上的装置由悬浮磁铁中的直线发电机无接触发电供电。因此该种磁悬浮铁路在区间内既不需要上部架空线也不需要第三轨集电器供电,实现了完全无接触运行的目标,这是与用于城市轨道交通的中低速磁悬浮铁路的不同之处。只是列车在车站范围内停车时,车上电气设备的用电通过接触轨供给。当供电中断时,列车由车上的蓄电池供电。这些蓄电池在列车运行的同时被充电。

2）中低速磁悬浮的工作原理

（1）悬浮原理

以日本的磁悬浮系统 HSST 为例，其工作原理与德国的 TR 原理类似，均为磁吸电磁式（EMS）工作原理。HSST 的轨道梁的两侧为悬空的倒 U 形钢质铁磁性轨道，固定在磁悬浮列车下的悬浮兼导向的电磁铁正好置于轨道下方，且铁芯呈正 U 形，与倒 U 形的轨道相对。安装在车体的电磁铁从下方产生吸引轨道的吸力，列车利用此吸力而悬浮。

磁铁和轨道之间设置感应器，实时探测电磁铁与轨道的距离，通过调节电磁铁的励磁电流，调整电磁铁与轨道之间的引力，以保持电磁铁与轨道之间的距离（间隙）稳定在 8 mm 左右，实现列车稳定悬浮。

在名古屋试验线上早期利用的是 HSST 的悬浮原理。

（2）导向原理

列车在运行过程中产生偏离，使得正 U 形电磁铁的铁芯与倒 U 形轨道错位，两者之间的引力倾斜，产生一个与偏离方向相反的横向分量，利用其产生的作用力与轨道（倒 U 字形）、磁铁（U 字形）之间的吸力相互作用进行纠正，使列车返回中心线。即 HSST 磁悬浮列车的导向是自动的，不需要导向电磁铁的主动控制。

（3）驱动原理

日本 HSST 的车辆及导轨结构与德国 TR 系统有些类似，其不同之处在于驱动原理。TR 采用地面驱动方式，而 HSST 采用列车驱动方式。

在倒 U 形轨道的背面（上方）敷设有铜质或铝质的感应板，正对其上方车体上安装有该直线电机的定子，当定子通入三相电流后，产生一个移动磁场，该磁场在感应板上感应出电流和磁场，由于磁场的作用产生推力，牵引列车前进或后退。

由于直线电机定子在车上，HSST 牵引功率的控制和转换由车上的设备来完成，而 TR 或 ML 磁悬浮铁路是在地面实现牵引功率的转换和控制。

采用短定子直线感应电机牵引的优点是轨道结构简单，控制方便，发车频率较高，造价较低；缺点是当列车处于悬浮状态时，定子与感应板的距离（间隙）大约为 10 mm（而旋转电机间隙不到 1 mm），磁功耗较大。电机功率因数低导致功率设备容量远大于电机输出功率，设备的电流热损耗和电磁辐射损耗增大，导致能耗较大。短定子直线电机原理如图 8.40 所示。

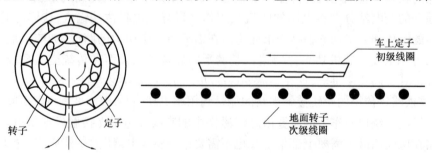

图 8.40　短定子直线电机原理图

8.4.3 磁悬浮交通的轨道结构

1)高速磁悬浮铁路的轨道结构

高速磁悬浮铁路的轨道结构包括线路导轨、桥梁、道岔和设计参数等技术,这里主要介绍德国常导超高速磁悬浮铁路的轨道结构,如图 8.41 所示。

图 8.41　德国磁悬浮

图 8.42　日本山梨磁悬浮试验线导轨

（1）导轨

导轨的作用是引导列车前进,同时承受列车荷载并将之传至地基。线路上部结构为用于联结长定子的精密焊接的钢结构或钢筋混凝土结构支承梁,下部结构为钢筋混凝土墩和基础。支承梁本身在力学性质上与传统土木工程简支梁桥或连续梁桥的梁部相同,由于其上需安装磁悬浮系统的定子线圈和铁芯,因此制造和施工精度要求较高。

磁悬浮铁路可分为单线铁路和双线铁路,TR 双线铁路的线间距是 4.4 m（300 km/h）、4.8 m（400 km/h）和 5.1 m（500 km/h）,建筑接近限界宽度为 10.1 ~ 11.4 m,轨距为 2.8 m。

同样是超高速铁路,德国 TR 系统的悬浮高度为 10 mm,而日本 ML 系统的悬浮高度为 100 mm,如图 8.42 所示,德国 TR 系统的悬浮高度只有日本 ML 系统的 1/10。因此,德国 TR 系统对导轨梁加工和装配的质量和精度提出了很高的要求。为了达到这些要求,德国专门开发了全自动机器人焊接技术进行钢梁的焊接,以保证焊接的高精度。

（2）高架轨道和低置轨道

由于磁悬浮列车与线路的耦合关系,磁悬浮铁路的线路必须具有一定的高度,并采用梁式结构。线路即可以采用高架的方式,也可根据地形将梁固定在基础上(称为低置线路),可以敷设在桥梁上,也可以敷设在隧道里。

单个的导轨梁长度为 6 ~ 62 m,标准跨度为 31 m。可以将两个标准跨度的简支梁联结成 62 m 的连续梁。支承梁预加工在工厂里进行,这样可以缩短现场施工的时间。

在磁悬浮线路与现有的公路、铁路平行的情况下,轨道一般铺设在平地上。如果条件允许或者鉴于防噪的要求,可以选择地面轨道。低置轨道一般采用 6 ~ 12 m 的标准跨度和 1.25 ~ 3.5 m 的高度。

（3）道岔

由于磁悬浮铁路的轨道支承梁刚度较大,因此道岔的设计和施工较为复杂。磁悬浮铁路的道岔是一个多跨连续钢梁,长度与道岔侧向允许通过速度有关,侧向过岔速度≤200 km/h 者称为高速道岔,侧向过岔速度≤100 km/h 者称低速道岔,其长度分别为 148.6 m 和 78.4 m。

列车借助钢弯曲道岔换道。借助电动扳道装置使钢梁弹性弯曲左右分段移动即可达到换道目的,换道完成后用道岔闩将活动部件锁定在终端位置上。换道过程由微处理机控制,微处理机受中心计算机的监控。

道岔可以是单开道岔(快速道岔)或双开道岔(慢速道岔)。当道岔处于正线通过位置时,允许列车以其正常速度(300～500 km/h)驶过,列车运行速度不受限制;处于侧线通过时,允许的行驶速度是 200 km/h 和 100 km/h。

道岔可以铺在地面上,也可以架设在空中。停车场和维修保养区的换道也可以通过一个轨道组件在移动平台上平行推移来进行。

(4)功能件

功能件是磁悬浮线路轨道设备之一,磁悬浮列车的支承、导向和驱动都与功能件有关。功能件主要包括顶部滑行板和侧面导向板及定子固定件等。

顶部滑行板在列车停止状态起支承作用,在列车运行时悬浮架两个悬浮控制电路出现故障或列车安全制动时,磁悬浮列车通过滑橇降落在滑行板上,滑行板承受机械支承力和摩阻力。

侧面导向板与列车导向系统完成列车的导向功能,在列车运行时当悬浮架两个导向控制电路失效或列车完全制动时,导向磁铁极靴或制动磁铁极靴接触导向板,起机械导向作用功能或摩擦制动作用。

2)中低速磁悬浮铁路轨道结构

HSST 的轨道安置在梁跨结构上,与 TR 磁悬浮列车类似,线路既可以高架,也可以低置于地面,但不可能同别的交通线路在同一水平面交叉。由于悬浮间隙(HSST 还包括直线电机与感应板的间隙)较小,所以对线路的精度要求较高。

(1)感应轨

这里主要介绍 HSST 系统的感应轨。在 HSST 轨道的顶面两侧,设置了驱动、悬浮和导向作用的纵向构造物,由于其形状类似传统轮轨铁路的钢轨,也称为导磁钢轨。为车辆提供驱动、悬浮、导向功能,称为感应轨,如图 8.43 所示。

图 8.43 磁悬浮感应轨

HSST 的钢轨与传统意义上的钢轨不同,车辆的驱动力、支承力和导向力不是靠轮轨接触提供,而是由电磁力提供。HSST 的钢轨断面为"∩"形,车辆上的电磁铁吸引两侧"∩"形钢轨的底面产生悬浮力。

（2）反作用板

在导磁钢轨上面设有铝制感应板,作为直线电机地面两侧的"转子"部分,为车辆提供驱动力。

（3）道岔

HSST 的道岔使用钢梁。道岔由 3 部分组成,转辙时道岔钢梁水平方向整体移动。其作用原理与日本 ML 的导轨平移式道岔及德国 TR 的高速道岔相同。

8.5　其他城市轨道交通轨道结构

8.5.1　轻轨

轻轨交通原来是指采用轻型轨道的城市交通系统。当初使用的是轻型钢轨,而现在的轻轨已采用与地铁相同质量的钢轨。所以,目前国内外都以客运量或车辆轴重(每根轮轴传给轨道的压力)的大小来区分地铁和轻轨。轻轨现在指的是运量或车辆轴重稍小于地铁的轻型快速轨道交通。

在我国的规范中,将每小时单向客运量 1 万~3 万人次的轨道交通系统称为轻轨,而且轻轨的走行形式可以是钢轮钢轨的双轮也可以是胶轮独轨。

经过 100 多年的发展,轻轨已形成 3 种主要类型,包括钢轮钢轨系统、线性电机牵引系统和橡胶轮系统。

1）钢轮钢轨系统

钢轮钢轨系统即新型有轨电车,是应用地铁先进技术对老式有轨电车进行改造的成果。

有轨电车与地铁、轻轨的区别比较大,其主要区别是不享有独立的路权,钢轨面与地面持平,与地面其他车辆是共同使用同样的道路,与横向道路也是平面交叉,一般有轨电车每小时单向运输能力在 1 万人次以下,如图 8.44 至图 8.47 所示。

图 8.44　大连有轨电车

图 8.45　天津有轨电车

图 8.46　法国有轨电车　　　　　　　　图 8.47　德国有轨电车

有轨电车是城市轨道交通工具中有着悠久历史的轨道交通形式。世界上第一辆有轨电车于 1881 年诞生于柏林。

世界上第一个投入商业运营的有轨电车系统是 1888 年美国弗吉尼亚州的里磁门德市。

有轨电车诞生不久，这种技术就很快用到了中国。1895 年，在上海的英国人开始筹划在英租界建造有轨电车线路。1908 年 3 月 5 日，上海第一条有轨电车线路正式通车运营，线路长 6 km，此后不断扩展，到 1959 年，线路总长度为 72.4 km。

当前，西方一些经济发达国家，在人口密集的城市为满足城市公共交通客运量日益增长的需要，并结合城市不同区域运量区别，除考虑修建地下铁道外，又重新把注意力转移到地面轨道交通方式上来。

现代有轨电车的特点是具有高速性能、制动及加减速性好，低噪声、低振动，对周围环境影响也少。由于车辆技术的改善，提高了舒适度，而且不论是从既有的有轨电车发展而来还是新建，与建设地铁相比，造价低廉。在线路结构上，也采用了降噪技术措施。在速度要求较高的线路上，采用专用车道，与繁忙道路交叉处，进入半地下，或高架，互不影响。对速度要求不高的线路，可与道路平齐，与汽车混合运行。

2）直线电机牵引系统

加拿大在 20 世纪 80 年代开发成功这种新型城市轨道交通车辆，并投入运营。它采用直线电机牵引、径向转向架和自动控制等高新技术。由于直线电机相当于把旋转电机的定子和转子剖开展平，因此，相当功率的直线电机要比旋转电机缩小 3 ~ 4 倍的高度，这样就能缩小地铁隧道的横断面，如日本东京 12 号线采用这种系统，隧道断面面积减少近一半，综合造价节约近 20% 。此外，它与轮轨系统兼容，便于维护救援。加之这种车辆是靠电机上定子与地面上转子（定轨）之间的电磁力驱动，具有较大的爬坡能力，因而地铁隧道的纵断面也允许有较大的限制坡度。直线电机车辆在加拿大、日本、美国都取得了较大的成功。

3）橡胶轮轻轨系统

橡胶轮轻轨系统采用全高架运行，不占用地面道路，具有振动小、噪声低、爬坡能力强、转弯半径小、投资较省等优点，当前的独轨交通、日本新交通系统和法国 VAL 系统均属橡胶轮系统。

独轨交通由于采用橡胶轮胎，因而车体结构必须轻量化，对轨道梁和支座材料的耐潮性、耐酸性要求也较高。我国重庆市轨道交通采用的就是这种制式。

日本新交通系统可归纳为侧面导向式和中央导向式两种,其客运能力为 0.5 万 ~ 1.5 万人次时,建设成本远低于地铁,与独轨相似,如图 8.48 所示。最早出现在 20 世纪 60 年代的日本,80 年代进入实用化阶段。目前日本有 10 多条新交通系统线路正在运营。该技术在美国、法国、德国和加拿大也得到了发展和应用。

图 8.48　日本新交通系统(中央导向式)　　图 8.49　法国 VAL 系统(侧面导向式)

VAL 系统是法国的中等运量自动导轨运输系统,最早于 1983 年在里尔建成,如图 8.49 所示。我国台湾修建的台北木栅线,引入的就是这种技术。

4)自动导轨运输系统

自动导轨运输系统(AGT),一般泛指无人驾驶的车厢在专用路权及自动化控制条件下运行的新型运输系统,如图 8.49 所示。这种系统在美国早期被称为水平电梯、空中巴士或快速运输通道,近年来则统称为运人系统。在法国,简称 VAL;在日本,则统称为"新交通系统"。在我国北京、上海等大城市的航空机场水平客运电梯,属于这种 AGT 系统。

8.5.2　城市铁路

所谓城市铁路,指的是建在城市内部或内外结合部、线路设施与干线铁路基本相同、以方便市民出行为目的公交型轨道交通,而干线铁路承担的是城际或省际的旅客和货物运输任务。如图 8.50 所示为新加坡城市铁路。

如果把城市作为一个单元来看,干线铁路形成对外交通运输体系,而城市铁路则承担内部运输任务,按照城市铁路服务范围大小,国外通常把城市铁路分成市郊铁路和城市快速铁路两种。

1)市郊铁路

市郊铁路主要指把城市与远郊、卫星城镇连接起来的铁路,距离可达 40 ~ 50 km,一般和干线铁路设有联络线,且设备类似干线铁路,线路大多建在地面,其运行特点接近干线铁路,只是服务对象不同。市郊铁路运行速度远远大于其他城市交通工具,平均运行速度达 40 km/h 以上,最高可达到 120 km/h,图 8.51 和图 8.52 分别为法国和英国的市郊铁路。

图 8.50　新加坡城市铁路

图 8.51　法国市郊铁路

图 8.52　英国市郊铁路

在法国,远郊乘客只用半小时就可以到达市中心,如此快捷的运输速度吸引了大量客流。虽然市郊铁路采用干线铁路的技术标准,但其功能与干线铁路不同,在技术性能上也略有差别。市郊铁路运行速度比干线铁路慢;但其列车启动、制动加速度远高于干线列车,略低于地铁列车;站间距离 1~3 km。

2)城市快速铁路

城市快速铁路通常指运营在城市中心,包括近郊地区(离市中心约 20 km)的轨道交通系统,其线路采用电气化,运行速度在 40~50 km/h,大多与地面交通立体交叉。其站间距离较小,为 1 000~1 500 m。欧洲、日本等轨道运输发达的国家,城市铁路被广泛使用。如日本东京地铁只有 300 km 左右,而城市铁路共有 2 000 多 km。

课后习题

8.1　目前,世界上除了我们常见的轮轨交通系统外,还有哪些轨道交通形式?

8.2　地铁在轨道结构选型时应考虑哪些因素?

8.3　简述直线电机的工作原理。

8.4　叙述直线电机的轨道结构与传统的轨道结构有什么不同?

8.5　请列举哪些轨道交通运用了直线电机牵引方式。

8.6 简述独轨交通在技术上的优缺点。

8.7 独轨交通的适用范围有哪些?

8.8 独轨交通的轨道结构与传统的轨道结构有什么不同?

8.9 列举目前世界上典型的磁悬浮系统,并简要分析其不同之处(可以从其工作原理、轨道结构等方面着手分析)。

8.10 高速磁悬浮和中低速磁悬浮系统的工作原理有什么不同?

8.11 简述高速磁悬浮和中低速磁悬浮的轨道结构组成。

8.12 简述轻轨的 3 种类型及其各自的特点。

8.13 简述城市铁路的主要作用和分类。

8.14 从技术、经济上对地铁、直线电机轮轨系统、独轨交通系统和磁悬浮轨道交通作一下对比分析。

8.15 论述未来的城市轨道交通结构发展趋势。

参考文献

[1] 高亮.轨道工程[M].北京:中国铁道出版社,2010.

[2] 李成辉.轨道[M].成都:西南交通大学出版社,2005.

[3] 谷爱军.铁路轨道[M].北京:中国铁道出版社,2005.

[4] 许实儒,童本浩.铁路轨道基本理论[M].北京:中国铁道出版社,1997.

[5] 卢耀荣.无缝线路研究与应用[M].北京:中国铁道出版社,2004.

[6] 童大埙.铁路轨道[M].北京:中国铁道出版社,1988.

[7] 郝瀛.铁道工程[M].北京:中国铁道出版社,2001.

[8] 童大埙.铁路轨道基本知识[M].北京:中国铁道出版社,1997.

[9] 铁路总公司工务局.铁路工务技术手册——轨道[M].北京:中国铁道出版社,1997.

[10] 张未.跨区间无缝线路[M].北京:中国铁道出版社,2001.

[11] 广钟岩,高慧安.铁路无缝线路[M].4版.北京:中国铁道出版社,2005.

[12] 王其昌,陆银根.新型轨下基础应力分析[M].北京:中国铁道出版社,1987.

[13] 王午生,许玉德,郑其昌.铁道与城市轨道交通工程[M].上海:同济大学出版社,2003.

[14] 范俊杰.现代铁路轨道[M].2版.北京:中国铁道出版社,2004.

[15] 高亮.铁路工务管理[M].北京:中国铁道出版社,2012.

[16] 铁路总公司人事司,等.铁路工务[M].成都:西南交通大学出版社,1998.

[17] 铁路职工培训教材.铁路线路工[M].北京:中国铁道出版社,2010.

[18] 何学科.铁道工务[M].北京:中国铁道出版社,2007.

[19] 练松良.轨道工程[M].上海:同济大学出版社,2006.

[20] 陈秀方.轨道工程[M].北京:中国工业建筑出版社,2006.

[21] Coenraad Esveld. Modern Railway Track[M]. MRT-Productions, Netherlands,2001.

[22] 李明华.铁道工务[M].北京:中国铁道出版社,2006.

[23] 韩峰.铁道线路工程施工[M].北京:中国铁道出版社,2007.

[24] 卢祖文.客运专线铁路轨道[M].北京:中国铁道出版社,2005.

[25] 王其昌.高速铁路土木工程[M].成都:西南交通大学出版社,2000.

[26] 王其昌,韩启孟.板式轨道设计与施工[M].成都:西南交通大学出版社,2002.

[27] 赵国堂.高速铁路无碴轨道结构[M].北京:中国铁道出版社,2006.

[28] 翟婉明.车辆——轨道耦合动力学[M].2版.北京:中国铁道出版社,2000.

［29］高亮,许有全,刘浪静.直线电机轮轨交通轨道［M］.北京:中国科学技术出版社,2010.

［30］何华武.无砟轨道技术［M］.北京:中国铁道出版社,2005.

［31］何华武.中国铁路既有线 200 km/h 等级提速技术［M］.北京:中国铁道出版社,2007.

［32］陈知辉.铁路曲线轨道［M］.北京:中国铁道出版社,2011.

［33］铁路轨道设计规范(TB 10082—2005)［M］.北京:中国铁道出版社,2006.

［34］高速铁路设计规范(试行)(TB 10621—2009)［M］.北京:中国铁道出版社,2009.

［35］客运专线铁路工程竣工验收动态检测指导意见［M］.北京:中国铁道出版社,2008.